U0944456

支持创新追赶的财税政策

周代数　著

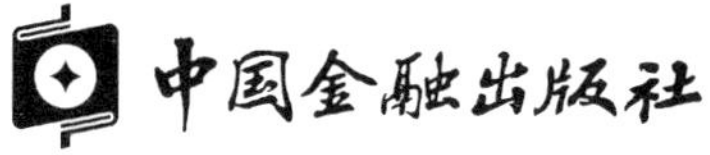

责任编辑：曹亚豪
责任校对：李俊英
责任印制：陈晓川

图书在版编目（CIP）数据

支持创新追赶的财税政策／周代数著．—北京：中国金融出版社，2020.9
ISBN 978-7-5220-0716-8

Ⅰ.①支… Ⅱ.①周… Ⅲ.①财政政策—研究—中国—②税收政策—研究—中国 Ⅳ.①F812.0 ②812.422

中国版本图书馆 CIP 数据核字（2020）第 130622 号

支持创新追赶的财税政策
ZHICHI CHUANGXIN ZHUIGAN DE CAISHUI ZHENGCE
出版发行 中国金融出版社
社址 北京市丰台区益泽路 2 号
市场开发部 (010)66024766，63805472，63439533（传真）
网上书店 http://www.chinafph.com
(010)66024766，63372837（传真）
读者服务部 (010)66070833，62568380
邮编 100071
经销 新华书店
印刷 保利达印务有限公司
尺寸 169 毫米×239 毫米
印张 13.5
字数 220 千
版次 2020 年 9 月第 1 版
印次 2020 年 9 月第 1 次印刷
定价 42.00 元
ISBN 978-7-5220-0716-8

序

近代以来，大国崛起的过程往往呈现从科技大国到经济大国再到政治大国的规律。内生增长理论将国家之间的经济差距主要归因于科技水平的差距，而知识经济时代后发国家对先发国家的追赶也主要体现为创新赶超的过程。1978 年党的十一届三中全会标志着中国开启了改革开放的进程，从邓小平访日（1978 年 10 月）、访美（1979 年 1 月）开始，中国正式向西方开启国门并学习和引进先发国家的先进技术和工业。经过 40 多年的追赶，中国从一个贫困落后的国家跃升为世界第二大经济体，当前中国的后发追赶已从“规模追赶”进入“创新追赶”的新阶段，这一点已经成为共识。从“科学的春天”（1978—1985 年）、“攀登科学高峰”（1985—1995 年）到科教兴国（1995—2005 年）再到建设创新型国家（2006 年以来）以及提出“创新驱动发展”（2015 年以来），创新逐步上升为中国的国家战略，《国家中长期科学和技术发展规划纲要（2006—2020 年）》明确提出到 2020 年中国要“进入创新型国家行列”，这是中国作为追赶型国家的阶段性目标。“创新追赶”是一个多要素、全方位的系统工程。财政是国家治理的基础和重要支柱，也是政府介入创新活动的重要抓手，本书从财税政策的视角进行创新追赶的解读。

本书回顾了中国技术体系奠基期（1949—1978 年）、创新认识深化期（1978—2006 年）、创新追赶爬坡期（2006 年以来）三个阶段科技创新萌芽、起步、追赶的历程，分析了中国创新追赶及其财税支持的现状和问题。基于理论分析和日本、韩国等国的追赶历史案例，将后发国家的创新追赶过程划分为技术引进（Importation of Technology）、复制性模仿（Replicative Imitation）、创造性模仿（Creative Imitation）、自主性原始创新（Original Innovation）四个阶段，提炼了后发国家创新追赶的 IRCO 模型，并构建了财税支持创新追赶的一般性理论框架，从作用对象、程度、方式、效果等各方面对各种财税政策工具的效果和优劣势进行了比较，结合高铁、电信设备、芯片等行业案例进行了分析。考虑到中国区域发展的不平衡性，对各省、自治区、直辖市的创新基础条件及财税投入的创新产出绩效进行了评价，基于这两个维度提出了“分层追赶”的建议，将中国省域层面划分为“创新追赶引领区”“创新追赶潜力区”“创新追赶起步区”。最后，借鉴美国、日本、德国、以色列等典型创新型国家的经验，提出了支持创新追赶的财税政策建议。应当指出的是，当前情境下中国财政的收入端和支出端面临着“减税降费”和“赤字率”的约束，因此，财税政策应当“有所为有所不为”，政府不应该在科技创新中扮演“最后埋单者”的角色，对科技创新的支持阶段应该适当后移，待“分散试错”过程被市场验证并取得初步成功后再加大支持力度；在产业方向上，重点投向引致新一轮产业革命的前沿技术领域。应以创新环境的营造为主，以“看不见的手”为主导，让“看得见的手”始终处于适宜的治理边界。

科技史学家李约瑟研究中国科学技术史时发现，明朝以前中国古代的科学技术一直领先于西方，于是提出了“科学为什么没有诞生在中国?”“工业革命为什么没有发生在中国?”。围绕李约瑟之问（The Needham Puzzle），许多学者针对我国科学文化和创新体系方面的问题作出过反思和批判。当前，新兴技术日新月异，产业革命蓄势待发，中国不应错过新一轮创新变革的机遇。我们已站在新的历史起点上，从经济大国到创新强国的转型是国人的共同目标，这需要所有政策制定者、产业开拓者和学术研究者砥砺奋进、负重躬行!

当前，中美在经济、科技等领域的摩擦和竞争已经进入白热化状态，国际形势波谲云诡，全球经贸与政治秩序正面临着“百年未有之大变局”。在这样的背景下，研究中国创新追赶的财税支持政策有着重要的意义。《支持创新追赶的财税政策》对于财政和科技部门、金融机构和科研院所的相关研究者以及来自产业界的创业者、投资者均有一定的参考意义。本书力求规范性和可读性的统一，正式出版稿删除了本人初稿中部分复杂的理论分析和实证研究，增加了案例并更新了数据，感谢中国金融出版社相关同志的建议。书中难免有不足之处，希望与读者和相关领域的同仁继续探讨。

周代数

2020 年 2 月 29 日

目 录

绪论　创新追赶与财税政策的主要概念与理论基础

第一节　本书讨论的主要问题

近代以来，新兴大国的崛起过程呈现从科技大国到经济大国再到政治大国的规律。18 世纪中后期，英国凭借纺织机、蒸汽机的规模化运用率先进行了人类历史上具有划时代意义的第一次工业革命；20 世纪初，德国依靠电气化革命及内燃机的广泛使用建立了强大的电气、汽车、机械等工业体系，成功实现了赶超；20 世纪中期以后，美国在计算机、航天和新材料等领域的创新能力独步全球，成为世界头号科技创新大国。进入 21 世纪以来，人类正经历着以人工智能、新一代信息技术、生物科技为代表的新一轮技术革命，纵观全球，世界各国都把提升科技创新能力、部署高新技术产业作为提升本国综合竞争能力的重要手段。

1978 年党的十一届三中全会标志着中国开启了改革开放的进程，而从邓小平访日（1978 年 10 月）、访美（1979 年 1 月）开始，中国正式向西方开启国门并学习和引进先发国家的先进技术和工业。经过 40 多年的追赶，中国从一个贫困落后的国家跃升为世界第二大经济体。然而，经济高速增长的“中国奇迹”背后也隐藏着危机，外需不足与内需疲软的重叠，加上长期的粗放式增长导致内生增长动力不足，“要素驱动”和“投资驱动”的经济追赶模式难以为继，新常态下“创新驱动”已经成为共识。党的十八大报告中提出“科技创新必须摆在国家发展全局的核心位置”①，党的十九大也明确指出“创新驱动是提高综合国力的战略支撑”②，创新驱动发展战

① 胡锦涛．坚定不移沿着中国特色社会主义道路前进　为全面建成小康社会而奋斗——在中国共产党第十八次全国代表大会上的报告［N］．人民日报，2012－11－18（1）．

② 习近平．决胜全面建成小康社会　夺取新时代中国特色社会主义伟大胜利——在中国共产党第十九次全国代表大会上的报告［N］．人民日报，2017－10－28（1）．

略已经提到了国家战略的高度。

以4次全国科技大会（1978年、1985年、1995年和2006年）为标志性事件，如图1所示，中国科技创新呈现明显的阶段性特点。1978年的全国科学大会后中国迎来了“科学的春天”。1985年的全国科学技术工作会议倡导有计划地提升国家科学技术水平，在发展公共研发机构的同时奖励私人研发。1995年国家制定了“科教兴国战略”，并逐步强调“企业是创新的主体”。2006年召开的全国科学技术大会制定了《国家中长期科学和技术发展规划纲要（2006—2020年）》，确定了“自主创新、重点跨越、支撑发展、引领未来”的十六字方针以及“2020年建成创新型国家”的发展目标①，这是中国创新政策体系的阶段性纲领文件。而2015年《中共中央 国务院关于深化体制机制改革 加快实施创新驱动发展战略的若干意见》的出台则标志着创新驱动已经成为中国现阶段的核心发展战略。

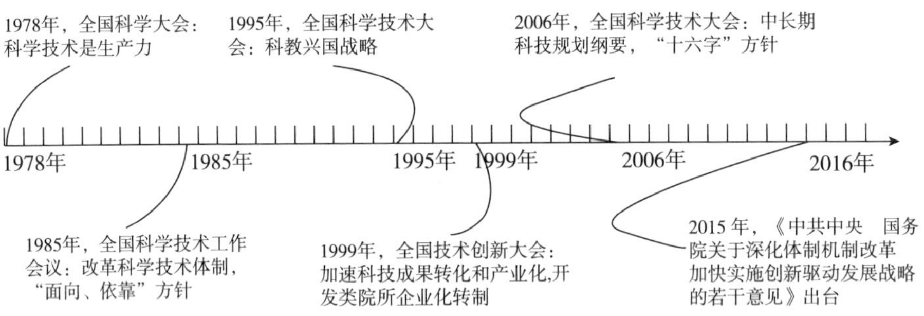

图1 改革开放以后中国科技创新历程中的重要节点

经过40多年的改革开放，中国已经成为世界第二大经济体。“作为一个经济大国，不能总是指望依赖他人的科技成果来提高自己的科技水平，更不能做其他国家的技术附庸，永远跟在别人的后面亦步亦趋。”② 从创新模式上看，中国的创新追赶已经取得了一定的成效，但仍然面临原生性科学发现、原始性科技发明、原理性主导技术等原始创新能力的掣肘。

以“政”领“财”，因“财”施“政”，财政是国家治理的基础和重要支柱，理应是创新驱动发展战略中十分重要的制度安排。当前中国正处于创新型国家建设的攻坚期和创新追赶爬坡期，创新模式亟待从模仿走向原

① 国务院．国家中长期科学和技术发展规划纲要（2006—2020年）［J］．中华人民共和国国务院公报，2006（9）．

② 中共中央文献研究室．习近平关于科技创新论述摘编［M］．北京：中共中央文献出版社，2016：35.

创，本书聚焦于这一特定历史时期和追赶情境下的财税支持政策，这个“特定情境”主要有以下三个要素：

1. 时间：中国正处于建设创新型国家爬坡期的特定历史阶段。

2. 地点：从后发国家的创新发展规律，聚焦中国来具体问题具体分析，其含义有：（1）中国是一个“后发追赶”大国（后发国家、追赶型经济体）；（2）中国的各地区发展极不均衡，因此创新追赶战略及其配套政策不能“一刀切”，要因地制宜；（3）社会主义市场经济，市场为主导并在资源配置中起决定性作用，但政府也起着重要的引导作用。

3. 条件：模仿创新为主，但创新模式亟待实现从跟随型模仿到自主性原创的转变。

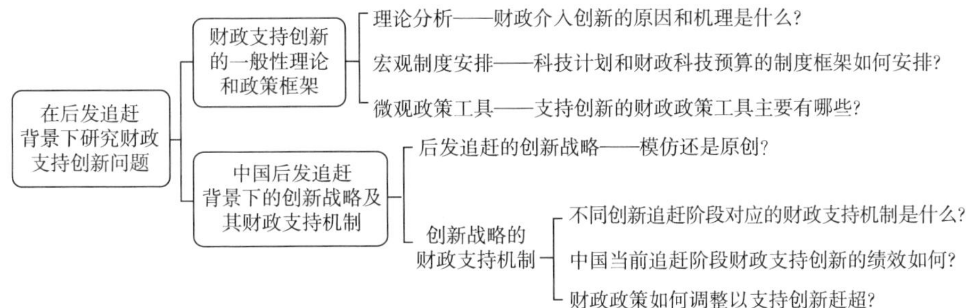

图2　本书讨论的主要问题

围绕这一讨论主题，本书主要解决三个具体问题：

问题1：财税政策如何促进科技创新？首先，要厘清政府和市场在创新中的作用，创新追赶是要通过提高创新资源的配置效率和创新要素的产出效率来缩短与先发国家的创新差距，以较少的创新投入产出较多的技术产品，市场配置资源应是最有效率的形式，那么创新是否需要政府介入以及介入的程度是怎么样的？其次，要分析作为政府介入科技创新的抓手，财税政策对于科技创新的影响机制和重点政策工具。最后，要具体分析中国创新政策体系中的财政作用并分析其缺陷和不足。同时，考虑到中国的区域差异较大，东中西部的创新基础和财政能力极不平衡，对先发国家创新技术的吸收能力和再创新能力差异较大，因此需要对中国不同区域财税政策促进科技创新的政策绩效进行评价，针对东中西部设计不同的创新追赶路径，并进一步有针对性地调整不同区域财税政策促进科技创新的着力点。

问题2：当前的后发追赶情境下中国应选择怎样的创新战略？国务院发布的《国家中长期科学和技术发展规划纲要（2006—2020年）》明确提出要建成相对完善的国家创新系统，到2020年中国要“进入创新型国家行列”。当前，中国进入了“建成创新型国家”的关键爬坡期，作为后发追赶型经济体，中国可以选择跟随式的模仿创新或者自主性的原始创新战略，需要总结后发国家创新追赶的一般规律，并结合中国所处的特定历史时期、现实条件，具体问题具体分析，进而选择符合中国国情和追赶阶段的创新战略。

问题3：新时期财税政策应做怎样的调整以支持创新赶超？中国正处于建设创新型国家的攻坚阶段，外部贸易摩擦和技术封锁导致模仿创新的边际成本越来越高，内部产业升级要求核心技术自主可控，中国面临从翻新到原创的关键抉择，新时期的财税政策应当进行怎样的调整来支撑中国从模仿大国到创新强国的赶超？

第二节　本书主要概念的界定

一、科技创新

创新经济学的奠基人熊彼特（1912）① 在《经济发展理论》中把“创新”定义为“建立一种新的生产函数”。在熊彼特形成自成体系的创新经济学理论之后，其继承者、发展者包括了新古典创新学派、新熊彼特创新学派和国家创新系统学派等。图3展示了创新理论演化历程中的重要著作。

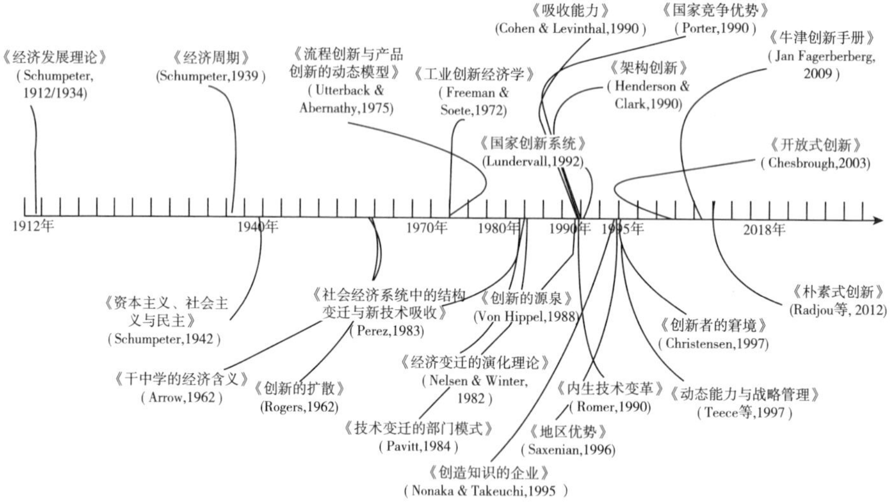

图3　创新理论演化历程中的部分代表性著作

（资料来源：笔者根据陈劲等（2018）、佩雷斯（1983）、兰德维尔（1992）、OECD（2009）、牛津创新手册（2009）等文献整理）

① 熊彼特．经济发展理论［M］．南昌：江西教育出版社，2014：1－3.

不同学派对于创新的认识也有所差异。新古典创新学派以索洛（Robert Solow）、罗默（Paul Romer）等人为代表。20 世纪以来，新古典经济学在解释经济问题时劳动和资本两个因素已经乏力，索洛余量解释了发达国家大部分的经济增长是由除劳动和资本以外的技术进步推动的。索洛（1957）①证明了 1909—1949 年美国制造业的总产出中约有 88% 的贡献来源于技术进步。他还研究了推动经济发展的“要素增长效应”和“技术进步效应”。此外，新古典创新学派还提出市场失灵时政府应通过财政税收、法律等手段干预创新活动并推动经济增长方式更多地依靠技术进步。新古典创新学派将科技创新看成一个“黑匣子”，而新熊彼特学派则进一步解构了“黑匣子”的内部结构，研究了创新的内部机制和创新的过程。熊彼特忽略了创新在扩散过程中的改进和发展，而新熊彼特创新学派则详细地研究了不同市场结构下创新的起源、过程、特点。新熊彼特创新学派的代表人物有 Manthfield、Nancy Swartz 等，他们更重视对“创新黑匣子”的内部解构。Mansfield（1971）② 认为创新是指一项发明的第一次市场化应用，他提出了完全竞争市场下新技术推广的“3 + 4”模式③；Davis Lance 和 Douglass North（1971）④ 在《制度变革与美国经济增长》中对创新环境进行了制度分析并首次提出制度创新理论（Institutional Innovation）。他们强调创新的发展要基于严谨的产权保障，发明者通过科技创新获取有法律保障的收益，同时也强调了公司制度和工会制度为代表的组织制度对于创新的重要作用。在研究方法上，制度创新学派主要使用局部均衡分析和比较静态分析。制度创新学派认为影响制度创新的要素主要包括相对产品和要素价格、宪法秩序、技术和市场规模等。国家创新系统学派以 Freeman、Richard Nelson 等人为代表。Freeman（1982）⑤ 把创新定义为首次引进新工艺或新产品中的设计、技术、生产、管理、财务和市场的步骤，他还提出了“国家创新系

① Solow R M. Technical Change and the Aggregate Production Function [J]. Review of Economics & Statistics, 1957, 39 (3): 554 - 562.

② E. M. Mansfield. The Economics of Technological Change [M]. New York: W. W. Norton and Company, 1971.

③ Manthfield 提出的 3 个基本因素为模仿比例、模仿相对盈利率、采用新技术的预期投资额；4 个衍生要素为设备折旧年限、部门销售增长率、新技术提出后被采用的时间、首次采用新技术在经济周期中的阶段。

④ Douglass C. North, Robert Paul Thomas. The Rise and Fall of the Manorial System: A Theoretical Model [J]. Journal of Economic History, 1971, 31 (4): 777 - 803.

⑤ C. Freeman, L. Soete. The Economics of Industrial Innovation [M]. London: F. Printer, 1982.

统”（NIS），其核心论点是技术先发国家的变迁源自国家创新系统的演化。该学派将创新视为不同行动者之间的互动过程。

中国学者对于创新的定义和研究始于20世纪90年代，其中马驰和贾蔚文（1992）①、柳御林（1993）②、陈劲（1994）③、谢燮正（1995）④与傅家骥（1998）⑤定义的创新内涵较为相近，他们认为创新的主体是企业，都是将创新看成发明新产品、推出新工艺、开辟新市场、获得新供给来源以及建立新组织，包括了科技、组织、商业和金融等一系列活动的综合过程。也有部分学者从国家战略的角度看创新，路风（2006）⑥提出科技创新是把发展技术能力作为经济增长动力主要源泉的倾向、原则和政策。

创新的过程按照简单的“三分法”主要包括R&D、成果转化和产业化三个阶段。但是随着科学技术的进步，尤其是自人类进入知识经济时代以来，创新的过程开始呈现出系统性、开放性的特点，各个环节的信息互相反馈（如图4所示）。

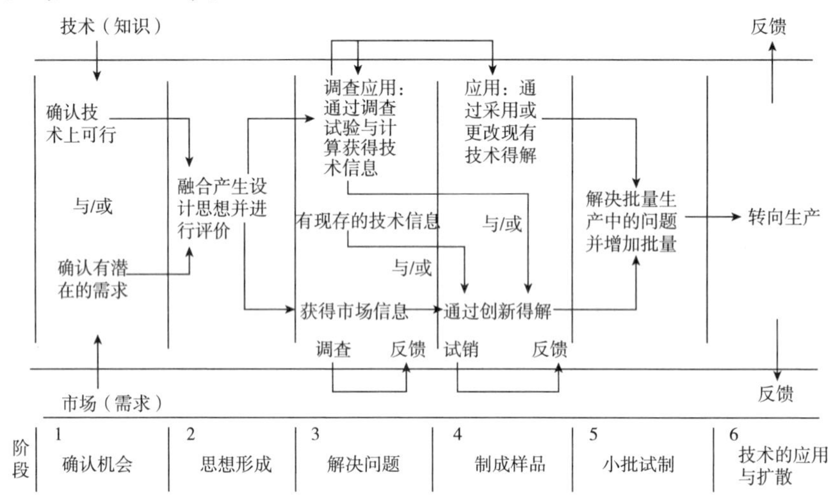

图4　创新过程拓扑图

（资料来源：根据万君康（2013）⑦整理）

① 马驰，贾蔚文．工业企业技术创新活动比较［J］．科学学研究，1992（4）：54－63.

② 柳御林．技术创新经济学［M］．北京：中国经济出版社，1993：1－2.

③ 陈劲．国家创新系统：对实施科技发展道路的新探索［J］．自然辩证法通讯，1994（6）：22－29.

④ 谢燮正．科技进步、自主创新与经济增长［J］．软件工程，1995（5）：6－9.

⑤ 傅家骥．技术创新学［M］．北京：清华大学出版社，1998：5－13.

⑥ 路风．走向自主创新［M］．南宁：广西师范大学出版社，2006：1－2.

⑦ 万君康．创新经济学［M］．北京：知识产权出版社，2013：16－18.

对“创新”（Innovation）的定义有很多不同视角，在名称上也有技术创新、科技创新等不同表述。本书采用“科技创新”一词来展开讨论，包含了基础研究→应用研究→试验开发→R&D 成果商品化的全部过程。科技创新是一个多输入多产出的复杂系统。

从后发国家的创新追赶路径上划分可将创新战略分为跟随式模仿创新和自主性原始创新。从国家的科技创新战略来划分，创新可分为以下三类：第一，原始创新。提升原始创新能力是一个国家提升综合国力、参与大国竞争的重要前提。第二，集成创新。集成创新是通过技术组合等模式，在已有科技创新基础上的局部或者整体“翻新”。集成创新的优点在于创新投入低、周期短、风险小，缺点是有专利诉讼隐忧、无法提升产品的核心竞争力。第三，引进消化吸收再创新。引进消化吸收再创新是面向全球引进先进技术后通过内化、研究的再创新过程（吴晖，2006）①。引进消化吸收再创新可以有效地加快技术和知识的吸收、积累进程。原始创新是引进消化吸收再创新的基础，引进消化吸收再创新的目的之一是实现原始创新。这三种实现形式是一个完整体系，其中，集成创新是捷径，引进消化吸收再创新是基础，原始创新是目标。

创新政策是一国为了达成科技创新目标、推动经济内生增长而发布的支持创新活动的政策，是指导科技发展的战略和策略原则（Edquist、Susana，2013）②。20 世纪 70 年代开始出现支持创新的公共政策，20 世纪 80 年代后期“国家创新系统”（NIS）的概念提出后，创新政策开始得到各国政策制定者的广泛重视。各国政府都制定了符合该国国情的创新政策框架，一般来说，各国的科技部门出台科技计划、知识产权、研发支持政策，而财税部门负责科技创新所需的财政、税收、金融支持。创新政策的政策目标与政策工具如图 5 所示，创新政策的政策工具包括环境政策、供给政策和需求政策，环境政策如知识产权、歧视性税收扶持、产业规划方面的政策，供给政策如 FDI、技术培训、创新基础设施、科技情报方面的政策，需求政策如技术采购、国际贸易、服务外包等，创新政策的政策目标主要是实现充足的创新创业要素供给、打造良好的知识产权产业化环境、形成有利于研究开发的氛围等。

---

① 吴晖．株洲市科技创新问题及策略研究［D］．长沙：国防科学技术大学，2006.

② Edquist C，Susana Borrás. The Choice of Innovation Policy Instruments［J］. Technological Forecasting and Social Change，2013，80（8）：1513－1522.

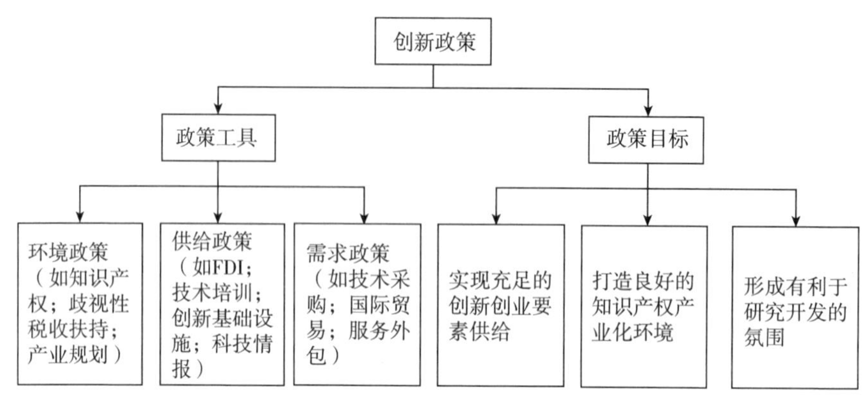

图 5　创新政策的政策目标和政策工具

二、后发追赶

“后发”由著名经济史学家 Gerschenkron（1962）[①] 在其经典著作《经济落后的历史透视》中提出。“后发”“后发国家”与“先发”“先发国家”是一组相对提法，划分界限是实现现代化的程度和时序，主要的发达国家均为“先发国家”，其主要特征是较早实现现代化、科技水平较高。本书所说的科技创新领域的先发国家主要是指全球公认的典型创新型国家。其他为后发国家。需要特别注意的是，“先发国家”与“后发国家”是动态发展的，后发国家基于比较优势和后发优势，选择适宜的经济和科技发展路径有可能实现对先发国家的追赶和超越。

“追赶”的意义涉及国际经济学、技术经济学、演化经济学等范畴，是指后来者对先行者的“追踪、赶超”过程。经济学研究中用“追赶”或“赶超”来表示后发国家与先发国家的动态交替过程。Raymond Vernon（1966）[②] 提出了基于经典产品周期理论的北国—南国技术扩散理论，认为 R&D 能力更强的先发国家（北国）通过科技创新不断发明新产品，后发国家（南国）依靠劳动成本的比较优势对北国产品进行模仿生产，北国与南国的贸易体现为新发明产品与标准化产品的交易，随着贸易深化，南北国

① Gerschenkron, A. Economic Backwardness in Historical Perspective [M]. Cambridge, MA: Harvard University Press, 1962.

② Vernon R. International Investment and International Trade in the Product Cycle [J]. International Executive, 1966, 80 (2): 190 -207.

家的技术差距逐步减少。Kim（1980）[①] 研究了韩国作为后发国家的技术追赶历史，强调了在韩国缺乏原创能力的背景下技术引进的重要性，总结了“从模仿到创新”的韩国追赶经验。Moses Abramovitz（1986）[②] 提出了追赶假设，分析了创新与模仿的相互作用，认为创新倾向于扩大地区技术差距，模仿则有利于减少技术差距。他认为后发国家的生产率增长率往往与生产率水平成反比，提出了后发国家追逐创新前沿经济体的收敛方程。Fagerberg（1994）[③] 通过实证研究证实了后发国家对先发国家的技术模仿是技术扩散的重要途径，并提出政府对于 R&D 活动的直接资助有利于提升后发国家的技术学习能力。Hobday（1995）[④] 提出了东亚国家的后发追赶主要是基于较快速度的技术扩散，论证了东亚国家从 20 世纪 70 年代开始比美国、德国、英国具有更快的技术进步速度这一事实，因此东亚国家在科技创新方面与 OECD 国家的差距在逐步缩小。Barro 和 Sala – I – Martin（1997）[⑤] 认为从长远来看全球经济增长率主要是由技术领先的经济体来发展和推动的，后发国家主要以“追随者”的身份进行复制性模仿，但是复制成本不断增加的趋势降低了后发国家的增长率，进而提出了追赶收敛模型（Catching – up Convergence Model），收敛的结果是从全球范围来看创新型产业呈现出了相对稳定的专业化分工。Lee Keun（2001）[⑥] 等提出“后发赶超”是后发国家沿着先发国家的发展轨道，在某个阶段内以快于先发国家的经济和技术进步速度来缩短差距，最终实现追赶和超越的过程。Russell 和 Kumar（2002）[⑦] 将劳动生产率增长归因于世界生产前沿的变化、技术追赶和资本

---

① Kim L. Stages of Development of Industrial Technology in a Developing Country: A Model [J]. Research Policy, 1980, 9 (3): 0 – 277.

② Moses A. Catching Up, Forging Ahead, and Falling Behind [J]. Journal of Economic History, 1986, 46 (2).

③ Fagerberg J. Technology and International Differences in Growth Rates [J]. Journal of Economic Literature, 1994, 32 (3): 1147 – 1175.

④ Hobday M. Innovation in East Asia: Diversity and Development [J]. Technovation, 1995, 15 (2): 0 – 63.

⑤ Barro R J, Sala – I – Martin X. Technological Diffusion, Convergence, and Growth [J]. Journal of Economic Growth, 1997, 2 (1): 1 – 26.

⑥ Lee Keun. Making a Technological Catch – up: Barriers and Opportunities [J]. Asian Journal of Technology Innovation, 2005, 13 (2): 97 – 131.

⑦ Russell R R, Kumar S. Technological Change, Technological Catch – up, and Capital Deepening: Relative Contributions to Growth and Convergence [J]. American Economic Review, 2002, 92 (3): 527 – 548.

积累，并分析了劳动生产率跨国分布的演变，发现技术变革和技术追赶是非中性的，国际增长的两极化分歧主要由资本深化驱动。Acemoglu 等(2006)① 认为一个国家越接近全球技术前沿（Technology Frontier），复制性模仿的机会就越小，当后发国家的创新能力积累到一定程度后不得不进行原始创新，也只有通过原始创新技术落后国家才能达到技术前沿并实现创新反超。Drysdale 等（2010）② 探讨了东亚经济比其他 APEC 经济体增长更快的原因，发现提高生产率是促进东亚经济快速增长的重要因素。对于日本、韩国、中国台湾等国家和地区而言，其经济增长高于平均增长率的很大一部分归功于科技创新水平的提高，这种追赶效应促使该地区以很快的速度实现了后发赶超。Figueiredo 和 Paulo（2014）③ 提出了“创新能力积累理论”（Innovative Capability Accumulation）来研究新兴经济体在科技创新方面的后发追赶行为，他们运用 1950—2010 年巴西制浆造纸公司的证据，发现持续的“创新积累”使得巴西的造纸产业创新能力得到了提升并反超成为全球纸浆和造纸行业的世界领先者，于是他们认为创新积累前期来源于技术学习和专利研究，后期则主要取决于原生性技术的新颖性和复杂性的积累。Landini 等（2016）④ 研究了先发者和后发者的工业领导力的连续变化过程（原文称之为“追赶周期”（Catch - up Cycles）），模拟分析表明新技术的破坏性越大，先发企业的能力越低，先发企业与后来企业之间市场份额的变动就越大，并发现技术驱动的后发赶超变革更有可能在规模收益递增的情况下发生。

总的来说，“后发追赶”是指后发国家与先发国家逐步缩小差距的动态过程。中国是一个后发国家和追赶型经济体，这是本书的研究背景。中国对西方国家的追赶策略经历了从要素驱动、投资驱动到创新驱动的转变，创新驱动是新时期中国追赶美国等发达经济体的金钥匙，这一点已经成为共识。从全球经济演进史来看，“后发追赶”主要表现为新兴经济体、发展

---

① Acemoglu D, Aghion P, Zilibotti F. Distance to Frontier, Selection, and Economic Growth [J]. Journal of the European Economic Association, 2006 (4).

② Drysdale P, Huang Y. Technological Catch - up and Economic Growth in East Asia and the Pacific [J]. Economic Record, 2010, 73 (222): 201 - 211.

③ Figueiredo, Paulo N. Beyond Technological Catch - up: An Empirical Investigation of Further Innovative Capability Accumulation Outcomes in Latecomer Firms with Evidence from Brazil [J]. Journal of Engineering and Technology Management, 2014 (31): 73 - 102.

④ Landini F, Lee K, Malerba F. A History - friendly Model of the Successive Changes in Industrial Leadership and the Catch - up by Latecomers [J]. Research Policy, 2016: S0048733316301391.

中国家以发达国家的经济、社会和科技水平为追赶目标，逐步提升国家综合国力的过程。一般来说，在科技创新成为共识的知识经济时代，后发追赶过程同时也是后发国家转变经济增长方式、调整产业发展结构、优化科技资源配置的过程。在当今的时代背景下，本书研究的后发追赶主要是指后发国家的创新追赶。

三、财税政策

财政是国家治理的基础和重要支柱，是国家为实现特定职能而实施的分配行为和政府收支行为。财政体制是指国家与部门之间、中央与地方之间、不同地方之间的财政权限和利益分配机制。

财税政策的内涵是政府通过财税手段指导财政分配活动的准则、方法和措施，财税政策一般涉及税收、支出、预算平衡、国债、政府投资等层面的政策。财税政策包括政策目标和政策工具两个要素。财税政策的政策目标包括优化资源配置、促进经济增长、维持物价稳定、增进公民福祉、助力国家治理等。本书中的财税政策包括狭义的财政政策和税收政策。其中，狭义的财政政策能更加高效率地配置科技创新资源，可以直接供给基础研究和各类创新公共产品；税收政策能直接调节创新主体的损益，在配置创新资源方面更加注重“市场化”的力量，对于非公有制主体和非战略性创新产品具有较好的调节作用。从实践看，狭义的财政政策和税收政策在主要创新型国家中均有较广泛的应用。

一般来说，为达成特定的政策目标，需要对收入端和支出端的财政工具进行搭配、组合和综合应用。对于财税政策工具的分析有利于提升政策目标的达成率和政策实施效率。从政策工具的性质来看，财税政策工具也分为“供给面、需求面和环境面”的政策工具；从资金归口上分类，财税政策工具一般可以分为支出侧政策工具和收入侧政策工具。

第三节　与本书相关的几组基础理论

一、市场失灵与政府失灵理论

讨论财税介入创新这一问题的理论始点是科技创新领域存在的“市场失灵”问题。但是，不可忽视的是，财政干预创新必须积极、适度、有效，同时，由于盈利动机缺失、绩效评估机制不明等因素，“政府失灵”问题也容易发生。

1. 市场失灵

《新帕尔格雷夫经济学大辞典》提出“理解‘市场失灵’（Market Failure）的最好办法是先理解‘市场成功’——理想状态下的完全竞争市场可以在价格的自发调节下使资源配置实现帕累托最优（Pareto Optimality）”[①]。从这个意义上说，市场失灵是指由于现实经济中各种因素无法满足古典经济学的完全信息、理性经济人、完全竞争等假设而体现的市场在资源配置方面的无效率、低效率状态。市场失灵描述的是“看不见的手”无法实现最优配置资源的各种情形。“完全竞争”作为的一种理论假设在现实生活中显得过于苛刻，在垄断、外部性、非完全信息和公共产品领域，单纯依赖市场机制进行资源配置无法达到帕累托最优，于是才出现了市场失灵。

市场失灵有几种表现形式，一是效率损失型市场失灵，这是因为存在垄断或非完全竞争或外部性导致的外溢效应或公共物品的供给失灵，在具体的市场环境中表现为“劣币驱逐良币”“逆向选择”“道德风险”“公地悲剧”等问题。二是公平损失型市场失灵，市场经济更多地关注效率，于是产生了就业市场上的失业问题、市场驱动的通货膨胀、收入分配不公平等问题。三是结构性市场失灵，例如，中国20世纪80年代和90年代的市场失灵更多源于结构性原因，如市场机制尚不成熟、市场秩序尚不完备、市场体系尚未完全建立等结构性因素，从而引起市场失灵。

关于市场失灵的治理问题，宋涛和张邦辉（1993）[②]认为市场自身的缺点和信息的不完全导致运行结果不及预期。常春风（2006）[③]进一步指出当市场失灵时，政府的干预有利于实现资源的优化配置，这是以财政手段为代表的政策工具介入市场经济的原因所在。例如，公共产品供给、公共资源过度浪费等市场失灵问题不可能通过简单的自由价格机制来处理，而是要通过政府补贴、政府投资等手段来解决。

2. 政府失灵

政府干预本身因为应对市场失灵而存在，经济学家倾向于将市场视为

① 约翰·伊特韦尔，皮特·纽曼，默里·米尔盖特．新帕尔格雷夫经济学大辞典［M］．北京：经济科学出版社，1996：351.

② 宋涛，张邦辉．市场失灵和国家干预［J］．经济学家，1993（4）：28－34.

③ 常春风．政府干预经济的调控边界［J］．经济论坛，2006（9）：6－7.

社会秩序的默认选择，而只有在市场失灵时才会考虑政府对于市场的干预和介入。凯恩斯在1936年系统地阐述了政府通过财政和货币政策干预经济的相关理论，凯恩斯主义在战后盛行并为各国的经济复苏和后发崛起起到重要作用，然而20世纪70年代“滞胀”（Stagflation）的出现证实了政府过度干预的后果。Buchanan（1965）① 提出“公共选择”假说对政府失灵进行了解析，政府及其执行政策的公务员是“有限理性”的，在施行政策时往往追求私人团体的利益最大化。Dolfsma（2011）② 借鉴制度经济学、法学的观点，提出了四种不同类型的政府失灵，即介入市场活动过于“具体”、过于“宽泛”、过于“任意”或追逐“自身”利益，例如，政治家的“近视效应”（Myopia Effect）时有发生导致政策施行不当。政府失灵一方面源于官员的“经济人”属性，政府官员在任期内往往受制于政绩考核无法着眼于长远利益，并且容易发生“寻租”（Rent－seeking）行为；另一方面源于信息不对称导致的公共政策决策失误。此外，政府缺乏利润创造动机、缺乏竞争机制、缺乏绩效评估机制也是政府失灵的重要原因。

总的来看，市场失灵为政府干预经济活动、弥补市场不足提供了基本依据；政府失灵又决定了政府干预必须积极、适度、有效，从而在保证以市场为主导的同时，实现政府干预与市场调节二元机制的“凸性组合”（金太军，2002）③。要矫正政府失灵问题，必须深入认识市场与政府的关系，严格界定政府行为的边界，对不得不介入的领域采取适宜的干预强度和模式方式，同时在有法可依的前提下加强全社会、第三方中介机构对政府行为的监管、督察和制约，由于政府失灵的存在，政策绩效评估就显得十分必要，政策绩效评估在一定程度上能够提高政策干预的前瞻性、减少政府失灵的损失。

二、创新系统与技术经济范式理论

全球主要发达国家都致力于建设要素齐全、功能完备的国家创新系统，后发国家的创新系统建设是其技术追赶进程中的重要课题。此外，技术经济范式是西方经济学家研究后发追赶和技术进步时的一个重要范畴。技术经济范式是指因产业革命引起的科技创新对经济结构和发展模式进行渗透

① Buchanan J M. An Economic Theory of Clubs［J］. Economica, 1965, 32（125）：1－14.

② Dolfsma W. Government Failure — Four Types［J］. Journal of Economic Issues, 2011, 45（3）：593－604.

③ 金太军．市场失灵、政府失灵与政府干预［J］．中共福建省委党校学报，2002（5）：54－57.

的一般模式。进入21世纪以来，新的技术经济范式正在孕育和发展。

1. 创新系统理论

创新系统包括“国家创新系统”和“区域创新系统”等。20世纪90年代以来，建设国家创新系统逐步成为OECD主要国家的主要政策目标之一，国家创新系统理论也逐步成为后发国家追赶先发国家、建设创新型经济体的一个重要理论框架。Bengt - Ake Lundvall（1992）[①]认为国家创新系统的构建有助于建设充满活力的、可持续发展的经济体，并进一步指出国家创新系统包括生产系统、市场系统、财政系统及其子系统，该系统的关键要素是“创新和交互学习”。Freeman（1995）[②]提出国家创新系统中政府政策、教育培训、产业结构、企业研发这四个要素共同构成关联网络。国家创新系统学派提出自由竞争无法支撑后发国家的追赶和跨越，需要政府提供公共创新产品并综合运用各种推动创新的政策工具。OECD（1997）发布的《国家创新体系》提出随着知识型社会的出现，建设“创新系统”已成为维持国家繁荣和内生经济增长的一个重要因素，比较了成员国的创新体系后提出创新不是线性方式，而是创新系统内部要素间的作用和反馈的结果。Cooke（1997）[③]从演化经济学的角度出发深入探讨了“区域创新系统”，认为财政与金融能力、制度化学习、生产文化是区域创新系统构建的三个基础要素，区域创新系统的核心是区域层面的企业、研究机构、政府之间的系统学习和互动创新。Fritsch（2002）[④]基于11个欧洲国家的数据，将知识生产函数方法应用于区域创新系统的创新质量评估和比较，发现区域创新体系的创新要素互动和嵌入导致相对较高的创新倾向和R&D的高生产率，并提出建设区域创新系统的前提是创新要素的聚集、技术市场的活跃和研发创新的文化。

总的来看，创新系统尤其强调政府在创新中的政策引导作用以及企业之间、企业与大学之间、科研机构之间的协同创新关系，创新系统不是创新要

---

① Bengt - Ake Lundvall. National Systems of Innovation: Towards a Theory of Innovation and Interaction Learning [M]. London and New York: Pinter, 1992: 46 - 50.

② Freeman C. The 'National System of Innovation' in Historical Perspective [J]. Cambridge Journal of Economics, 1995, 19 (1): 5 - 24.

③ Cooke P. Regional Innovation Systems: Institutional and Organizational Dimensions [J]. Research Policy, 1997, 26 (4 - 5): 475 - 491.

④ Fritsch, M. Measuring the Quality of Regional Innovation Systems: A Knowledge Production Function Approach [J]. International Regional Science Review, 2002, 25 (1): 86 - 101.

素的简单叠加，而是一个能够促进创新要素交流、融合并且激发创新主体创造热情的有机体。国家创新系统学派认为，从结构上分析，一个完整的创新系统应包含包括教育科研子系统、产业子系统等几个组成部分，如图6所示。

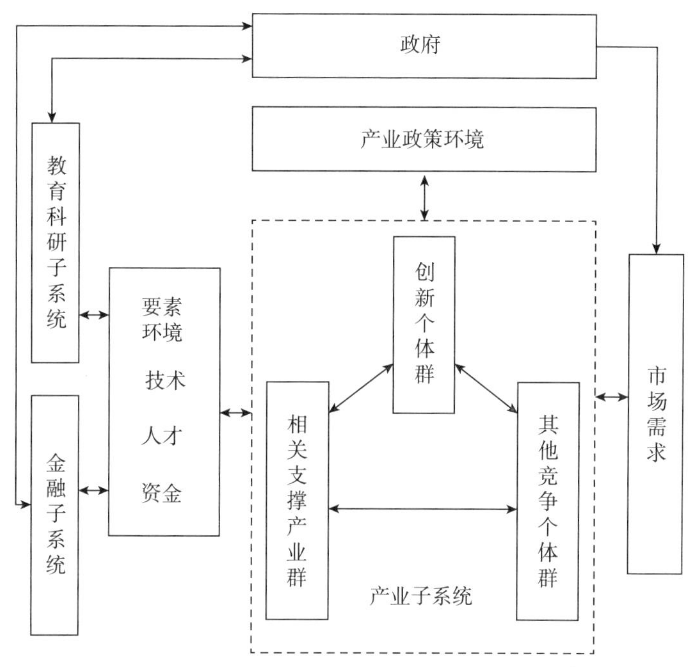

图6　创新系统的系统结构

（资料来源：根据李振国（2009）①、于咏全等（1998）② 整理）

总结王海燕和赵立新（2000）③、范亚洵（2004）④、高子洋（2018）⑤等学者的研究，创新系统有三个重要特征，即“快速的知识传播”“辅助性的政府创新政策”和“能单独或联合作用的创新组织”。创新系统有六个基本要素，一是创新活动的行为主体，主要包括企业、高校、科研院所和政府，其中企业为创新的主要主体；二是行为主体的内部运行机制，系统各要素自身优化是构成整个系统的实力和效率的基础，各个主体和要素有平

① 李振国．秩序变迁视角下的区域创新系统演化研究［D］．北京：中国科学院大学；中国科学院研究生院，2009.

② 于咏全，王计昕，王振泉．知识型时代与国家创新体系建立［A］．中国软科学研究会．第二届中国软科学学术年会论文集［C］．北京：中国软科学研究会，1998：8－20.

③ 王海燕，赵立新．政府在国家创新系统中的定位［J］．经济论坛，2000（19）：19.

④ 范亚洵．促进国际技术转移的国家创新系统分析［D］．武汉：武汉理工大学，2004.

⑤ 高子洋．论国家创新系统的构建与调整［D］．上海：华东师范大学，2018.

稳运行的机制才能促进整体效率的提升；三是行为主体间有效的联系和合作，创新资源在各主体之间转移能够分散创新风险、降低创新成本、增加创新效益、提升系统效率，创新系统本身表现为一个知识创造、技术扩散、创新产品应用相互联系和作用的网络系统；四是有效的创新政策，也即影响创新的各类方针政策，主要有供给政策、需求政策和环境政策；五是推动创新的市场环境，规范和高效的市场环境能促进创新活动的规模和效益；六是国际创新资源交流，这是国家或者区域创新系统参与国际竞争和合作的重要方式。

2. 技术经济范式理论

范式（Paradigm）一词由科技史学家 Thomas Kuhn（1978）① 在《科学革命的结构》中提出，用来描述科学技术的内在规律和演进方式。Dosi（1982）② 提出了技术范式（Technological Paradigm）的概念，将其定义为基于现有知识基础的解决技术问题的方式。Malerba 和 Orsenigo（1996）③ 将技术范式定义为技术的内在经济特征和知识特征，将其划分为熊彼特市场Ⅰ类型和熊彼特市场Ⅱ类型。Winter（1984）④ 认为技术范式对于各种层次的创新活动都有重要的影响，郑雨、沈春林（1999）⑤ 对于技术范式进行了范畴界定，将其从狭义的“产品中的技术与知识内容”扩展到广义的“技术共同体的内容”。

在技术范式的基础上，卡萝塔·佩蕾丝（Carlota Perez）研究了由机械、电子、计算机等领域的技术范式变革对经济、社会、文化带来的影响，并进一步提出了技术—经济范式（Techno - economic Paradigm）理论，将其定义为“一套通用的、同类型的技术与组织原则和最佳惯行模式（A Best - practice Model）”⑥。该理论认为技术革命往往会带来生产力的极大提升，但这种潜力要在一套最佳的社会—制度框架下激发，旧范式下的制度常常不

① 库恩，北林．科学革命的结构［J］．世界哲学，1978（1）：37 - 41.

② Dosi G，Nelson R R. Technological Paradigms and Technological Trajectories［J］. Research Policy，1982，11（3）：147 - 162.

③ Malerba F，Orsenigo L. Schumpeterian Patterns of Innovation are Technology - specific［J］. Research Policy，1996，25（3）：451 - 478.

④ Winter S G. Schumpeterian Competition in Alternative Technological Regimes［J］. Journal of Economic Behavior & Organization，1984，5（3）：287 - 320.

⑤ 郑雨，沈春林．技术范式的结构与意义［J］．南京航空航天大学学报（社会科学版），1999（1）：66 - 70.

⑥ 卡萝塔·佩蕾丝．技术革命与金融资本［M］．北京：中国人民大学出版社，2007.

适应新技术的普及，也即新技术范式的应用需要配套的经济和制度环境。陈德智（2006）① 进一步提出了如图7所示的技术经济范式结构，技术和产业革命是技术经济范式形成及变迁的核心要素。

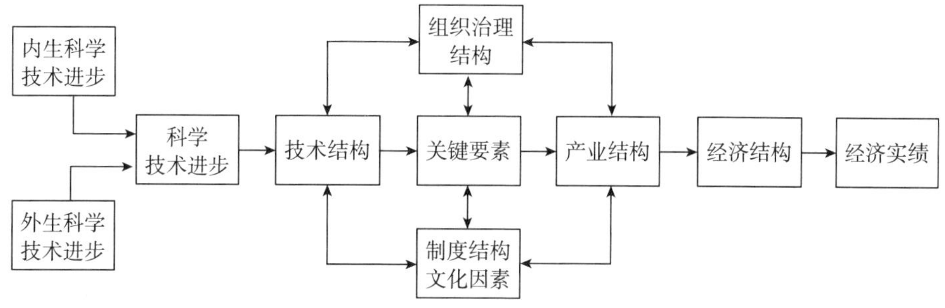

图7　技术经济范式结构

（资料来源：陈德智（2006））

技术经济范式理论对于后发追赶问题提供了一种重要的研究思路。后发追赶一方面包含了科技进步，另一方面包含了技术能力、制度体系、金融资本等要素。在经济一体化时代，随着技术经济范式的变迁，后发追赶应从制度和技术两个角度出发（杨虎涛、田雨，2015）②。根据技术经济范式理论，技术变革与新兴产业不断协同和融合，而这种协同与融合又会诱发新的技术与产业，后发追赶经济体具有一定技术积累和较强学习能力的产业可选择在新产业萌芽时期进入竞争赛道（夏林，2016）③。当前，新科技和新产业层出不穷，新一次产业革命正在发端，但是新的技术经济范式尚未形成，关键节点的核心技术尚不明确，先发国家的技术优势尚不显著，技术经济范式形成的孕育期是后发国家实现赶超的重要机会窗口。

三、后发优势与非均衡发展理论

讨论后发追赶问题时最常用的理论之一是后发优势理论，即后发国家因落后本身而获得的知识、技术、制度等层面的有利机遇。此外，在中国情境下研究后发追赶及其财政支持机制需要立足于东中西部差距较大的非

① 陈德智．技术跨越概念与标志界定研究［J］．科学学研究，2006，24（3）：364－367.

② 杨虎涛，田雨．演化经济学的技术追赶理论：特质、脉络、关键概念及其拓展［J］．学习与探索，2015（7）：95－99.

③ 夏林．后发国家新兴产业赶超的机遇识别与政策协同——基于演化经济视角的分析［J］．求是学刊，2016，43（1）．

均衡发展现实。

1. 后发优势理论

著名经济史学家 Gerschenkron 以德国、意大利等国的成功追赶为案例总结了“后发优势”（The Advantage of Backwardness）理论。先发国家的工业化、市场化进程中所积累的经验、教训对于后发国家有着重要的参照和借鉴意义（朱冬梅，2004）①。简言之，后发国家在科技水平方面具有相对落后的劣势，但在这种状态下后发者基于先发者已有的科学技术和知识经验可以减少“试错”成本，从这个角度来看，反而具有后发优势。经济学家 Thorstein Veble 研究后发优势时曾在其重要著作《德意志帝国与工业革命》中指出技术引进可以加速工业化进程，但前提是清除不利的制度性障碍。因此，后发国家基于后发优势进行追赶时，除了技术进步路径的选择外，还有一个重要变量是制度层面的学习。

与先发国家相比，后发国家的优势涉及技术、资本、制度、经验等层面。在技术方面，先发国家进行了巨额资金的研发、花费巨大的人力、投入较长的时间才获得了先进科学技术，而后发国家无须重复投入即可应用，而且，基础性越强的科学技术往往也具有越大的溢出效应。在资本方面，在边际递减规律的影响下，后发国家的资本边际报酬高于先发国家，在开放条件下，资本有往后发国家流动的趋势。在制度和经验方面，后发优势主要体现为后发国家可以通过引进、移植先发国家的制度、管理经验等，而制度性、经验性的知识是不具有独占性的。

总之，基于后发优势，后发国家可以通过模仿创新、制度移植和结构优化在低成本、高效率的特征下开展后发追赶。后发优势为后发国家追赶先发国家提供了较强的可行性和一定的可能性。开放条件下，后发国家可以嵌入全球创新网络、把握技术经济范式的变革机遇、在产业价值链中创造有利位势实现对先发国家的赶超。

2. 非均衡发展理论

“非均衡发展理论”（Unbalanced Development Theory）是基于区域差距来研究如何实现不平衡状态下的增长和发展。区域差异和不平衡发展问题是研究中国科技创新的财税支持政策时的重要变量。比较典型的“非均衡

① 朱冬梅．后发优势、劣势与发展中国家经济的快速发展［D］．长春：吉林大学，2004.

发展理论”包括 Francois Perroux（1949）[①] 提出的著名的“增长极理论”（Growth Pole Theory），1974 年诺贝尔经济学奖获得者、瑞典经济学家 Karl Gunnar Myrdal 的“循环累积因果论”，弗农的“区域经济梯度推移理论”，弗里德曼的“核心—边缘理论”等。其中，增长极理论强调了增长的不均衡和扩散性，Hirschman（1958）[②] 提出应将关键资源优先投入增长极的核心区域和部门，然后通过技术扩散和产业辐射带动其他非核心区域和部门的增长，Rostow（1960）[③] 认为主导产业部门的更迭造就了经济的持续增长，其政策内涵是要大力发展核心主导产业，然后通过产业链延伸和配套以及知识溢出带动其他产业的发展；区域经济梯度推移理论引入了 Vernon R（1966）[④] 的生命周期思想，提出不同区域的发展梯度是不同的，科学技术由高梯度区域向低梯度区域传播；Karl Gunnar Myrdal（1967）[⑤] 的循环累积因果论发现先发区域与后发区域之间的回流效应和扩散效应有利于实现发展水平的趋同和创新水平的缩小。

中国改革开放的总设计师邓小平同志在中国社会主义经济和社会实践中提出了有中国特色的非均衡发展理论（何宝峰，2015）[⑥]，其中比较有代表性的观点如先富带动后富并最终实现共同富裕、沿海特区带动内地发展等，这些观点和思想与非均衡发展理论中的增长极、梯级增长等理论有着深刻的吻合度。而研究后发追赶背景下的创新战略及其财政支持策略也应充分考虑中国不平衡、不充分发展的区域差异。

四、产业生命周期与幼稚产业保护理论

科技创新的财税支持政策应与产业生命周期规律相匹配。与先发国家相比，后发国家的大多数技术密集型产业仍处于产业生命周期的早期阶段，

---

① Perroux F, Dalal K. The Practice of Economic Planning and The Optimum Allocation of Resources: Discussion [J]. Econometrica, 1949, 17 (12): 172－178.

② Hirschman. The Strategy of Economic Development [M]. New Haven : Yale University Press, 1958: 125.

③ Rostow W W. The Five Stages of Growth—A Summary [M]. Cambridge: Cambridge University Press, 1960.

④ Vernon R. International Investment and International Trade in the Product Cycle [J]. International Executive, 1966, 80 (2): 190－207.

⑤ Karl Gunnar Myrdal Beyond the Welfare State. Economic Planning and Its International Implications [J]. Administrative Science Quarterly, 1967, 6 (1) .

⑥ 何宝峰. 论邓小平非均衡发展思想 [J]. 邓小平研究, 2015 (2): 32－44.

汉米尔顿和李斯特的幼稚产业保护理论为科技型产业发展初期的财税支持政策提供了证据。

1. 产业生命周期理论

Gort 和 Klepper (1982)① 从经济学的角度提出了第一个产业生命周期模型 (Industry Life Cycle Model)。迈克尔·波特 (1997)② 在《竞争战略：分析产业和竞争者的技巧》一书中论述了产业萌芽期、产业成熟期和产业衰退期的企业竞争战略，在此基础上，Londregan (1990)③ 进一步提出了产业生命周期不同阶段的竞争策略模型。总的来说，如表 1 所示，产业生命周期主要包括导入期、成长期、成熟期、衰退期四个发展阶段。导入期是创新产品的市场试验期，市场需求尚不明确，这时候需投入研发、进行创新产品的试验；在成长期，市场需求逐步明确下来，需进一步加大研发投入，并逐步形成核心技术壁垒；在成熟期，产业格局趋于稳定，产品市场份额趋于稳定，应开展新一代产品、新一代技术开发；到了衰退期，竞争者逐步成熟壮大，从整个产业来看，部分企业被淘汰，部分新的企业崛起。

表 1　产业生命周期的创新战略与竞争格局

项目	导入期	成长期	成熟期	衰退期
创新战略	创新产品的市场试验期，市场需求尚不明确	产业格局逐步稳定，其中优势企业的市场份额逐步扩大，逐步形成核心技术壁垒	产业格局稳定，优势企业开展新一代产品、新一代技术开发	产品继续迭代，根据市场反馈改进产品
竞争者战略	关注创新产品	仿制产品，模仿创新	竞争激烈，替代产品	创新赶超，部分淘汰

2. 幼稚产业保护理论

所谓幼稚产业保护理论 (Infant - industry Protection) 是国家针对产业早期形态开展政策扶持的主要理论基础。“幼稚产业”一般是指处于产业发展导入期、产业竞争力不足以进行国际化竞争的产业。该理论认为在新兴产

① Gort M, Klepper S. Time Paths in the Diffusion of Product Innovations [J]. Economic Journal, 1982, 92 (367): 630 - 653.

② 迈克尔·波特. 竞争战略：分析产业和竞争者的技巧 [M]. 北京：华夏出版社，1997.

③ Londregan J. Entry and Exit over the Industry Life Cycle [J]. Rand Journal of Economics, 1990, 21 (3): 446 - 458.

业发展的早期阶段，政府应当坚持一定的保护导向来扶持这一阶段的产业发展直至该产业培育成熟、实现“自我造血”并具备一定的竞争力。这一理论认为产业处于萌芽期和初创期时一般比较脆弱，如果不加以政策支持和保护往往会快速步入“死亡谷”（Death Valley）。后发国家的幼稚产业往往是先发国家的成熟产业，二者之间技术差距一般较大，从生产成本上看，后发国家由于不具备规模化能力，成本上一般不具备优势，开放竞争条件下一般处于劣势，这是对其进行保护的出发点，待幼稚产业充分发展后再由其自由发展和充分竞争。Hamilton、Fredrich List 和 John Mill 是幼稚产业保护理论的奠基者，其中李斯特在其 1841 年的经典著作《政治经济学的国民体系》中对幼稚产业保护理论进行了详细研究，认为针对处于产业萌芽期或者初创期的重点产业，政府应当进行过渡性的保护和扶持，直至产业技术和规模足以应对市场竞争①。Kemp（1960）② 是幼稚产业保护理论的集大成者，他在穆勒、巴斯塔布尔的基础上提出了幼稚产业保护的肯普标准（Kemp Test），这一标准在判定一个产业是否是幼稚产业时具有广泛的指导意义。Bhagwati 和 Ramaswami（1963）③ 指出了政府通过财政、金融等手段保护幼稚产业的必要性，同时也指出通过关税壁垒保护幼稚产业并非最优政策。

关于幼稚产业的判断标准，一方面要看该产业当前的基础和未来的潜力，另一方面要比较政府对该产业的支持成本（通常是财政性的补贴和拨款）与未来可获得的潜在收益的贴现值，后者大于前者时才有保护该产业的必要性。幼稚产业通常同时具有如下特征：一是发展阶段上尚处于导入期和萌芽期，属于新兴产业的范畴，暂不具备强竞争力；二是该产业往往具有很好的发展前景，这是进行保护性扶持的前提和必要性的来源；三是该产业往往具有较长的产业链，保护和扶持该产业发展有利于带动产业链上下游共同发展，这是进行保护性扶持的必要性的来源；四是该产业当前缺乏资金支持，但一旦规模化之后具备较好的现金流。这是判断是否属于幼稚产业的四个标准。

---

① 李斯特．政治经济学的国民体系［M］．北京：商务印书馆，1961：98-102.

② Kemp，Murray C．The Mill-bastable Infant-industry Dogma［J］．Journal of Political Economy，1960，68（1）：65-67.

③ Bhagwati J，Ramaswami V K．Domestic Distortions，Tariffs and the Theory of Optimum Subsidy［J］．Journal of Political Economy，1963，71（1）：44-50.

保护幼稚产业应秉持“适度、适中原则”（童菲美，2008）①。一方面，要给予幼稚产业较为宽松的政策环境和资金支持，使幼稚产业得以壮大和发展。另一方面，要针对幼稚产业的发展情况进行监管，防止幼稚产业在政府的扶持下丧失市场竞争力。幼稚产业保护力度应当以促进幼稚产业自我造血、自我组织、自我发展为边界。关于保护幼稚产业的政策研究方面，马顺（2012）② 认为幼稚产业保护理论是财政政策促进战略性新兴产业发展的理论基石之一，财政直接投资、财政补贴和购买性支出等财政支出政策可以发挥保护幼稚产业的内部助推作用。王小进和何奇频（2008）③ 认为中国作为未完成工业化的发展中国家，幼稚产业保护依然显得非常必要和急迫，所以在 WTO 允许的范围内通过财政和金融政策适度对幼稚产业实行保护是现实的选择。

总之，由于先发国家的大多数技术密集型产业均比后发国家更加成熟，用财政手段推动这些产业的技术进步就显得尤为必要。结合张艳菊（2008）④、李胜和赵育玉（2009）⑤ 的研究，作为最大的发展中国家，中国的汽车产业、大飞机工业等均符合幼稚产业理论的穆勒—巴斯塔布尔—肯普标准，这些产业处于核心技术的攻关阶段，外部性明显，这些产业的技术进步有利于上下游的产业链价值提升，应予以扶持，并辅以财政、税收、金融等方面的保持和支持措施。

① 童菲美．初探李斯特幼稚产业保护论对我国的借鉴意义［J］．时代经贸旬刊，2008，6（S9）：66.

② 马顺．促进战略性新兴产业发展的财政政策研究［D］．青岛：中国海洋大学，2012.

③ 王小进，何奇频．WTO 背景下我国幼稚产业保护政策选择［J］．华商，2008（15）：32 + 37.

④ 张艳菊．贸易政策对中国幼稚产业国际竞争力影响实证分析［D］．南京：南京农业大学，2008.

⑤ 李胜，赵育玉．论幼稚产业理论在发展我国大飞机工业上的运用［J］．黑龙江对外经贸，2009（5）：48 – 49.

第一章　中国创新追赶的历史进程

第一节　中国创新追赶历程的简要回顾

一、技术体系奠基期（1949—1978年）

新中国成立后至改革开放这个阶段是研究中国科技创新历史渊源的重要时期。一穷二白的中国通过技术引进和自力更生，为建设完整、独立的工业化体系奠定了基础。

在科学研究方面，新中国成立后，原延安自然科学研究院与南京中央研究所合并组建中国科学院；1956年提出“向科学进军”的口号并成立国务院学科规划委员会，提出“1956—1967年科学技术发展远景规划”（也称为“十二年规划”）①，成立了基于苏式经验的一批国防与国民经济科研机构，构建了多层次、体系化的科学研究体系，形成了以中国科学院为最高学术机构、国家科委为最高科技管理机构的体制格局。在这一格局下，一大批海外留学人员归国参与科技开发，极大地弥补了中国在多个领域的科技人员不足。1965年，中国已有总计1700个科研机构以及12万名专职科技研发人员，后因“文化大革命”，大批科技工作者被下放劳动，多数科研机构的研究工作中断。

在工业化发展战略方面，新中国“一五”期间确立了“重工业优先”的工业化发展原则和“四个现代化”的发展目标，并启动了苏联援建的“156项工程”，一方面向苏联、东欧社会主义国家派遣留学生，另一方面引进苏联的工业技术，在有限的条件下引进成套设备，“一五”时期“156项工程”基础建设及成套设备引进的投资占同期全部工业投资的50%左右

① 熊卫民．忆1956年钱学森首次访苏——吴鸿庆教授访谈录［J］．科学文化评论，2017，14（1）：74－81.

(彭敏，2009)[①]。“156 项工程”帮助新中国建立了比较完整的基础工业体系和国防工业体系的骨架（张久春，2009)[②]，中国的工业化基础在这一阶段得以“筑基”，对中国日后现代科技体系的建立也有深远的影响。

在引进基础上的科技创新战略方面，毛泽东提出“学习外国的东西，是为了研究和发展中国的东西。一切外国的好东西，我们都要学好，学好了要在运用中加以消化发展，做出独创性的努力”（赵德馨，1993)[③]。实践中，中国当时推行的是以军事工业为中心的工业化战略，试图在短期内实现“超英赶美”的追赶目标。如表 1－1 所示，在尖端技术方面，中国在这一阶段在极为艰苦的条件下取得了一系列重大突破。

表 1－1　新中国成立初期尖端技术方面的攻关成果

技术项目	美国	苏联	英国	中国
第一颗原子弹	1945 年	1952 年	1952 年	1964 年
第一颗氢弹	1952 年	1953 年	1957 年	1967 年
第一颗卫星	1958 年	1957 年	1971 年	1970 年
第一架喷气式飞机	1942 年	1945 年	1941 年	1956 年
第一架超音速飞机	1957 年	1957 年	1958 年	1965 年
第一台 8000 公斤引擎	1958 年	1957 年	1957 年	1970 年
第一台原型计算机	1946 年	1953 年	1949 年	1958 年
第一台商用计算机	1951 年	1958 年	1952 年	1966 年
第一只晶体管	1952 年	1956 年	1953 年	1960 年
第一块集成电路	1958 年	1968 年	1957 年	1969 年

资料来源：根据林柏（2007）、王德伟（1997）等资料整理。

总的来看，1949—1978 年中国在引进技术的集成、消化、再创新方面的投入严重不足，科技创新所需的科技型人才严重断代，由于历史原因教育事业遭遇重大挫折，1950—1975 年中国财政支出平均年增长率为 13.96%，文化教育支出年增长率仅为 0.5%[④]。但是，这一阶段中国在薄弱的物质技术基础约束下仍建立了一套独立的工业体系，为改革开放以后的

① 彭敏．当代中国的基本建设［M］．北京：当代中国出版社，2009：35－38.

② 张久春．20 世纪 50 年代工业建设“156 项工程”研究［J］．工程研究——跨学科视野中的工程，2009，1（3）：213－222.

③ 赵德馨．毛泽东的经济思想［M］．武汉：湖北人民出版社，1993：299.

④ 财政部综合计划司．中国财政统计（1950—1988）［M］．北京：中国财政经济出版社，1989：13.

全面技术引进和创新追赶奠定了基础。

二、创新认识深化期（1978—2006 年）

1978 年 3 月 18 日召开的首次全国科学技术大会标志着中国进入了创新认识深化期，这次大会上邓小平同志提出了“科学技术是第一生产力”“知识分子是工人阶级的一部分”的重要论断，科学研究部门重新得到重视，高考制度的恢复也让院校得以培养科技创新的储备人才。邓小平同志在 1978 年 10 月访日、1979 年 1 月访美后提出“一定要大胆借鉴西方科学、技术、管理、精神和艺术中有益的先进文化”（左玲，2013）①，1978 年 12 月 18 ~ 22 日，中国共产党第十一届中央委员会第三次全体会议提出“在自力更生的基础上，积极发展同世界各国平等互利的经济合作，努力采用世界先进技术和先进设备”，中国逐步打开国门并大规模学习和引进先发国家的先进科学技术，积极引入外商投资，翻开了对内改革、对外开放的新篇章。1985 年中共中央发布的《关于科学技术体制改革的决定》确定了科技体制的组织、人事等方面的改革原则，要求高等院校和公立研发机构的研究导向面向国民经济，这一导向有利于解放科技创新生产力，我国科技体制的改革进入了有计划有方向的改革进程，尊重科学、尊重人才的氛围蔚然成风。在这期间，随着国家高新区的开辟和 863 计划、973 计划、星火计划、火炬计划的实施，科技创新从业人员的知识和才干得以自由的施展，“长期被束缚、被压抑的第一生产力得到了充分的释放”（孙英兰，2005）②，中国的科技创新呈现出良好的局面。特别是 1992 年，中国正式提出了“市场换技术”的开放策略，意在向他国产品出让国内市场份额来引进先进科学技术。这一时期中国大量引进外资并引入欧洲、美国、日本的先进设备和成熟技术，鼓励企业进行模仿创新，技术密集型产品供应不足的问题得到有效缓解。然而，企业的创新层次不高、创新意愿不强，产业核心、关键技术仍受制于人③。

1995 年的《中共中央 国务院关于加速科学技术进步的决定》提出了具有里程碑意义的“科教兴国”战略，并确定了“稳住一头，放开一片”

① 左玲．邓小平的西方文化观与当代价值［J］．重庆社会科学，2013（10）：87 – 92.

② 孙英兰．三任科技部长纵论科技体制改革释放第一生产力［J］．瞭望，2005（26）：22 – 25.

③ 杨忠泰．改革开放 40 年科技创新演进脉络和战略进路［J］．中国科技论坛，2019（4）：8 – 16.

的方针（夏承禹，1995）[①]，“一头”即基础研究，“一片”即经济建设主战场，提出要建设符合科技发展规律的新型科技创新体制以促进国家科技创新水平的提高。1997年底，中国科学院提出“建设国家创新体系”的提案并得到批准，此后中国成立了国家科技教育领导小组来统筹协调科技创新工作，开展了一系列卓有成效的试验，包括中国科学院实施的“知识创新工程”、教育部系统实施的“211”工程和“985”工程。2003年，党的十六届三中全会报告中正式明确“要加快建设国家创新体系”，并提出“企业是创新的主体”，政府应为各种规模、各种所有制结构的企业提供平等的参与科技竞争的机会。2005年12月国务院发布的《国家中长期科学和技术发展规划纲要（2006—2020年）》正式确立了“建设创新型国家”的目标，明确提出要“建立以企业为核心的自主创新体系”。

总的来看，1978年至2006年，中国经济飞速发展，国内生产总值从3645.2亿元增长到215904.4亿元，人均国内生产总值从381元增长到16500元[②]，国家财政科技投入力度不断加大，大批留学人才回国从事科学研究和创新创业活动，解决了改革开放初期面临的人才断层问题，科研经费渠道多元化，经济飞速发展的同时科技创新能力也快速提升，如表1－2所示，从超级杂交水稻、神舟系列飞船的成功发射，到纳米科技、量子通信、生命科学，再到人工智能、生物基因工程（李雨蒙，2017）[③]，中国取得了一系列举世瞩目的科技创新成果。

表1－2　1978—2006年重大创新成就

年份	重大创新成就
1979	建成325米高的气象铁塔
1982	人工合成天然青蒿素
1985	中国第一个南极科学考察站——长城站建立
1986	发现起始转变温度为48.6K的锶镧铜氧化物超导体
1987	“神光”高功率激光装置
1988	北京正负电子对撞机对撞成功
1991	我国第一套拥有自主知识产权的大型数字程控交换机诞生
1992	我国新核素合成和研究取得重大成果

① 夏承禹．论“稳住一头，放开一片”［J］．科学学与科学技术管理，1995（4）：9－12.

② 相关数据来源于国家数据网站，http：//data. stats. gov. cn/。

③ 李雨蒙．改革开放30年辉煌的科技成就［J］．中国民商，2017（12）：87.

续表

年份	重大创新成就
1993	北京自由电子激光装置获红外自由激光
1994	研制成功潜深千米的自治水下机器人
1995	“曙光1000”大规模并行计算机系统研制成功
1997	在海拔7000米处钻取出最高冰芯
2000	超级杂交稻研究取得重大成果
2001	人类基因组“中国卷”绘制完成
2002	三峡工程导流明渠截流成功
2003	中国第一艘载人飞船——“神舟”五号发射成功
2004	我国首座国产化大型商用核电站——秦山二期核电站建成投产
2005	青藏铁路全线铺通
2006	世界首个全超导托卡马克核聚变实验装置建成

资料来源：根据光耀中华编委会（2008）①、车文（1998）② 等整理。

在经济腾飞的同时，这一阶段中国对于科技创新的重要性的认识也在逐步深化。这种深化包括：第一，对于科技创新的重要性的认识不断深化，随着自身的比较优势和后发优势逐步释放，传统的增长方式愈发乏力，科技创新的重要性日益凸显，对于经济增长动力的认识从依靠投资、消费、出口“三驾马车”转到依靠科技创新内生驱动上来；第二，对于创新主体的认识，中国经历了从计划经济到有计划的商品经济再到社会主义市场经济的演变过程，对于科技创新主体的认识也经历了从国家到公立研发机构再到企业的过程；第三，对于创新的追赶战略，从强调简单的技术引进、模仿到逐步强调“自主创新”的重要性。

三、创新追赶爬坡期（2006年以来）

《国家中长期科学和技术发展规划纲要（2006—2020年）》比较清晰地提出了中国科技创新的追赶目标，概括地说，短期目标是2020年建成创新型国家，中期目标是2030年进入创新型国家前列，2050年成为世界科技创

① 光耀中华编委会．光耀中华：改革开放30年科技成就撷英［M］．北京：科学普及出版社，2008：26.

② 车文．改革开放以来我国科技事业发展之回顾——纪念十一届三中全会和科学大会召开20周年［J］．当代社科视野，1998（10）：1－11.

新强国。2006 年以后，中国进入建设创新型国家的关键爬坡期。

2007 年中国共产党第十七次全国代表大会提出了“自主创新、重点跨越、支撑发展、引领未来”的科技创新工作指导方针（范柏乃、蓝志勇，2007）①。同年，中国颁布了新版《科技进步法》和《专利法》，完善了科技创新工作法律层面的保障体系，维护科技创新的市场秩序。2012 年底，中国共产党第十八次全国代表大会正式提出“创新驱动发展”战略，再次明确“到 2020 年我国进入创新型国家行列”的近期奋斗目标。2015 年 3 月 13 日中共中央、国务院正式提出“创新驱动发展战略”，要求“把科技创新摆在国家发展全局的核心位置”。2015 年 8 月修订了《促进科技成果转化法》，规定公立研发机构的科技成果转化所得留归本单位，并对相应研发人员给予奖励，鼓励科技成果转化为现实生产力。2016 年《国家创新驱动发展战略纲要》正式发布，建设体系完备、结构合理的国家创新体系成为这一阶段的政策目标。

这一阶段，中国科技发展水平大幅增长，逐步缩减与主要创新型国家的差距。从科研论文发表情况看，根据 OECD 的数据，2006—2019 年，全球发表的科研论文数量每年递增约 7%，美国累计增长 60%，而中国则足足增长了 3.5 倍。2007 年以来，中国取得了一系列令人鼓舞的创新成就，其中不乏一些世界领先和首创的科技成果（如表 1－3 所示）。

表 1－3　2007—2019 年重大创新成就

年份	重大创新成就
2007	第一颗绕月探测卫星——“嫦娥一号”发射成功
2008	“神舟七号”载人飞船发射升空并首次实现太空行走
2009	国际上口径最大、光谱获取率最高的大视场天文望远镜 LAMOST 项目竣工
2010	“天河一号”成为全球最快的超级计算机
2011	第一款具有自主知识产权的相变存储器（PCRAM）芯片研制成功
2012	第一艘航空母舰“辽宁舰”在大连造船厂正式交付
2013	自主发展的运－20 大型运输机首次试飞成功
2014	将远程量子密钥分发系统安全距离扩展至 200 公里，刷新世界纪录

① 范柏乃，蓝志勇．国家中长期科技发展规划解析与思考［J］．浙江大学学报（人文社会科学版），2007，37（2）：25.

续表

年份	重大创新成就
2015	首台纯国产处理器“神威太湖之光”超级计算机落户，运行速度全球最快
2016	世界最大单口径、最灵敏的射电望远镜“中国天眼”FAST 落成启用
2017	世界首台光量子计算机在中国诞生
2018	迄今设计和建设难度最大的港珠澳大桥正式通车运营
2019	世界规模最大的单体机场航站楼北京大兴国际机场正式投运

资料来源：根据相关网络资料整理。

进入创新追赶爬坡期以来，围绕“2020 年建成创新型国家”的目标，中国的科技创新能力持续提升，如图 1 – 1 所示，科技进步贡献率①从 2007 年的 46.00% 增长到 2016 年的 56.20%，尤其是中国经济进入新常态后，科技创新越来越成为经济增长的核心驱动力。科技创新呈现出全面推进、多点突破的良好局面，以企业为主体、产学研用结合的国家创新体系基本建成，正在逐步接近建成创新型国家的目标。

图 1 – 1　2007—2016 年中国科技进步贡献率

（资料来源：《中国科技统计年鉴（2008—2017）》）

---

① 科技进步贡献率是生产函数中扣除了资本、劳动之后科技创新的贡献份额。科技进步贡献率是衡量一个经济体科技创新能力的关键性指标。科技进步贡献率 >70% 是衡量“创新型国家”的核心指标，经过多年的追赶，中国的科技进步贡献率逐年增长，但与创新型国家的要求仍有较大差距。

第二节　中国科技创新取得的成效与存在的差距

一、中国科技创新取得的成效

当前，中国的创新体系建设稳步推进，科技创新水平不断攀升，主要表现在部分重要的创新领域与先发国家的差距逐步缩小或已经消失，在若干领域已具有重要的国际影响力（李俊江、李政，2008）[①]，技术引进的依赖程度明显减轻，科技创新显示出对经济社会发展的引领能力，取得了一系列重大科研成果。

为了研究中国科技创新的成效，本节根据国家统计局官网以及《中国科技统计年鉴（2008—2017）》的相关数据，分别研究了在中国高新技术产业发展概况、中国科技创新活动发展情况等方面近十年来中国科技创新取得的成效。

如图 1－2 所示，中国高新技术企业的主营业务收入稳步增加，从 2008 年的 55729 亿元上升到 2016 年的 153796 亿元，增长了 1.76 倍。

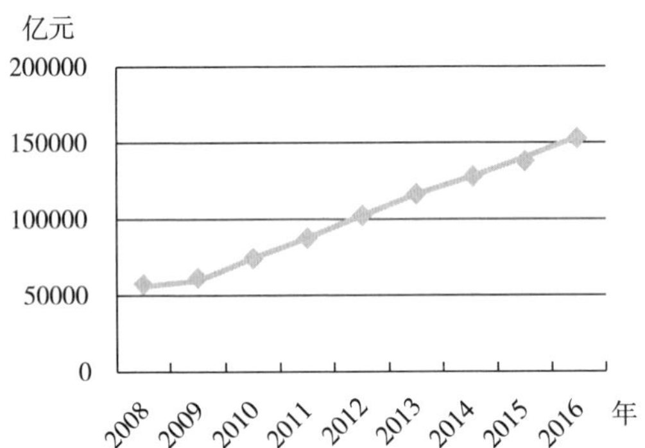

图 1－2　2008—2016 年中国高新技术企业主营业务收入

（资料来源：《中国科技统计年鉴（2009—2017）》）

中国高新技术企业的利润也大幅增加，如图 1－3 所示，从 2008 年的 2725 亿元增加至 2016 年的 10302 亿元，增长了 2.78 倍。

① 李俊江，李政．中国科技创新体系建设的历程与成就［J］．吉林大学社会科学学报，2008，48（6）：120－123.

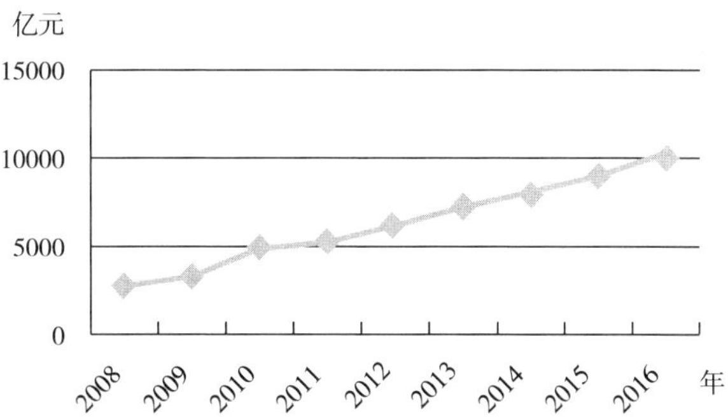

图 1－3　2008—2016 年中国高新技术企业利润情况

（资料来源：《中国科技统计年鉴（2007—2017）》）

2008 年至 2016 年，中国的科技创新活动越发活跃，如图 1－4 所示。科技研发机构数量增长迅猛，从 2534 个增加至 6456 个，增长率超过 150%。

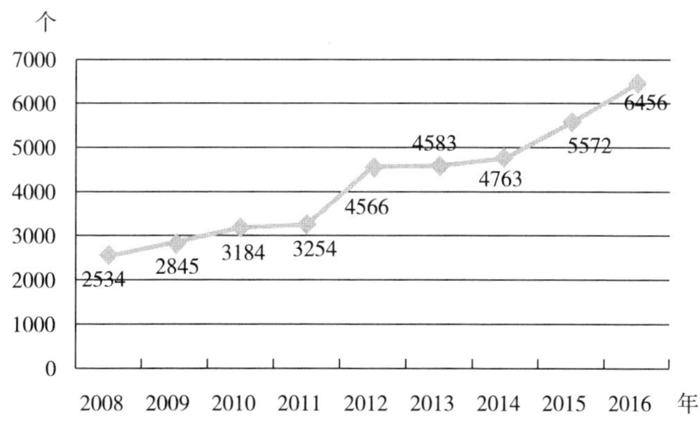

图 1－4　2008—2016 年科技研发机构数量

（资料来源：《中国科技统计年鉴（2007—2017）》）

2008 年至 2016 年，R&D 经费与新产品开发经费增长都异常迅猛，如图 1－5 所示，R&D 经费和新产品开发经费均增长近 3 倍。

专利申请数持续增加，如图 1－6 所示，从 2008 年的 39656 件增加至 2016 年的 131680 件，这得益于中国政府鼓励创新研发以及保护知识产权的政策导向。

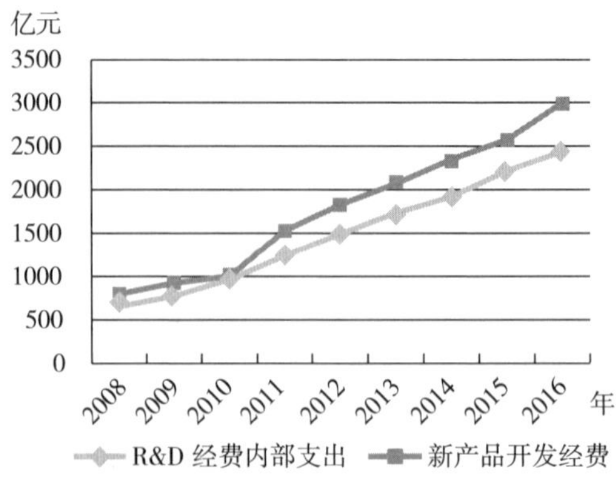

图 1－5　2008—2016 年 R&D 经费与新产品开发经费

（资料来源：《中国科技统计年鉴（2007—2017）》）

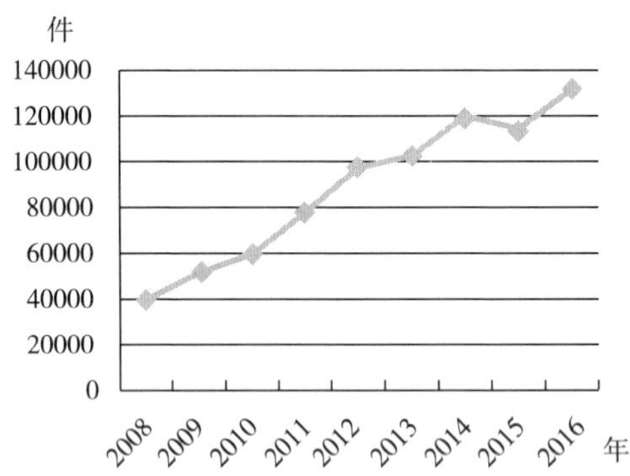

图 1－6　2008—2016 年专利申请情况

（资料来源：《中国科技统计年鉴（2009—2017）》）

从近年来国际上各种科技创新能力评价指数来看，中国的创新能力正在快速提升并逐步产生全球影响。全球竞争力指数、全球创新指数、欧盟创新积分榜等国际指数以及《国家创新指数报告》《二十国集团（G20）国家创新竞争力发展报告》等国内指数均揭示了中国创新追赶取得的成效。例如，如表 1－4 所示，从世界经济论坛发布的《全球竞争力报告（2017—2018）》（参比国家总计 137 个）来看，中国的全球竞争力指数排名第 27 位。

表 1－4　近 5 年中国的全球竞争力指数（GCI）排名及分类指标排名

GCI（全球竞争力指数）	排名	得分
2017—2018 年	27/137	5
基本需求指数（40%）	**31**	**5.3**

续表

GCI（全球竞争力指数）	排名	得分
制度	41	4.4
基础设施	46	4.7
宏观经济环境	17	6
卫生和基础教育	40	6.2
效率提升指数（50%）	**28**	**4.9**
高等教育和培训	47	4.8
商品市场效率	46	4.5
劳动力市场效率	38	4.5
金融市场发展	48	4.2
技术完备性	73	4.2
市场规模	1	7
创新和完备性指数（10%）	**29**	**4.3**
商业环境复杂度	33	4.5
创新能力	28	4.1

资料来源：世界经济论坛《全球竞争力排名（2017—2018）》。

如表1－5和图1－7所示，2017年中国在G20国家中国家创新竞争力排名第8位，从细分指标来看，中国的创新基础竞争力、创新环境竞争力、创新投入竞争力、创新产出竞争力、创新持续竞争力分别排名G20国家的第9位、第13位、第7位、第2位、第5位。

表1－5　G20国家创新竞争力排名

国家	创新竞争力	创新基础竞争力	创新环境竞争力	创新投入竞争力	创新产出竞争力	创新持续竞争力
美国	78.6	98.6	59.5	82	85	68.1
	1	1	8	1	1	1
英国	55	53.6	71.5	39.3	43.1	67.3
	2	3	1	9	6	2
韩国	53.4	31.6	68.1	57	46.6	63.5
	3	10	3	4	5	3
德国	53	52.1	56.5	57.2	52.3	47.1
	4	4	10	3	3	7

续表

国家	创新竞争力	创新基础竞争力	创新环境竞争力	创新投入竞争力	创新产出竞争力	创新持续竞争力
日本	51.6	38.8	60.8	65.5	49.9	42.9
	5	7	7	2	4	11
法国	50.8	47	58.3	54.6	40.2	53.8
	6	5	9	5	7	4
澳大利亚	47.1	58.4	68.4	48.9	13.3	46.7
	7	2	2	6	15	8
中国	46.8	31.9	50.1	48.5	53.3	50.1
	8	9	13	7	2	5
加拿大	42.6	43.6	64.9	46.4	16.9	41.4
	9	6	4	8	12	12
意大利	40.2	38.3	62.9	26.7	24.7	48.6
	10	8	5	10	9	6

资料来源：根据《二十国集团（G20）国家创新竞争力发展报告（2016—2017）》整理。

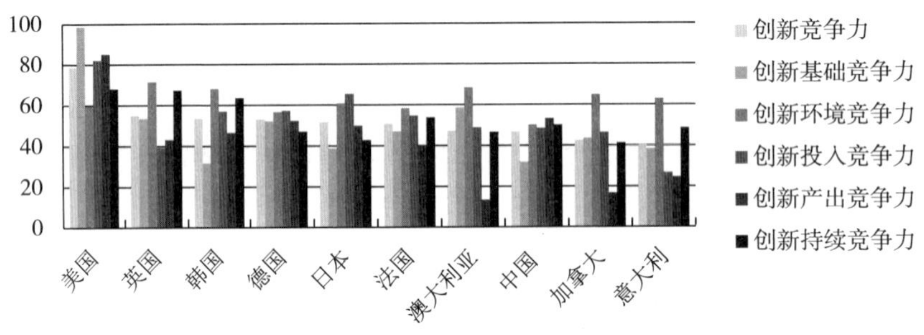

图 1-7　G20 国家创新竞争力

（资料来源：根据《二十国集团（G20）国家创新竞争力发展报告（2016—2017）》整理）

二、中国与主要创新型国家的差距

不可否认，经过 40 多年的改革开放，中国的科技创新能力得到了极大提升。在肯定成绩的同时也应充分认识到中国与发达国家的创新差距。在前沿创新领域，中国的颠覆性成果占比依然较少，尤其是在信息通信、尖端新材料和生命医疗等方向的研发成果与美国、日本等国相比仍有较大差距。以中国、德国、日本、美国四国的 PCT 专利对比为例，中国近年来

PCT专利申请数发展迅猛，从2013年开始超过了德国，但截至2015年中国的PCT专利申请数为29839件，仅为日本的67%、美国的52%，差距较为明显。

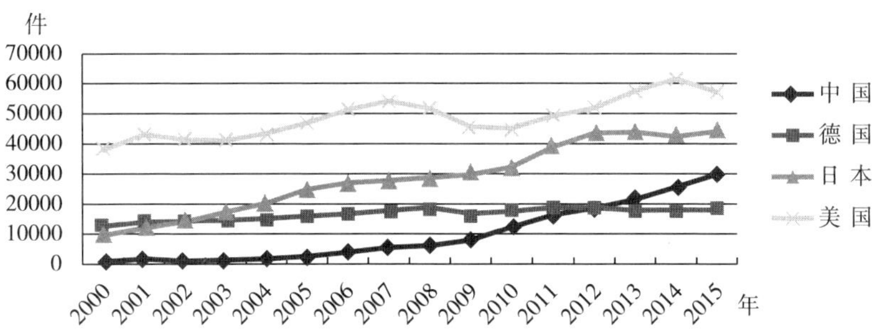

图1-8　PCT专利申请量按来源国统计（中、德、日、美对比）

（资料来源：《中国科技统计年鉴（2007—2017）》）

将中美的创新指标进行对比，如表1-6所示，截至2017年，中国的诺贝尔得主为2人（屠呦呦和莫言），而美国高达345人，不足美国的1%，差距甚远。对于人均收入、人均消费支出、劳动生产率等指标，中国与美国相比均不到美国的10%；在教育方面，2016年，中国入选世界百强大学的仅有5所（含中国香港的三所高校），美国为41所（占世界的41%）；在人均教育经费方面，中国仅为美国的13.24%；在顶尖科学家数量方面，中国仅为美国的16.31%；在接收留学生数量方面，中国仅为美国的19.09%；在高校入学率方面，美国是中国的两倍多。虽然中国的GDP在全球仅次于美国，但从其他十个指标来看，中美的差距依旧非常巨大。

表1-6　中美创新差距对比情况

序号	指标	年度	中国	美国	中国/美国
1	诺贝尔得主（人）	截至2017年	2	345	0.58%
2	人均消费支出（美元）	2017年	2401.7	35525.7	6.76%
3	人均收入（元）	2017年	25974	382000	6.80%
4	劳动生产率（美元/人）	2017年	8253	101101	8.16%
5	百强大学（所）	2016年	5	41	12.20%
6	人均教育经费（美元）	2015年	423.8	3200	13.24%
7	顶尖科学家（人次）	2017年	268	1643	16.31%
8	接收留学生（万人次）	2017年	21	110	19.09%
9	R&D经费（亿美元）	2016年	2285.5	5062.6	45.14%

续表

序号	指标	年度	中国	美国	中国/美国
10	高校入学率	2016 年	42.7%	87%	49.08%
11	GDP 总量（万亿美元）	2017 年	12.25	19.39	63.18%

资料来源：根据王宏广等（2018）[①]、孙敬水（2002）[②]整理。

① 王宏广，由雷，尹志欣，朱姝. 40 个指标全面透析中美差距［J］. 科技中国，2018（9）：5－9.

② 孙敬水. "数字鸿沟"：中美差距知多少［J］. 中国国情国力，2002（6）：36－37.

第二章 财税支持创新：理论框架与中国实践

第一节 科技创新为什么需要政府介入

一、科技创新应主要依靠市场

首先，企业是创新的主体。一般来说，伴随着工业化进程的推进，创新主体也从政府主导发展到市场化的企业主导（如图2－1所示）。高校与研究机构作为智力密集区和科技计划的重要承接载体，也是科技创新中的重要节点，但是，高校与研究机构属于非营利性机构，其市场敏感度、创新动力、组织效率都不及企业，市场经济下企业是科技创新的主体。2015年《中共中央 国务院关于深化体制机制改革 加快实施创新驱动发展战略的若干意见》中明确提出“要使企业真正成为技术创新决策、研发投入、科研组织和成果转化的主体”。

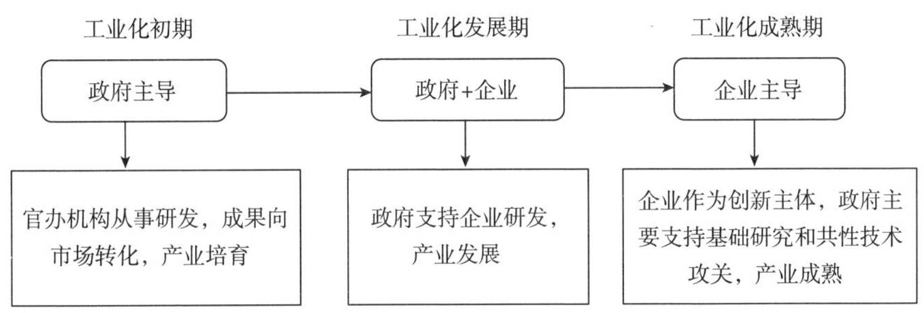

图2－1 工业化进程中创新主体的演化规律

其次，创新是“以市场为导向、以需求为牵引”的知识商品化过程，市场在创新资源配置中起着决定性的作用，这种决定作用体现在：第一，“看不见的手”的创新激励效果更具普适性。处于市场经济体制下的竞争性环境中，创新主体有内在的利益驱动去提高产品的技术壁垒、增加产品的核心竞争力。第二，市场激励使得科技创新更加多元化，创新主体在“看不见的手”的作用下进行多元化的技术创新、组织创新、商业模式创新。第三，只有成功实现市场化的科技成果才称为创新成果。市场经济中的创新主体将科技成果产业化的效率是其竞争力的重要表现。

最后，后发国家创新追赶的过程是科技型企业创新崛起的过程。例如，日本在追赶美国的过程中，丰田、本田、日立、松下、索尼、东芝、日本电气等一大批企业成功崛起，在这个过程中，日本政府的作用主要是产业规划、资金支持、产权保护和创新氛围营造，而具体的研发、制造、销售则主要依靠市场。经过多年的发展，中国也已涌现出阿里巴巴、腾讯、百度、华为、小米、格力、TCL 等一批创新型企业，反映出中国在移动互联网、智能终端、家用电器等领域的竞争力和技术水平已经逼近创新前沿，未来只有依托更多的“世界级企业”才能实现中国对发达国家的创新赶超。

总之，市场是创新的根本源动力，市场应当是科技创新的主导力量，在角色上，政府应由全能型政府转变为有限型政府，由经济建设型政府转变为服务提供型政府，由统治型政府转变为监管型政府，具体在科技创新方面，政府更多的职能是营造创新环境、干预创新秩序。

二、政府介入创新的必要性

1. 新古典经济学视角：市场失灵

如果政府不介入创新，市场机制自发作用下的创新均衡是怎样的？

假设 1：某一高新技术产业共有 n 家企业，第 i 家企业自身投入的 R&D 费用计为 r_i（$i=1, 2, \cdots, n$），则产业 R&D 总费用为 $R = \sum_{i=1}^{n} r_i$。

假设 2：企业 i 的效用函数为 $u_i = u_i(x_i, R)$，其中 x_i 是企业 i 其他方面的投入，其他投入的单位成本（即为价格）为 p，企业 i 的预算收入是 M_i，假设 $\partial u_i / \partial x_i > 0$，$\partial u_i / \partial R > 0$。

于是，企业 i 的最优策略是在给定同一产业内其他企业策略时求解如下规划问题：

$$Max_{x_i, r_i}\ u_i(x_i, R) \tag{2-1}$$

$$\text{s. t. } M_i = p x_i + r_i \tag{2-2}$$

构造 Lagrange 函数 $L_i = u_i(x_i, R) + \lambda(M_i - p x_i - r_i)$，其中 λ 为 Lagrange 乘数。

由一阶条件得到

$$\partial u_i / \partial R = \lambda \tag{2-3}$$

$$\partial u_i / \partial x_i = \lambda p \tag{2-4}$$

于是可得

$$(\frac{\partial u_i}{\partial R})/(\frac{\partial u_i}{\partial x_i}) = \frac{1}{p}, i = 1, \cdots, n \tag{2-5}$$

用这 n 个条件可得均衡时每个企业自身有意愿投入的 R&D 费用以及 R&D 总费用 R_i^* 。

为了判定企业的最优是否与整个产业最优相等，下面从政府福利函数来分析。

假设 3：政府的福利函数是各个企业效用函数的加权和，即

$$W = \sum_{i=1}^{n} a_i u_i \tag{2-6}$$

这里 $\sum_{i=1}^{n} a_i = 1$ ，其中 a_i 是每家企业的权重值。

政府的总预算约束条件是

$$\sum_{i=1}^{n} M_i = p \sum_{i=0}^{n} x_i + R \tag{2-7}$$

同理，对应的一阶条件为

$$\sum_{i=0}^{n} a_i \frac{\partial u_i}{\partial R} - \gamma = 0 \tag{2-8}$$

$$a_i \frac{\partial u_i}{\partial x_i} - \gamma p = 0, i = 1, \cdots, n \tag{2-9}$$

由式（2-8）计算 a_i 的代数式后代入式（2-9），然后将等式两边同时除以 Lagrange 乘数 γ 即可得

$$\sum_{i=0}^{n} (\frac{\partial u_i}{\partial R})/(\frac{\partial u_i}{\partial x_i}) = \frac{1}{p} \tag{2-10}$$

即为公共物品的帕累托最优条件，式（2-10）改写成

$$(\frac{\partial u_i}{\partial R})/(\frac{\partial u_i}{\partial x_i}) = \frac{1}{p} - \sum_{j \neq i} (\frac{\partial u_i}{\partial R})/(\frac{\partial u_i}{\partial x_i}) \tag{2-11}$$

将式（2-5）与式（2-11）对比可知，纳什均衡的供给小于帕累托最优的供给，主要原因之一是创新具有某种“准公共产品”属性，企业自身有意愿投入的 R&D 费用往往小于最优值，因此实践中政府需要介入科技创新以满足帕累托最优的 R&D 投入。

一般来说，政府介入原本由市场主导的产品或服务领域的主要原因是

存在“市场失灵”的情形，即存在外部性、公共产品和不完全竞争导致的供需错配问题。而创新因其需要高投入但其产出又具有很大的风险，同时又由于创新收益的非独占性，市场失灵在科技创新领域尤为突出。技术市场失灵会影响创新主体的积极性，因此需要政府通过财政工具等手段干预创新产品的供给与需求，进而提升创新资源的配置效率。

（1）创新的准公共产品属性

公共产品的主要特征是非排他性和非竞争性，也即“他人消费该商品付出的成本为零”①，如公共服务设施、科学教育、研究开发、环保、国防等。非排他性会导致“搭便车”行为，阻滞公共产品提供者的动力；非竞争性会导致消费公共产品的边际成本为零，单独依靠市场无法形成公共产品的有效供给，这是政府公权力的介入依据。

科技创新是多投入、多产出的系统过程，阶段划分上包含基础研究、应用研究、试验发展、成果转化和规模产业化等过程。按照如图 2－2 所示的三分法，其产出形态有知识形式、技术形式和物质产品形式。

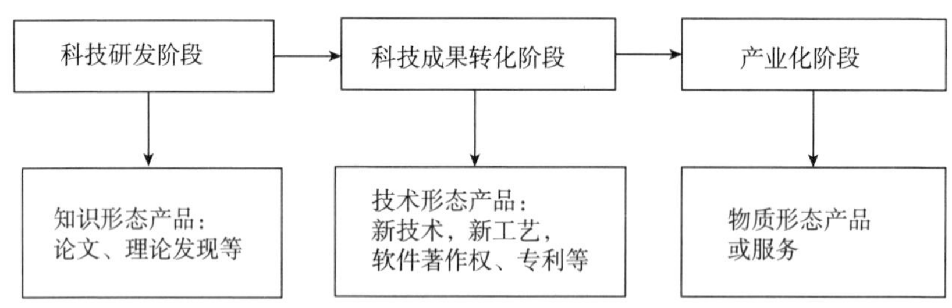

图 2－2　“三分法”下创新的产出形态

准确地说，科技创新是一种准公共产品。由于版权制度、专利保护制度的存在，创新者可以在一定时期内获得创新收益，如科技创业者开发出来的物质形态产品可依据创新产成品的权利归属获取创新的超额回报。但实际上大量的科技创新产成品也有明显的非竞争性和非排他性，如基础研究就具有典型的公共产品性质，取得重大发现后全人类都可以使用，而研发者本身无法从中获取更多收益。诺斯认为“人类在其整个过去都不断发展新技术，但速度很慢，而且时断时续。主要原因在于，发展新技术的刺激偶尔才发生。一般而言，创新都可以毫无代价地被别人模仿，也无须付

① 保罗·萨缪尔森，威廉·诺德豪斯．微观经济学（第十六版）［M］．萧琛，译．北京：中国人民大学出版社，1999：187.

给发明者或创新者任何报酬。技术进步速度缓慢的主要原因就在于，直到相当晚都未能就创新发展出一套所有权”①。简言之，科技创新产出的基础性、原理性、通用性、知识性越强，就越接近“公共产品”的属性；而市场化较近的科技创新活动相对更倾向于“私人产品”的性质。

总之，科技创新的准公共产品属性决定了政府介入的必要性。科技创新前期的成本代价尤其大、面临的不确定性尤其大，如果企业在创新前期的成本得不到有效补偿，则企业的策略将会偏向于接受技术外溢，而不是开展自主创新。

（2）创新的外部性

外部性是无法经由市场手段自行消除的由某个主体的行为给另一主体带来的损、益影响，外部性需要政府的力量进行强制纠正。科技创新的不确定性主要源自R&D活动的风险，“因为人们在开展某项R&D活动之前是不可能完全弄清楚他们所要探索的究竟是什么，事先也不可能准确预见到他们所从事的R&D活动最终将会带来什么样的结果”②。例如，创新者进行复杂、漫长的R&D活动，产生的溢出效应使得创新者无法完全获取科技创新成果的全部收益。在现实的市场环境中，非创新者往往通过市场情报的搜集对创新者的研发信息进行捕捉和模仿或者进行“微创新”包装成实用新型专利、外观专利等，并在创新者同类型的市场空白中寻找“见缝插针”的机会。在此过程中，创新者投入了研发成本、承受了漫长的研发周期、承担了较大的开发风险、付出了大量的商务拓展费用来培育市场，为科技创新的扩散起到了关键的作用，然而非创新者享受了创新的“跟随红利”却没有付费。

概括地说，创新的溢出效应一般体现为：同行业内的创新溢出效应使其他同行或者竞争对手进行类似产品或者工艺的模仿；产业链上下游的创新溢出效应使得新工艺所需的配套厂商出现；科技创新在本国国内的扩散增强了比较优势和领先程度；先发国家科技创新的跨国溢出效应使得后发国家获得了新的技术路线、技术工艺。这种创新溢出效应对于全社会、全行业来说可以避免创新资源的重复投入、缩减研发成本，提升全体参与方的整体技术水准，也就是说，创新对于整个社会有正外部性，但是最初开展自主创新的主体投入了大量人力、物力、财力却只享受了创新的部分收

---

① 诺斯．经济史上的结构变迁［M］．北京：商务印书馆，1998：161.

② 多西．技术进步与经济理论［M］．北京：经济科学出版社，1992：273－274.

益，在创新不断繁衍、扩张的过程中，由于边际收益的降低导致其创新的积极性下降。简言之，创新的外部性需要政府进行有力的干预，激发企业科技创新的积极性，使科技创新供给达到社会最优水平。

(3) 创新的不确定性

科技创新需要较大的投入（如 Microsoft 开发单一的 Windows 系统的研发投入超过 10 亿美元）和漫长的流程（例如，新药研发需要实验室确认药物靶点、合成化合物、临床前实验、临床试验审批、三期人体临床试验、新药上市审批、上市后研究和再审批等流程，流程烦琐，耗时漫长），但创新的产出却面临较大的不确定性。“创新”意味着可以参照的样板很少，创新者需要找到新的创意，尝试新的商业模式，探索新的技术路线和工艺模式，创新链上某一环节出现问题往往会导致功败垂成，创新的过程面临较大的失败风险。

具体来说，环境和政策的非稳定性、技术跃迁的复杂度、研究人员个人能力和财力的局限性、技术替代的风险、最终创新产品定价的风险等因素均导致了创新的不确定性。科技创新的产品最终需要接受市场的严酷检验，创新的收益需要通过市场埋单。但是，由于市场偏好常常发生变化，而创新根据市场偏好作出技术路线调整往往面临极大的沉没成本。李正风与曾国屏（1990）① 认为现实世界的不确定性导致创新的必要性，但这种不确定性本身也给创新带来了阻碍。不确定性导致的创新风险会在很大程度上影响私人部门的创新热情，并最终引致创新资源配置的效率损失。所以，政府需通过行政力量（补贴、奖励甚至直接充当创新产品的需求者）介入科技创新。

总的来说，根据新古典经济学理论，政府在科技创新中的职责是应对“市场失灵”问题：首先，通过财税政策来弥补科技创新外部性带来的损失；其次，通过知识产权保护和投融资环境来降低创新风险。概括地说，如表 2-1 所示，财政资金应支持共性技术研究和基础研究；应用研究以市场供给为主，财政资助为辅；试验发展主要由市场供给。

---

① 李正风，曾国屏. 中国创新系统研究——技术、制度与知识［M］. 济南：山东教育出版社，1999：87.

表 2-1 不同创新阶段的特征对比与创新供给形式

R&D 阶段	基础研究	应用研究	试验发展
科技产品	科学知识	技术发明	可以商业化的知识或技术
竞争性	非竞争性	部分非竞争性	竞争性
排他性	非排他性	部分排他性	一定条件下的排他性
产品特性	公共产品	准公共产品	私人产品
失灵程度	市场失灵	部分市场失灵	一定条件下的市场失灵
供给形式	财政资助	市场供给为主，财政资助为辅	市场供给

2. 演化经济学视角：协同失灵

从演化经济学视角来看，科技创新具有随机性、累积性、渐进性、制度适用性等特征。具体来说：

第一，科技创新的发生过程是随机的、非预期的。演化经济学认为新的知识、技术、工艺、机制是创造性认知和实践的产物，这些产物不能在创造性活动开始的起初阶段被完整预期和设计，演化经济学理论特别强调科技创新的“试错”过程，这种试错是一个不断调整、演化、复盘、迭代过程，而且在试错过程中极易受到技术路径变化、关键信息获取和需求结构调整等非预期性因素的影响，导致科技创新的过程付出与最终产品之间有着非对称性的关系。

第二，科技创新是一个“从量变到质变”的积累过程。创新的诞生、使用过程是“量”的叠加到“质”的突破的进程。演化视角的科技创新不是简单的“新发明”，其中包含着熟练技能、专业经验、工艺改进的因子，也需要一系列支持性半公益性、基础性的投资。

第三，科技创新从本质上看是一个“适应性的学习过程和文化演化过程”（王立宏，2013）①，创新能力的提升是渐进传递的。存在着“路径依赖”问题，这种依赖由于竞争者的“技术锁定”变得固化而难以突破。机会窗口主要的影响机制是“制度与政策、路径依赖和相关多样性”（郝均、赵建吉，2016）②。一种技术体系进入实践状态后，由于“规模经济、学习效应、网络效应与适应性预期四种自我强化机制”③ 的存在，对于新技术、

① 王立宏．企业技术创新路径依赖的演化分析［J］．山东社会科学，2013（3）：154-157.

② 郝均．新兴产业的产生与演化：一个理论分析框架［A］．中国地理学会经济地理学专业委员会．2016 第六届海峡两岸经济地理学研讨会摘要集［C］．北京：中国地理学会，2016：1-13.

③ 道格拉斯·诺斯．制度、制度变迁与经济绩效［M］．上海：上海人民出版社，2014：195.

新工艺、新轨道会越来越“排斥”，以至于错失转轨和进入新技术路线的“机会窗口”（Window - of - Opportunity）。

第四，科技创新还存在制度适应性问题。当特定的科技创新被移植到新的制度环境时，科技创新的简单移植往往很容易失败，新的制度环境下的文化体系、价值观念、要素结构、用户偏好往往被锁定在既有范式，使发源地科技创新在新环境下遭遇某种“制度不适”（Institutional Discomfort）。进入21世纪以来，演化经济学视角下的科技创新不单纯是某种技术—经济范式（Technology - economic Paradigm），而越来越是一种技术—经济—制度范式（Technology - Economic - Institutional Paradigm）。这时就需要政府介入，进行制度化设计和调整。

总的来说，演化经济学认为科技创新是一个随机性、渐进性、累积性、制度适用性的系统过程，而“协同失灵”主要表现在“看不见的手”往往无法自主抉择最优技术，反而有可能将经济系统锁定在原有技术轨道。因此，先进技术的来源国家往往将低效技术或劣等技术标准转移至后发国家，并设计各种壁垒和协议进行核心技术封锁，后发国家单靠市场机制很难进行创新突围，无法打破先发国家的技术垄断。政府的介入有利于“创新秩序重构”，通常来说，第一，后发国家为了维护产业安全、打破技术垄断，应通过财税政策等手段支持本国科技创新活动，政府积极参与全球技术标准制定，改变技术标准的失衡格局。第二，政府可通过财政税收、金融投资等政策工具支持有创新潜力的科技型中小企业，进而使经济系统中多元化技术轨道并存，避免单一轨道上的路径依赖。第三，政府可以通过财政补贴、税收优惠、出口信用和科技贸易等手段支持大型企业的科技研发活动，以此提升本国企业在全球创新秩序中的话语权。

3. 创新系统学视角：系统失灵

创新系统学理论认为科技创新的来源包括对新技术的搜寻、对新需求的认识、对新制造能力的获取，科技创新的过程是非线性的，Roserberg 和 Kline（1985）① 提出了著名的链环—回路模型，如图 2 - 3 所示，揭示了创新不是线性渐进而是战略并行的过程。

① Kline S J. Innovation is not a Linear Process［J］. Research Management, 1985, 28（4）：36 - 45.

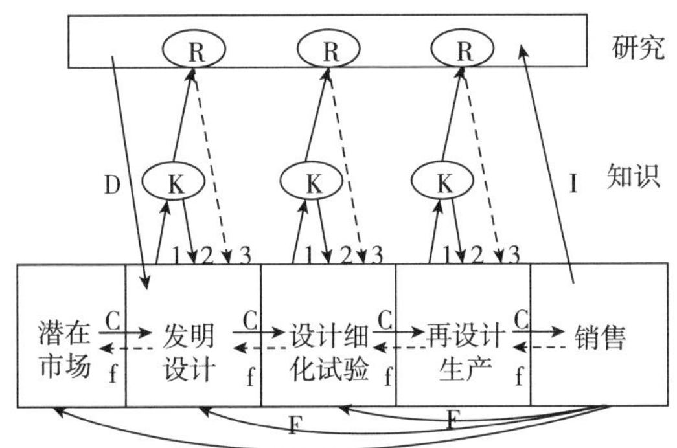

图 2-3 链环—回路模型示意图

（资料来源：笔者根据 Roserberg 和 Kline（1985）、杨中楷和孙玉涛（2006）[①]分析总结）

链环—回路模型揭示了创新的网络结构，在这个网络结构内，创新链条的信息反馈和作用越频繁，知识学习能力的提升和知识流动的速率也就越快。前文介绍了国家创新系统的子系统和结构，在国家创新体系中，若创新主体彼此的反馈和作用不是良性有序的，那么这个创新系统的绩效就会降低，国家创新系统理论将其称为“系统失灵”（System Failure）。关于系统失灵主要有以下几种情况。

第一，创新系统的各个创新主体未能良性互动进而不利于科技创新。创新系统中各主体之间的联系、交往与协作是知识演化与扩散的前提。这种交互关系包括以技术买卖为代表的市场交易关系，政产学研合作的正式联动关系，创新主体之间知识交流的非正式关系等。交互的目标是知识、信息、资源的溢出和共享。创新主体的协作关系应保持在一个合适的临界，不宜过松或者过紧，过松的关系不利于专有知识和信息的交互、扩散与应用，也不利于降低交易成本。其中，产业界和政府的交互关系是其中非常重要的关系，这种良性交互关系往往有利于政府利用公共资源的重新配置来支持亟须支持的科技创新领域。

第二，模仿和原创的两难困境。创新系统从一种技术水平向更高的阶段进化时，有模仿和原创两种创新方式，自主性原创有可能面临研发失败的巨大风险，技术引进可能需要更新完全不同技术标准的技术平台，前期

① 杨中楷．知识内生型的技术创新过程模型研究［A］．中国科学学与科技政策研究会．第二届中国科技政策与管理学术研讨会暨科学学与科学计量学国际学术论坛 2006 年论文集［C］．北京：中国科学学与科技政策研究会，2006：4-19.

的开发成为巨大的沉没成本。

第三，制度供给失灵。最优效率的创新系统的前提之一是具备支持技术溢出和知识流动的机制，其中，比较典型的机制如政府在知识产权保护、技术标准制定、科技税收政策、高层次人才政策、科技创新基础设施等方面的支持，这些机制可以大幅降低交易成本，提升系统的创新绩效。现实实践中，这些制度安排往往滞后于创新系统的客观需求，制度失灵问题屡见不鲜。

总的来说，与新古典主义和线性模式的创新经济理论不同，国家创新体系理论认为科技创新能力的提升过程中，政府的作用不仅仅是弥补市场失灵，更应该弥补系统失灵，其主要作用是协调国家公共财政资源，形成对研发资源的有效配置，使之充分发挥效应，鼓励企业进行创新活动，维护创新主体的合法利益，出台促进创新主体开展正式或者非正式学习的机制，促进技术溢出和知识流动。

三、科技创新中的政府角色

中国创新政策经历了从计划到市场、从笼统到具体、从分散到整体、从不协调到逐步协调的演化过程，这一进程也是对创新主体、创新方法、创新模式的认识不断推进和深化的过程。中国创新政策作用的创新主体从政府到公共研究机构再到企业，创新体系中的企业、政府、公共研究机构和大学之间的关系越来越紧密。创新政策的重点从纠正对科技创新的错误认识，到改革科技体制中公共研究机构和企业的定位，有力提升了创新主体的科技创新能力。将政府和市场的关系放在中国“后发追赶”这一特定情境下分析，在“市场在资源配置中起决定性作用”的大前提和总基调下，政府应在科技创新中扮演怎样的角色？

1. 政府是国家创新战略的制定者

“追赶”是后发国家持续引进、吸收先发国家的先进技术、先进设备以及先进管理经验并后力求后来居上的战略动作，“追赶”的目标是“超越”。创新追赶战略是一种需要后发国家跨部门决策、跨主体协作的牵一发而动全身的复杂战略。从日本、新加坡、韩国的经验来看，创新追赶战略的制定、贯彻、监督过程往往具有某种“举国体制”的特征。创新追赶需要制定清晰的追赶目标、坚持较长周期的技术探索、进行较大规模的基础研发投入，作为一个社会主义国家，中国的“举国体制”优势恰好体现为能够“集中力量办大事”，作为创新战略的顶层设计者，中国有着独到的优势。

2. 政府是创新网络的参与者

政府作为资源的分配者、服务的提供者，在创新系统（Innovation System）中是重要的参与方。著名创新学者 Etzkowitz（2003）① 在经典论文《创新中的创新：大学—产业—政府间的三螺旋关系》中将政府作为产学研合作网络的重要参与者，其观点逐步获得了全球学者的广泛认可。政府是产学研合作体系中的有机组成部分和重要合作伙伴，大学—产业—政府三方形成了“混成组织”。在创新追赶阶段，后发国家的创新机制不完善，所以在这个“混成组织”中政府往往起着重要的组织、协调作用甚至是主导作用，这也源于早期追赶阶段政府在三螺旋关系中处于资源分配者的主体地位。政府作为自组织创新组织的重要参与者，有利于提升创新追赶国的追赶效率。政府的作用是在于构建良好的创新环境，从国民经济发展的全局角度，通过为创新活动提供良好的政策、法律保证和基础设施，组织重要的创新计划和项目，促进政产学研合作，以促成科技创新的形成，实现国民经济持续稳定发展。

3. 政府是幼稚产业的保护者

幼稚产业的后发追赶需要政府的介入。在后发国家，幼稚产业与国外相比存在着较大的“技术鸿沟”，因此尤其需要政府政策的保护和支持。李斯特提出的“幼稚产业（Infant Industry）保护理论”强调了幼稚产业需要政府的过渡性保护和扶植，也就是说，针对面临国际竞争的初创期、成长期企业，政府应遵循“保护”原则，出台专门的扶持政策予以政策倾斜和保护。处于创新追赶期的后发国家新兴产业也属于幼稚产业的范畴，这类产业的培育和发展要避免政府“缺位”。

4. 政府是创新秩序的干预者

维护良好的创新竞争秩序也是后发国家追赶进程中的政府职责。

首先，在创新追赶早期，政府应努力搭建公共技术服务平台，防止信息垄断，营造激励科技创新的良好氛围，保护知识产权并打击假冒伪劣产品，打破不利于科技企业发展的各种壁垒，保障公平、公正、公开的良性竞争环境，完善现代产权制度，为科技研发人员的就业、创业提供便利。

---

① Etzkowitz H. Innovation in Innovation: The Triple Helix of University - industry - government Relations [J]. Social Science Information, 2003, 42 (3): 293 - 337.

其次，在创新追赶的中后期，随着后发国家逼近追赶前沿，“创新追赶”过程往往会遭遇发达国家严密的技术封锁、严格的渠道管制甚至是激烈的贸易制裁，这时需要政府出面进行谈判、斡旋和干预，同时，政府也应依据国际市场的供需变化，调整产业规划和布局，提高新兴产业的抗风险能力，协助企业应对经济危机并抵抗政治动荡的冲击。

第二节　财税支持创新应进行怎样的制度安排

一、宏观制度框架

1. 财税政策取向

由于科技创新的外部性等特征，政府在建设创新型国家的过程中扮演着重要的角色，财政是政府实现其职能的重要手段和基础，其他公共政策发挥效用也离不开财政的“赋能”。20 世纪以来，各国基于本国的经济基础、发展阶段和现实需求确立了不同取向的财政制度体系，如冷战时期苏联的“国防取向型财政”（Defense - oriented Fiscal Policy），这种政策取向导致了苏联国民经济军事化、军事工业膨胀而民用工业凋敝、农业长期停滞不前、日用品严重短缺，财政军费支出连年上升致使财政崩溃（桂立，2000）①；又如 20 世纪 70 ~80 年代新加坡的“出口取向型财政”（Export - oriented Fiscal Policy），这一财政政策取向既适应当时的全球经济趋势又符合新加坡本国国情，巩固了新加坡“出口贸易港”的全球定位，是发展中国家实现现代化的成功政策典例（胡石其，2001）②；再如 20 世纪下半叶瑞典、芬兰、丹麦等国的“福利取向型财政”（Welfare - oriented Fiscal Policy），这种财政取向下，北欧国家通过普遍性公共财政资助计划给予国民基本的社会福利，辅之以社会保险和社会救助，形成了财政收入主要用于满足社会福利支出需要的“斯堪的纳维亚福利模式”（Scandinavian Welfare Model，高振立，2002）③；20 世纪 80 年代以来，以色列等国在实施“创新立国”战略过程中建立了以科技创新为公共政策导向的“创新取向型财政”

① 桂立．苏联的争霸扩张政策与国家解体关系析［J］．宁夏社会科学，2000（2）：79 - 83.

② 胡石其．新加坡出口导向战略及其影响［J］．湖南工程学院学报（社会科学版），2001，11（2）：54 - 56.

③ 高振立．从瑞典福利制度看北欧福利国家模式［J］．中国人口科学，2002（3）：58 - 64.

（Innovation－oriented Fiscal Policy），从1999年到2010年，以色列的科技研发投入占GDP的比重超过了美国、日本和德国等发达国家，居世界首位（范文仲、周特立，2015）①，研发强度居于全球第一已成为以色列科技预算的核心原则。

财政政策取向集中反映了政策制定者的施政理念和治理意图。简言之，“创新取向型财政”的核心内涵是一国的公共财政将激励创新主体的创新动力、提升国家科技创新能力作为配置财政资源的重要目标，这种支持科技创新的政策价值取向和财政支出偏好并不排斥财政提供民生公共产品等其他目标。

2. 科技创新的预算决策流程

创新取向的财政政策客观上要求国家的科技发展计划与相应的财政预算相匹配。欧美先发国家探索了一条科技计划与财政预算高度耦合的决策体制。以美国为例，美国的科技创新计划决策过程涉及的主体较多，国会涉及创新活动的部门和机构（如参议院的商务、科学和交通委员会，众议院的科学、空间和技术委员会等）、国会预算办公室、政府审计总署、国家科学技术委员会（白宫科技政策办公室、管理和预算办公室）等多主体协商决策，财政科技预算安排与科技创新的阶段性目标呈现紧耦合的局面。如图2－4所示。

美国的联邦政府科技计划和预算决策流程与其特定的政体相吻合，不同的创新主体、利益主体相互制衡。这种决策流程下，以大型科技集团为代表的科技利益集团通过这种“多元协商”机制，使来自市场前沿的科技研发需求和利益诉求在确立科技计划和编制财政科技预算的决策过程中表达出来，形成了一套完整、符合该国国情的“多元、分散”的科技财政决策体系。

① 范文仲，周特立．以色列科技创新支持政策［J］．中国金融，2015（16）：66－68.

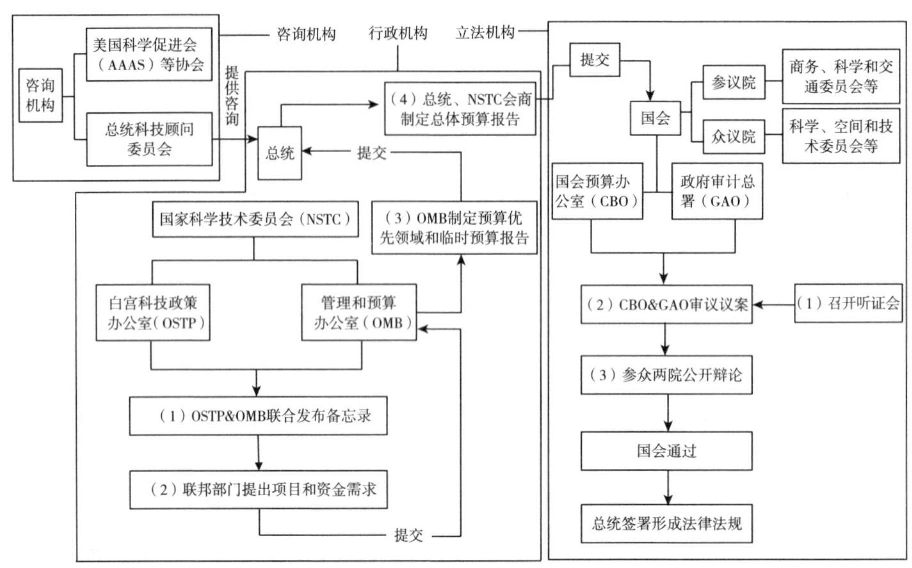

图 2-4　美国联邦政府科技计划和财政科技预算决策流程

（资料来源：根据智强和杨英（2016）[①]、王志强（2003）[②]、菲利普·夏皮拉等（2015）[③]整理）

中国与美国的政治体制、财政体制有着较大的差异，总体来说，中国的科技计划与财政科技预算体系呈现显著的“上→下”垂直领导特征，优势是能较强体现国家的战略意图、快速达成并执行财政科技预算，缺点是科技计划与财政科技预算的耦合性不高、“两张皮”现象较为明显。在科技计划方面，中共中央和全国人大领导、国务院作为最高科技决策机构，负责决定科技工作重点领域和发展方向；国家科技领导小组负责组织、协调、统筹。在科技经费方面，财政科技拨款是科研基础设施建设和运维、仪器与设备购置、科技平台建设、科研人员报酬等创新活动中不可或缺的保障和支撑，财政部、科学技术部是财政科技经费预算、配置、监督、决算管理的核心部委。如图 2-5 所示，其他部委依据财政科技经费拨款分配情况来确立科技经费的使用范围，依据国家中长期科技规划各部委细化其 5 年科

① 智强，杨英．中美国家科技决策体系：国家、部委和项目层面的比较研究［J］．科技进步与对策，2016，33（15）：83-89.

② 王志强．美国科学技术政策顶层设计与美国国家科学基金会的决策机制［J］．中国科学基金，2003，17（1）．

③ 菲利普·夏皮拉，库尔曼．科技政策评估：来自美国与欧洲的经验［M］．北京：科学技术文献出版社，2015：16.

技发展目标、财政资助需求及预算规划，并向财政部提出5年预算规划和分年度经费计划。具体来说，采取如图2－5所示的财政科技预算编制流程，第一轮先由各部委提请预算建议数额，由财政部审核并反馈意见，然后进行二轮上报和审核。

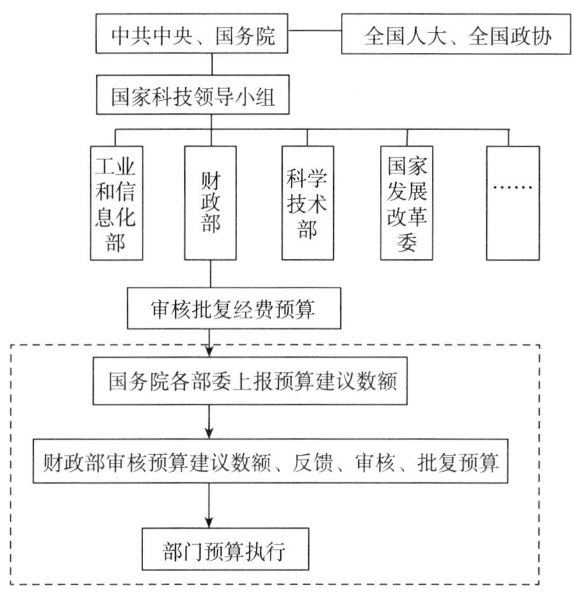

图2－5　中国科技计划与财政科技预算的机构及流程

（资料来源：根据孙波（2009）①、杨玲莉（2009）② 整理）

二、微观政策工具

财政在资源分配和利益分割方面直接作用于企业，财政对于科技创新的促进作用主要体现为对企业R&D投入的激励作用。如图2－6所示，企业的等成本线为LM、等产量线为Q_a、均衡点为C。在财政税收政策介入后，政府直接或间接地分担了一部分的研发成本，进而使得企业的研发投入成本降低，等成本线为LN、等产量线为Q_b，于是新的最优利润点为D，研发投入由A提高到B。

① 孙波．中美科技决策机制对比分析与借鉴［J］．生产力研究，2010（5）：193－195.

② 杨玲莉．国家科技计划项目经费预算管理的问题与分析［J］．中国基础科学，2009，11（3）：55－57.

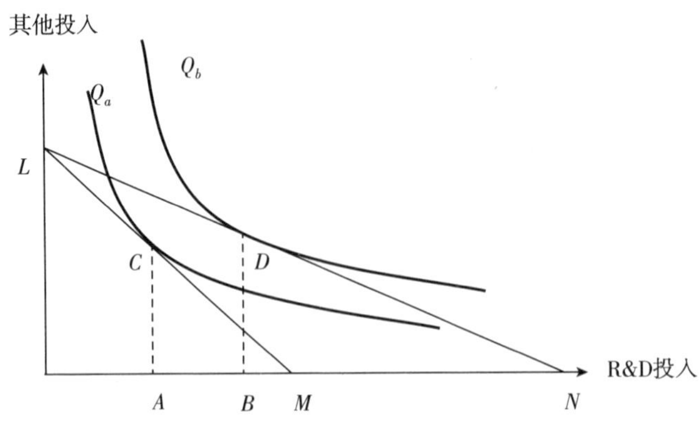

图 2－6 财税政策对 R&D 支出激励效果的经济学分析

财税政策是建设国家创新体系、实施创新驱动发展战略中非常重要的制度安排，对于科技创新有着直接、关键的影响。财政支出政策影响着创新主体的利益，税收政策影响企业的创新倾向。

一方面，财政支出是政府“有形之手”发挥效力最直接的工具之一，基于适当的预算、通过购买支出或转移支出，财政收入被分配到不同的部门。财政支出通过作用于社会与制度环境、资本、人力和 R&D 等方面，并最终通过改善资源配置状况、营造创新创业文化、促进技术溢出来提升科技创新能力。科技创新自身也受到土地、资本、人力资源、企业家精神等要素的掣肘，通过财政支出支持创新要素供给是国际惯用的模式。财政科技投入影响科技创新的作用主要体现在改善创新要素流向的引导效应、弥补市场主体创新投入不足的互补效应以及提升创新环境的示范效应。

另一方面，税收可调节不同产业领域的税费负担水平，从而导致不同门类生产要素（如资本、人力资源、技术等）在产业链上下游甚至不同产业之间流动、再配置，要素的流动可以驱动产业结构转型升级。税收收入和非税收入的让渡、优惠和返还直接影响创新主体的利润（税收优惠可视同企业的纯利润）。例如，针对高新技术企业的研发支出加计扣除政策、所得税减免等将显著提高科技创新领域的创业热情以及民众对高技术产品和知识密集型服务业的消费偏好，这种偏好激励企业继续加大创新投入，形成正向激励的闭环。

财税政策工具具有涵盖主体广、政策跨期长的特点。如表 2－2 所示，财政支持科技创新的手段涵盖了供给侧、需求侧和环境侧三个方向。其中，中国创新认识深化期以供给侧工具为主，进入创新追赶爬坡期以后，需求侧与环境侧工具被越来越多地用于增加科技创新市场的国内需求、激励创新主体的动力、优化创新的基础设施和投资环境等。

表 2－2　财政支持创新的作用机制（基于需求侧、供给侧、环境侧划分）

需求侧	政府担任“首购人”为创新产品背书
	针对科技型企业、科技孵化载体以及从事创新活动的研发人员的税收优惠，激励全社会资源向科技创新方向倾斜
供给侧	教科文卫等经常性事业费支出
	创新活动中的研发补贴、产品价格补贴等，对企事业单位及其科技人员取得的创新型成果成绩给予奖励
	针对创新主体研发的新技术、新产品、新工艺的财政科技拨款
环境侧	知识产权、技术贸易（包括技术引进）、资本市场（创业板设置、风险投资）建设等，需要政府出资和税收优惠
	财政作为基金的基石出资人，引导社会资本注资共同设立政府产业引导基金
	为中小企业融资提供财政担保、针对银行授信提供财政风险缓释金等

从收入端和支出端的具体政策工具来看，如表 2－3 所示，财政的收、支都直接影响创新主体的物质利益，从财政支出端来分析，可以通过对创新产品采购、对劳务购买与补贴、购买服务、对人力资本投入、对科研服务投入、直接投资、转移支付政策、对信息投资、对标准、法规等投资、引导性投资基金、政府与社会资本合作等手段作用于科技创新主体；从税收端来看，操作手段包括出口退税、关税政策、税收起征点调整、税收抵扣和减免、税种调整、税率调整、税收管辖权分配、税收计征方式、征管强度调整、关联产业课税等。

表 2－3　财税政策作用于科技创新的微观政策手段

分类	操作手段	作用机制	结果
财政支出政策	对创新产品采购	“创造”创新产品的需求	降低了企业进行创新产品研发和生产的风险
	对劳务购买与补贴	政府对科研人员进行雇佣或补贴	增加了 R&D 人员投入
	购买服务	对高新技术服务进行采购	激励创新型解决方案的产生
	对人力资本投入	对大学、基础教育关联性投入	对人力资源市场的支持，有中短期战略效应

续表

分类	操作手段	作用机制	结果
财政支出政策	对科研服务投入	对相关科研直接投入或采购	科研支持具有长期战略效应
	直接投资	政府直接投资、经营或国有化	政府直接参与，引导预期战略目标
	转移支付政策	对相关人间接补贴	减少创新的交易成本
	对信息投资	公益广告、宣传、推广性投入	推动科技知识普及
	标准、法规等投资	设立行业标准、法规等基础设施	优化高新技术产业的创新环境
	引导性投资基金	财政出资设立的各类创业投资引导资金	增加风险资本供给，引导社会资源集聚
	政府与社会资本合作	在智慧城市等特许经营等门类项目中推动公私合营推动	财政与社会资本共同缴纳 SPV 项目公司资本金
税收政策	出口退税	如高新技术产品出口实行退税	鼓励企业增加出口、增强产业创新能力和国际竞争力
	关税政策	针对特定行业和产品调整关税	保护特定产业的利益
	税收起征点调整	如提高增值税起征点来支持小微科技企业发展	可获得更大的利润空间
	税收抵扣和减免	针对高技术企业的税收优待	激励企业加大研发投入，增加企业利润
	税种调整	税种设立、存废及结构变化	通过税收预期引导资源重新配置
	税率调整	调整高技术行业的所得税或流转税税率	激励创新主体增加研究开发或者进行设备升级和技术改造
	税收管辖权分配	对税收管辖权进行分配与调整	对特定的行业、区域产生激励效应
	税收计征方式	从量计征或从价计征	对资源依赖型新兴行业具有重要战略效应
	征管强度调整	调整检查频率、惩罚力度等	根据征管强度体现扶、控意图
	关联产业课税	调整竞争或替代行业/企业课税	保护幼稚产业，可对其竞争者采取歧视性税率

将支持科技创新的收入端、支出端财政手段进行总结、归类可以发现，最具普适性的政策工具有以下四类：财政科技拨款、政府采购、政府风险投资、税收优惠等，下文针对这四个方面的微观政策工具进行详细分析和总结。

1. 财政科技拨款

在科技创新活动中，非创新者通过模仿创新利用后发优势可以降低研发成本、缩短研发周期，这种创新的外部性降低了创新者的创新动力，这时就需要利用财政手段来弥补创新者的潜在损失。从典型创新型国家的财政科技投入模式来看，财政科技拨款和补贴是支持科技创新的主流方式，拨款和补贴的对象是科研院所与高校的基础研究及市场化企业的高精尖技术研发项目。20 世纪 90 年代以来，多数发达国家财政科技投入的增速均高于其 GDP 的增速。财政科技拨款主要投向科研院所、大学和科技型企业，在中国按照财政部的统计口径具体包括科技三项费用①、科学事业费、科研事业费、科研基建费等。财政补贴主要包括针对企业研发活动的直接补贴、金融机构贷款贴息以及研发委托费等形式（如图 2－7 所示）。

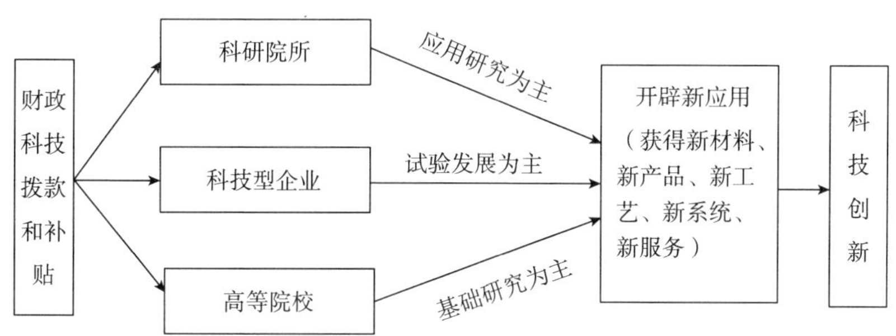

图 2－7　财政科技拨款和补贴对科技创新的影响

2. 政府采购

政府采购是财政为各级政府购买商品或服务的过程。中国《政府采购法》定义的政府采购是指各级国家机关、事业单位和团体组织使用财政性资金采购依法制定的集中采购目录以内的或者采购限额标准以上的货物、工程和服务的行为②。先发国家的政府采购政策一般分为四种，分别是为促进技术进步而优先购买本国科技产品的政策、财政直接出资购买产业共性

① 科技三项费用包括国家对承担全国性新产品试制、中间试验和重要科研任务的企业的科技拨款。

② 参见《中华人民共和国政府采购法》第二条。

技术和关键技术的政策、面向国内高精尖产品的“首购政策”以及引导企业技术改造和升级的限额采购政策等。发展中国家在科技创新方面一般处于较大劣势，此时，坚持“支持国货”的歧视性采购政策对于国内尚处于萌芽、发展阶段的高新技术产业往往有很好的保护作用。

Uyarra 等（2014）针对政府采购的分类方式（直接式、合作式和催化式三种类型），提出了促进创新的政府采购的基本理论①。朱春奎、李燕（2014）等学者对创新取向型政府采购进行了总结。总的来说，创新取向型政府采购的基本类型与结构如表 2－4 所示。

表 2－4 创新取向型政府采购的基本类型与结构分析

政府采购类型	技术与市场演进阶段	政府介入的原因	创新活动的类型
直接式	早期	解决基础性、关键性科技问题	直接的需求拉动
	中期	改善共性解决方案	间接的需求拉动
	后期	发展新的替代品	供给推动
合作式	早期	聚合科技创新的公私需求	新技术初期标准的制定
	中期	以替代性技术产品引导市场需求	协同供应商和用户引入新标准
	后期	推出市场弥合技术供需	从产品标准方面增加创新型产品的包容度
催化式	早期	作为独立第三方在技术供需方之间建立沟通机制	调研技术和产品需求
	中期	作为独立第三方检验试制产品	试用并评估新技术、新产品
	后期	作为独立第三方确保产品达标	制定参数和标准，开展产品测试

资料来源：根据 Hommen 和 Rolfstam（2009）、Edler 和 Georghiou（2007）、朱春奎和李燕（2014）等文献整理。

创新很难一蹴而就，往往表现出较强的周期属性。创新产品从初步面世、产品试销、培育用户、占领市场一般需要较长过程。政府采购推动科技创新在于政府充当早期的“用户”，直接从创新产品的需求侧着手减小企业的投入风险。政府采购充当消费者的角色直接增加总需求，通过“有形之手”弥补了创新的外部性，优化了创新资源配置。

① Uyarra E , Edler J , Gee S , et al. Public Procurement, Innovation and Policy [J]. 2014.

图 2 - 8 展示了政府采购影响科技创新的传导机制，政府采购是一种需求面创新政策。政府通过直接采购形式干预创新活动，可以直接创造新需求，在创新产品被市场认可之前直接形成订单和收入。另外，政府通过政府采购可以提升创新产品的知名度，为创新产品打上“有政府使用和背书”的标签，这对于提升创新产品的市场美誉度、引导社会资本向创新企业聚集都大有裨益。

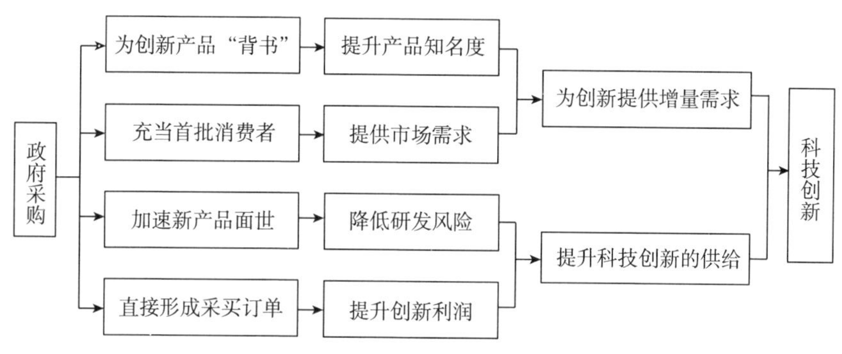

图 2 - 8　政府采购对科技创新的影响

3. 政府风险投资

“政府风险投资基金”是指财政出资并引导社会资本共同参与的股权投资基金。从全球经验来看，科技创新的全流程离不开风险投资的强力支撑。以美国为例，硅谷高新技术企业取得成功的原因被归结为三大要素：风险投资、创新型大学、创业文化，其中风险投资作为创新体系中不可或缺的重要一环，与区域科技创新能力密切相关。但单纯依靠市场化机制驱动的风险投资难以满足早期科技创新项目的融资需求，政府风险投资是支持科技型中小企业进行权益性融资的重要手段。

根据著名经济学家麦金龙（Mckinno）的外源融资理论，如果创业企业的融资受自身资本实力和内源性融资的限制，那么最优策略就是投资于传统技术，而如果得到外部融资，新的技术路线就能得到采纳，结论是外源性融资有利于推动创业创新。风险投资作为极其重要的外源性融资渠道，通过一种新的合约方式和组织机制向创新型企业投资，在输入资本的同时还以自身的品牌为企业背书。如图 2 - 9 所示，在技术创新初期（种子期），以完善的中介服务体系为支撑，对高新科技成果、发明的潜在价值做更为准确的评估、定价；在创新型企业起步阶段，风险投资向企业注资，形成风险共担、收益共享的创业共同体；在企业成长期，根据某科技创新的需要，风险投资机构依托其行业赛道的投资经验和资源网络对所投企业进行培育和辅导，协助创业企业迅速从市场中配置资源（技术、信息、资本、供应链等）；在企业发育成长到相对成熟的阶段后，风险投资通过 IPO、股权回购、收购兼并、破产清算等方式退出。

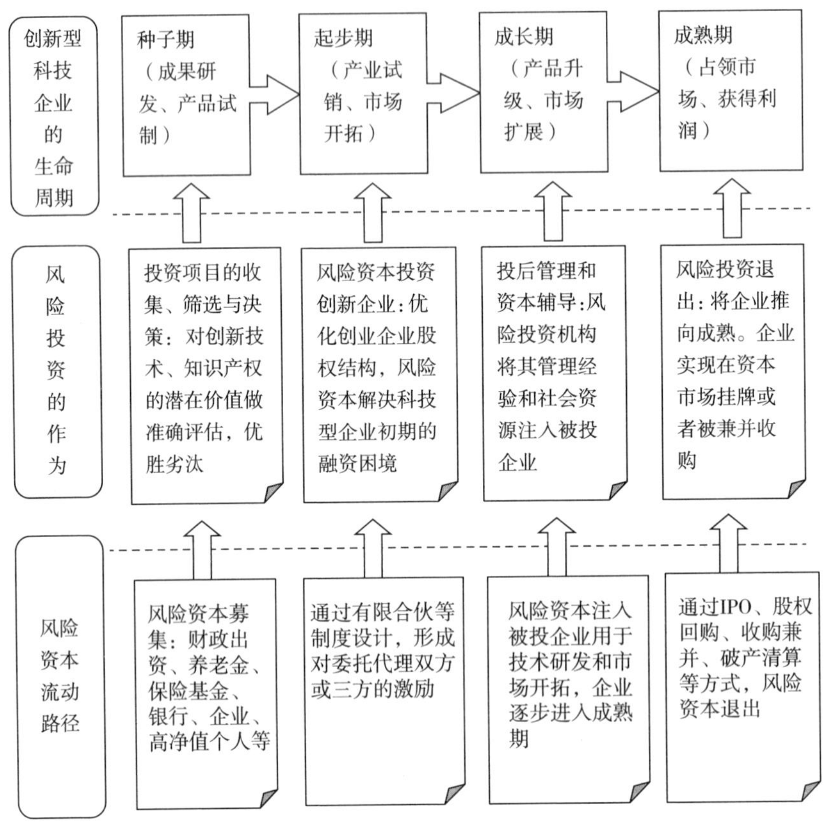

图 2－9　风险投资与科技型企业的创新生命周期

本书提出风险投资推动科技创新的主要原因在于它是一种对高新技术产业具有投资偏好的专家管理型资本（Professionally Managed Capital），推动科技创新不是风险资本的目标而是风险投资“正外部性”的副产物。风险投资通过提供资金、管理经验、市场渠道，并通过独特的风险补偿机制和技术产权机制设计，构筑了科技型企业和风险投资机构的“创业共同体”，创新的风险与收益得到了合理分摊，组织运行的管理成本有所降低，技术创新的效率得到了有效提升，实现了风险投资与技术创新的协同演进。

中国的金融体系是以银行为主导的间接融资为主，但是银行规避风险、审慎经营的原则与科技创新周期长、投入大、风险高的特点明显相悖，从而使得处于初创期的创新型科技企业迫切的资本需求难以通过银行贷款得到满足，只有存续期长、资产规模大、现金流好并且相对成熟的企业能获得银行的信贷支持。在这样的背景下，风险投资对于科技型中小企业的发展尤为重要。严格地说，风险投资的主流形式是由市场化的风险投资机构负责资金募集、项目挑选、投资决策、投后管理和项目退出的全过程。但是，综观全球，各国政府都是风险投资的重要主体和参与方，财政资金也是支持高技术产业发展的风险投资基金的重要出资人，针对风险投资机构的财税政策本身对于基金管理人也有着重要影响，美国、日本、韩国、英国、德国、意大利、以色列等国都通过财政出资设立政府产业投资基金的模式支持本国技术密集型产业的发展。财政部门作为发起人设立政府风险投资基金①，政府风险投资的参与能够引导市场化机构的投向，有利于引导社会资本认购风险投资机构发行的基金产品，也有利于更多的风险投资机构关注政府扶持的重点产业门类和创新型企业。

政府风险投资与市场化的风险投资的最大区别在于政府风险投资的战略性和公共性。由于市场化风险投资通常采用有限合伙制，其投资决策往往受到基金有限合伙人（LP，Limited Partner，即基金的出资人）的影响以及基金存续期的影响。在实践中，为了维持基金收益的稳定性以及确保按时实现基金退出，大量的市场化风险投资基金都投向了离 IPO 更近的企业成熟期，而对资金有迫切需求的早期科技型项目却无法获得市场化风险投资机构的青睐，这种情况在资本市场不够发达的新兴经济体国家尤为明显。在支持科技型企业方面，市场化的风险投资基金只能做“财务投资”而无法做“战略投资”，只能“锦上添花”而无法“雪中送炭”，这是“市场失灵”在风险投资市场上的体现。政府风险投资基金可以发挥财政资金“四两拨千斤”的杠杆效应，增加风险资本供给，并通过补偿机制设计促进风险资本投向科技型中小企业，解决风险投资的市场失灵问题。总的来说，政府风险投资可以起到弥补市场投资空白、助推科技成果产业化的“最后一公里”的关键作用。

---

① 各国的政府风险投资基金名称不一，国内一般称之为政府产业投资引导基金，国外有以色列产业研发基金、新加坡小企业投资计划、印度 SME 扶持基金等，其本质均为财政出资引导设立的政府风险投资基金。

4. 税收优惠

税收政策有涵盖主体广、政策跨期长的优势，从计税要素上说包括税率式政策和税基式政策，税基式政策主要偏重税前优惠；税率式政策主要偏重事后激励，例如，财政部、国家税务总局发布了《高新技术企业认定管理办法》及《关于实施高新技术企业所得税优惠有关问题的通知》，规定针对高新技术企业按15%的税率征收企业所得税，也即支持高新技术的所得税让渡高达40%（《企业所得税法》第四条规定企业所得税税率为25%）。从是否改变税收结构上说，支持创新的税收政策可以分为结构性政策（减税、免税、退税和税率优惠政策）和非结构性政策（如加速折旧政策）等。支持科技创新的税收政策主要是间接优惠（加速折旧、抵免政策、扣除政策等），其次是直接优惠（税率歧视政策）。针对创新主体的优惠税种主要是所得税，其次是流转税。

如图2－10所示，税收的让渡对于创新主体增加R&D投入、进行设备升级和技术改造有着很强的激励效应。对于企业而言税收的优惠额是纯利润，进而将这部分“增量”投向研究开发。相较而言，税收优惠这种政策工具在推动创新方面有以下几个优势：第一，涵盖面广，符合科技创新的政策导向的企业均可以享受；第二，不改变创新主体之间的竞争环境；第三，利用税收优惠的政策工具政府无须介入科技创新的“黑箱”内部，不直接干预创新主体的研究开发过程，企业完全居于主导地位。

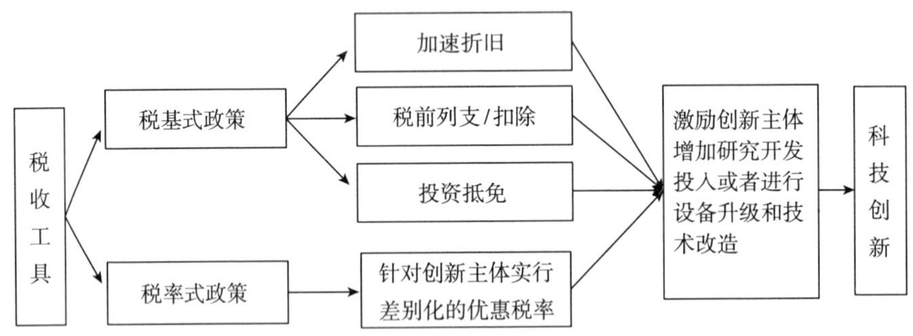

图2－10　支持创新的税收工具分类

税收政策助推科技创新的意义主要有以下几个方面：

第一，弥补创新的正外部性给创新主体带来的损失。如前所述，非创新者往往通过市场情报的搜集对创新者的研发信息进行捕捉、模仿或者进行“微创新”包装成新的实用新型专利、外观专利等，并在创新者同类型的市场空白中寻找“见缝插针”的机会。税收优惠可以纠正资源错配，弥补创新的正外部性给创新主体带来的损失。

第二，分担创新主体的研究开发成本。科技创业者受其资金实力和风险偏好的影响往往不敢投入风险较高的 R&D 活动，加速折旧、研发费用加计扣除等政策可以分担创新主体的研究开发成本。

第三，营造科技创新的氛围和环境。财税政策是一种直观的利益分配政策，是国家利用公权力为创新主体提供差别性纳税义务的手段，是将创新者视为“特定纳税人”并给予其一定的税收特权，展示了财政激励微观主体进行科技创新的价值取向。税收工具的运用有助于营造有利于科技创新的氛围。

5. 各种财税政策工具的比较与总结

第一，总结各种财税政策工具作用于科技创新的影响机制，可以绘制如图 2－11 所示的因果反馈图。

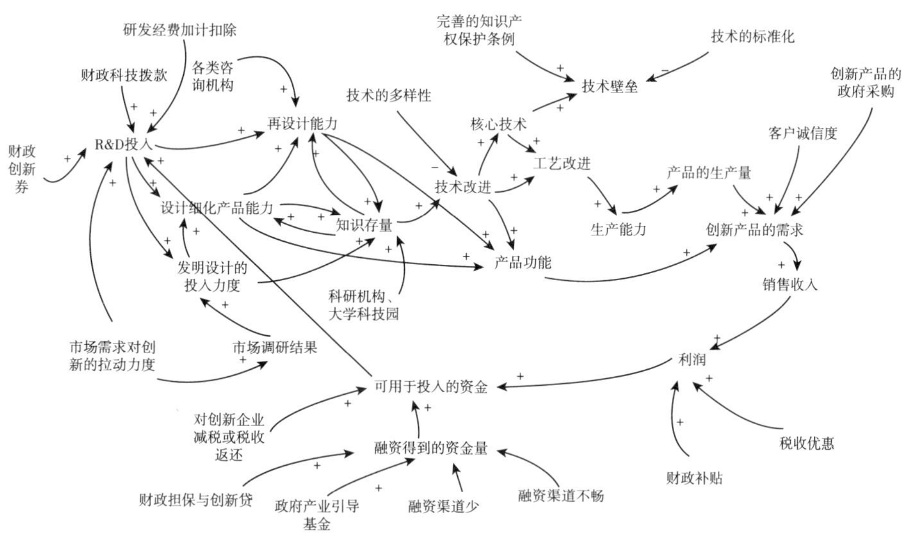

图 2－11　财政推动科技创新的因果反馈图

第二，四种财税政策工具作用于科技创新生命周期的不同阶段。如图 2－12 所示，财政科技投入主要作用于基础研究、共性技术研究、商业应用研究、商品开发小试、工艺开发中试等阶段；政府风险投资在科技项目开始公司化运营后介入，根据企业发展的需求进行天使投资、VC 或者 PE 投资；税收优惠主要作用于创新项目公司化运营过程中产生现金流的环节，一般通过税收减免、加计扣除等方式实现；当创新产品面世后，政府采购可以作为“首购人”从需求侧拉动科技创新。总之，科技创新生命周期的不同阶段需要税收优惠、财政科技投入、政府采购、政府风险投资的共同支持和作用。

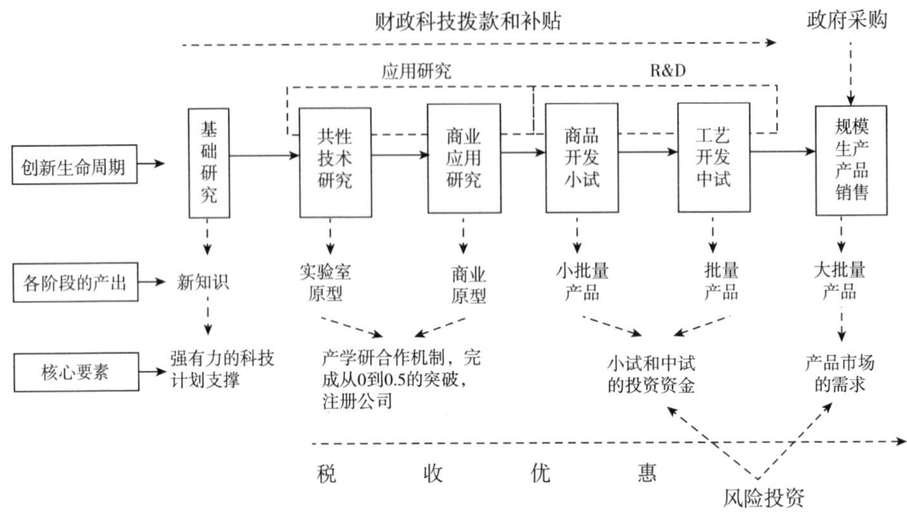

图 2－12　四种财税政策工具作用于不同的创新阶段

第三，四种财税政策工具促进科技创新的机理有所不同，作用于创新主体的公平程度和反应速度也各不相同。

（1）财政科技投入能根据科技创新的需要调整资助的方式、对象、力度，明确体现出政策导向和支持意图，可以精准地作用于核心技术节点和受制于人的关键技术环节。要注意的问题是，财政科技拨款对企业 R&D 可能产生“挤出/替代效应”，财政补贴的“价格补贴”手段可能会扭曲产品价格，另外，实践证明，高度依赖财政补贴维持生存的企业不在少数。

（2）政府采购的主要优势是“政府”充当“消费者”为科技创新生造了部分需求，对于尚处于产品迭代前期、缺乏市场知名度的创新产品而言非常关键，同时，政府采购可以针对采购对象的性能、参数、技术标准做要求，遴选出技术含量高的产品，起到创新引领作用，另外政府采购分担了创新主体的研发风险，充当了产品的“实验室”。此外，政府采购通过“购买国货”为本国的产业升级探路，是一种普遍使用的创新取向型财政工具。要注意的问题是，中国各级政府官员升迁变动带来的政策稳定性问题可能增加企业科技创新的不确定性。

（3）税收优惠可以弥补创新的正外部性给创新主体带来的损失，通过加速折旧、研发费用加计扣除等政策可以纠正资源错配、分担创新主体的研究开发成本。同时，税收政策是政府和企业间的利益分配机制，作为国家利用公权力为创新主体提供差别性纳税义务的工具，展示了财政激励微观主体进行科技创新的价值取向，有助于营造有利于科技创新的氛围。要注意的问题是，科技创新是一个“厚积薄发”的过程，但是税收政策对于科技创新初期阶段的激励作用非常有限。

（4）政府风险投资是风险投资中非常重要的组成部分，在支持科技创新型企业方面，市场化的风险投资基金只能“锦上添花”而无法“雪中送炭”，真正需要资金的初创期企业往往无法得到市场化基金的支持。政府风险投资基金可以发挥财政资金“四两拨千斤”的杠杆效应，增加风险资本供给，解决风险投资的市场失灵。需要注意的是，政府风险投资容易陷入“过于保守”或者“过度牟利”两种极端导向，实践中政府风险投资应当适度让利，才能真正起到弥补市场投资空白、助推科技成果产业化的作用。

表2－5　四种财税政策工具的比较分析

财税政策工具	税收优惠	财政科技投入	政府采购	政府风险投资
激励方式	事后激励	全过程激励	事后激励	事前激励
激励对象	所有从事研发活动的企业	有需要的企业	部分从事研发活动的企业	政府选定研发领域和项目
项目决策	企业自主选择研发项目	政府选择资助重点和项目	企业自主选择研发项目	政府选择资助重点和项目
支持力度	早期企业小，成熟企业大	较大	早期企业小，成熟企业大	较大
影响程度	较低	较高	适中	较高

总体而言，四种财税政策工具在激励科技创新方面各有优劣。如表2－5所示，税收优惠、财政科技投入、政府采购、政府风险投资在激励创新的方式、对象、速度、程度方面有较大差异。结合后发国家的创新追赶经验，在“翻新”“买新”等模仿创新阶段，税收优惠和政府采购等事后激励型政策工具非常重要；而在创造性模仿和原始创新阶段，财政科技投入（全过程激励）、政府风险投资（事前激励）两种工具非常重要。

第三节　中国财政支持创新的现状和不足

一、中国创新政策体系中的财政角色分析

1. 研究方法与数据来源

本节将1978年以来的中央、部委两级的创新政策进行政策文本分析，以此揭示财政政策在中国创新政策体系中的重要作用。数据来源主要是科学技术文献出版社出版的《科技法律法规与政策选编》、中国知识出版社出版的《国家财政政策法规文件汇编》以及中华人民共和国中央人民政府网站[①]上披露的关于促进科技创新的政策（1978—2017年）。本书只统计了国家级（中共中央、国务院、全国人大等）和国务院各部委的创新政策[②]（包括各种“法规”“条例”“细则”“规定”“决定”“意见”“通知”“公告”等），暂不考虑省级及以下的创新政策文件。根据上述部门在1978年到2017年发布的总计732项支持科技创新政策进行政策文本内容分析。

2. 财税政策是中国创新政策体系中重要的制度安排

总的来看，如图2-13所示，中国1978—2017年的创新政策阶段性特征明显。在1978—1985年的科技创新体制重构期和1986—1996年的公立研发机构创新主导期，国家出台的创新政策数量相对较少，但这段时间出台的《中华人民共和国专利法》《中华人民共和国科学技术进步法》为创新型国家和国家创新系统建设提供了法律保障。到了1997—2005年的科技体制改革深化期，国家出台的创新政策逐步增多，呈现出政策数量多、涵盖面广的特点。随着后发追赶进入“创新驱动”为主旋律的新阶段，尤其是2006年《国家中长期科学和技术发展规划纲要（2006—2020年）》的颁布带来了国务院、各部委发布创新政策的高潮，中国的国家创新体系建设迎来了前所未有的机遇。

---

① 中央人民政府网站的“政策”频道披露了国务院、各部委、地方政府的政策文件，http://www.gov.cn/zhengce/，对于政策类别、适用群体、文件类型、发布日期等均进行了较为翔实的披露。

② 政策文本的检索关键词为“创新”“创业”“高新技术”“科学”“技术”“科技”“知识产权”“科研”“产学研”“孵化”10个关键词。

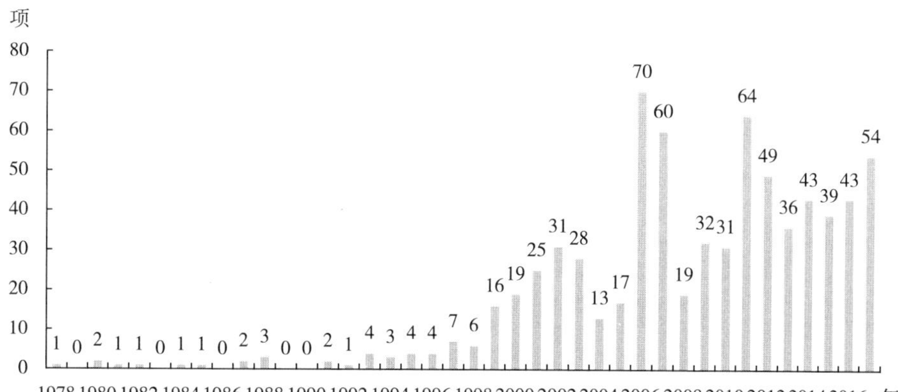

图 2－13　1978—2017 年中国创新政策数量

从政策类别上看，创新政策的涵盖面广。如图 2－14 所示，732 项创新政策文件中有 25 项政策是综合性政策（主要是“规划”“纲要”类政策文件），其他文件主要涵盖了科技奖励与科普、科研机构改革、国际科技合作、科技中介服务、科技经费、产学研合作、科研人员、科技计划、政府采购、科技成果与知识产权、科技金融与政府引导基金、科技型中小企业、国家高新区与科技孵化组织、税收优惠 14 个主要的政策门类。从各阶段在每个门类对应的政策数量①可以看出，涉及科研人员、科技计划、政府采购、科技成果与知识产权、科技金融与政府引导基金、科技型中小企业、国家高新区与科技孵化组织（主要包括各类科技企业孵化器、加速器、众创空间等）、税收优惠这些门类的政策数量相对较多，并且，这 14 个政策门类中与财税政策相关的政策在 2006—2017 年间发文数量迅速增长，反映了财政在建设国家创新系统中的作用。

① 由于 1978—1985 年的科技创新体制重构期和 1986—1996 年的公立研发机构创新主导期的创新政策较少，所以这里的统计将这两个阶段进行合并处理。

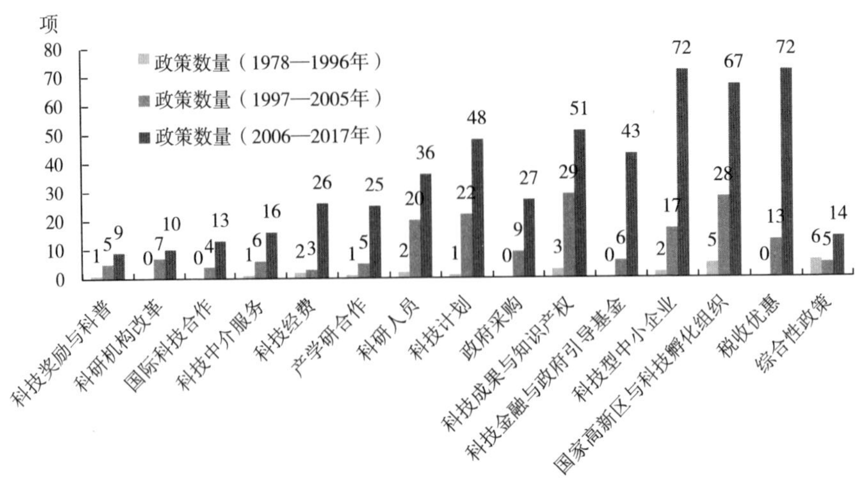

图 2-14　不同政策门类的中国创新政策制定数量比较

《国家中长期科学和技术发展规划纲要（2006—2020 年）》发布后中国进入创新政策的"井喷期"。为了更清晰、更准确地研究创新政策的近期趋势，重点对 2006—2017 年的创新政策进行政策文本内容分析。本书借助文章关键词提取器，将其中频次最高的前 20 个关键词利用社会网络分析工具 Ucinet 软件中的 Net-draw 功能，绘制出关键词的共词矩阵可视化网络图，如图 2-15 所示。从图中可以看出"科技创新""创新""创新驱动"是相关政策的核心着眼点；"研发费用"是相关政策影响科技创新的重要的中间变量；"中小企业""高新技术企业"是相关政策针对的创新主体；"知识产权"在 2006—2017 年的政策文本中出现的频次非常高，说明知识产权的确权、交易、融资以及知识产权保护已经成为重要的政策关注点；"示范基地""科技企业孵化器"等说明近期的政策十分重视创新载体的建设；"认定办法"说明政府出台了创新政策作用对象的门槛和标准；"创业投资"显示出风险资本是创新驱动中非常重要的一环；"科研院所""科技成果转化""科技计划"说明产学研合作的必要性。特别注意的是，"政府采购""科技金融""税收"等高频关键词也证明了财税政策是创新政策中非常重要的组成部分。

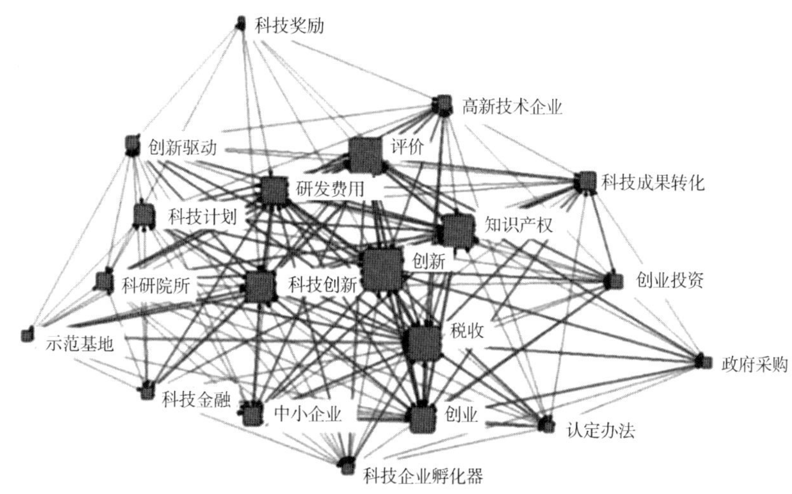

注：在生成可视化图形时选择的标准是“set node size by degree”。

图 2－15　2006—2017 年中国创新政策文本网络关系图

（资料来源：使用 Ucinet 软件中的 Net－draw 功能得出）

3. 创新政策的跨部门特征分析

如图 2－16 所示，从发文的主体上看，创新追赶爬坡期内的政策文本签发机构涵盖了中共中央、全国人大、国务院及主要部委，支持科技创新的科技、财政、金融、产业四类政策并用。政策发文最多的是科技部，作为国务院主管国家科技工作的部委，科技部统筹和实施国家创新驱动发展战略，在统计期间发布创新政策累计 153 项（包括单独发文以及与其他部委联合发文，下同）；另外，财政部关于创新政策的发文也多达 132 项，涉及主要的微观财政工具。

政策的出台和执行呈现“跨部门”特征。如图 2－17 所示，统计期内各部委联合发布的政策文件越来越多、涉及的部委数量越来越多，这显示出创新政策的复杂性以及协同创新的必要性。具体来看，以 2006—2017 年部委联合发文为例，出台的创新政策主要涉及科技孵化、财政补贴、税收优惠、知识产权、技术贸易、风险投资等方面。同时，联合发文中财政部出现的频率最高并远远高于其他机构，以两部门为例，财政部和国家税务总局联合发文的频次最高（36 次），针对创新载体（各类园区和孵化平台）、创新主体（企业）、创新的人才资源（高新技术企业股东、R&D 人员、风险投资机构高管等）的税收让利的相关政策都是由财政部和国家税务总局联合颁发的，二者联合发文数量位居国务院直属部委联合发文数首位。其次是财政部和科技部（28 次）、财政部和商务部（25 次）、财政部和国家发展改革委（16 次）、财政部和教育部（13 次）。这也显示出创新追赶战略的实施需要财政提供保障和激励。

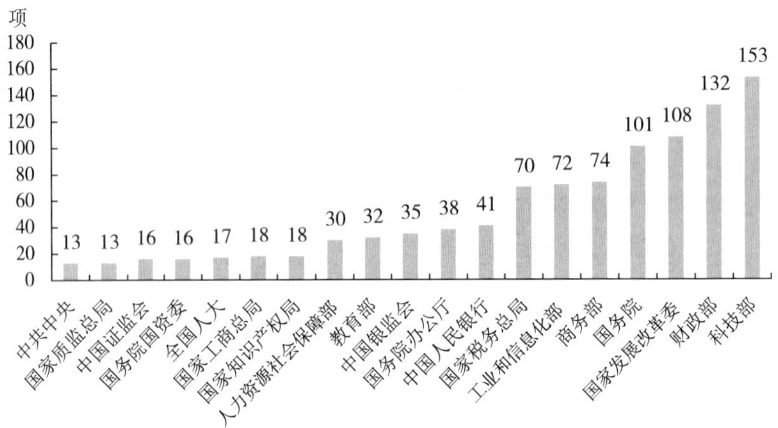

图 2－16　1978—2017 年国家层面和部委层面的创新政策发文统计（发文量 >10 项）

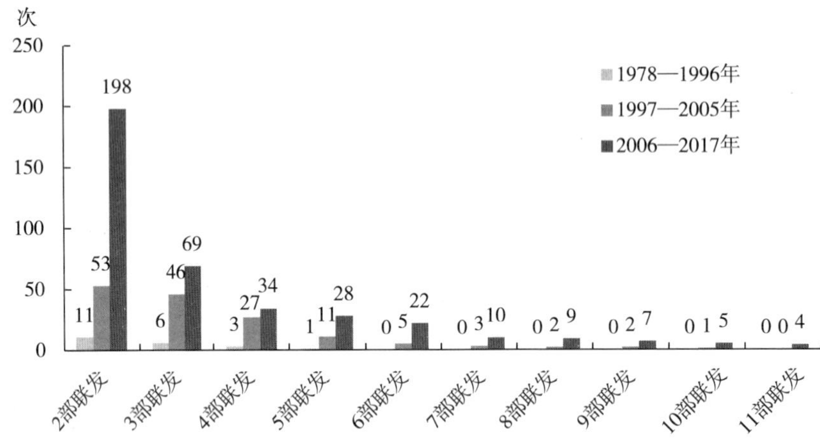

图 2－17　国务院直属机构联合发布创新政策数量

总的来说，创新政策是一个内涵广泛的词汇①，自 2006 年国务院发布

① “创新政策”（Innovation Policy）有狭义和广义之分，穆荣平（2016）等认为科技创新政策维度经历了科学政策→科学技术政策→狭义的创新政策→创新发展政策的演化历程，本书所指的“创新政策”依据其广泛含义（包含创新的要素、主体、网络政策以及产业创新、创新环境政策等），是涵盖科技、经济和社会领域，以推动科技创新为目标的多层次政策体系。

《国家中长期科学和技术发展规划纲要（2006—2020年）》以来，中国的创新政策体系进入了财税政策、科技政策、产业政策、金融政策并用的阶段。中国创新追赶爬坡期的创新政策主要功能是制定创新追赶目标和计划、营造创新氛围、保护知识产权等。如图2－18所示，这一阶段创新政策的内涵至少涉及科技、财税、产业、金融等诸多方面：科技政策主要是科学技术的规划计划、法律条例、管理办法、方针准则等；财税政策主要是财政投入、税收优惠或开征特别税，以补充R&D投入、降低创新风险为目标；产业政策一般是对特定产业进行资金、壁垒、资源支持，以促进产业科技发展、产业结构调整为目标；金融政策通过资本市场和各种金融工具，为创新主体提供良好的融资环境和渠道。但是，“无论何种政策往往最终表现为财政和金融上的支持”①。

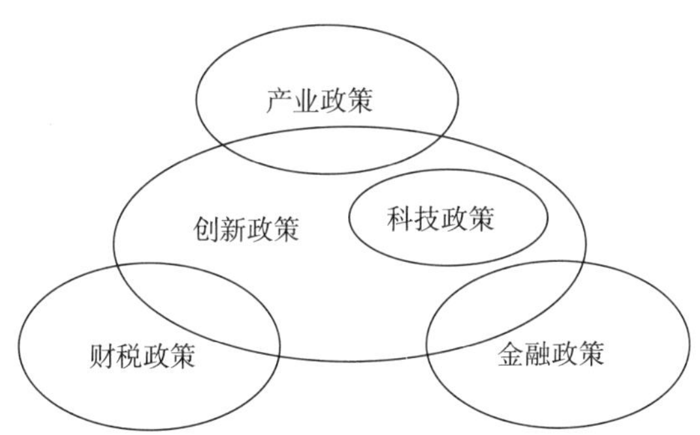

图2－18　创新追赶爬坡期的创新政策范畴

从部门职能分工上看，原科技部（现科学技术部）是主管国家科技工作的部委，统筹和实施国家创新驱动发展战略，原科技部的创新政策重点在于科研机构改革、科技计划管理、科技经费监督、科技人才与科技中介服务、科技条件与标准制定、科技成果与知识产权管理、科学技术普及、科技奖励、国际科技合作、创新载体管理等；财政部和国家税务总局出台的创新支持政策重点在于为产、学、研、用等各方面提供资金保障，并且通过政府采购和税收优惠等政策工具直接影响创新产品的供需和创新主体的收益分配；国家发展改革委为主、工业和信息化部及商务部等部门为辅统筹产业政策的制定和执行，产业政策主要涉及产业结构调整、新兴产业扶持、产业振兴规划、重大项目培育、产能过剩治理、产业组织调整、贸

① 王胜光．创新政策的概念与范围［J］．科学学研究，1993（3）：18－25.

易保护等方面的内容；创新追赶中涉及的金融政策主要由中国人民银行、中国证监会等制定和执行，主要涉及科技型中小企业投融资、债券、贷款、首次公开发行等方面。

二、中国财政支持科技创新的现状分析

1. 财政科技拨款

财政科技拨款作为重要的财税政策工具支持了一大批科研院所的基础研究和市场化主体的研究开发，并带动了全社会的科技投入，有着很好的示范效应。近年来中国财政科技投入呈现以下特点：

第一，财政科技拨款大幅上升。《国家中长期科学和技术发展规划纲要(2006—2020 年)》发布以来，中国财政科技拨款增长迅猛，如图 2－19 所示，从 2007 年到 2016 年增长了 3.6 倍，这期间支持了大量的基础性、源头性、前瞻性的研究开发。

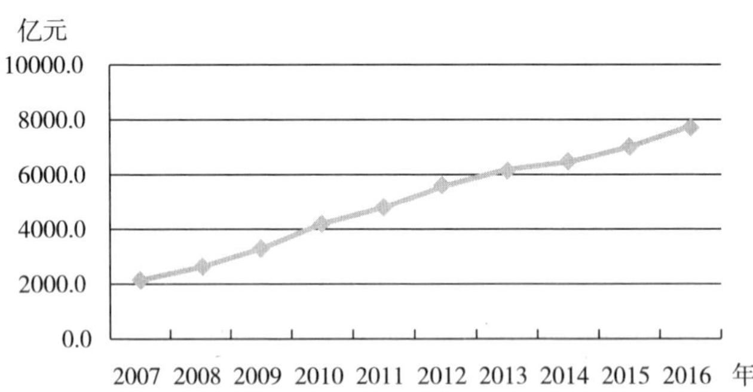

图 2－19　中国财政科技拨款增长示意图

（资料来源：《中国科技统计年鉴（2008—2017）》）

第二，从财政科技拨款占公共财政支出的比重来看，如图 2－20 所示，财政科技拨款在公共财政支出中的占比呈下降态势（2015 年比重跌破4%）。另外，中央财政科技拨款/科技投入总额呈现下降趋势，财政科技投入体系从中央财政拨款为主变为中央与地方双主体共同投入，这也说明随着财政分权的深化，地方政府越来越有动力动用财政资源支持科技创新。

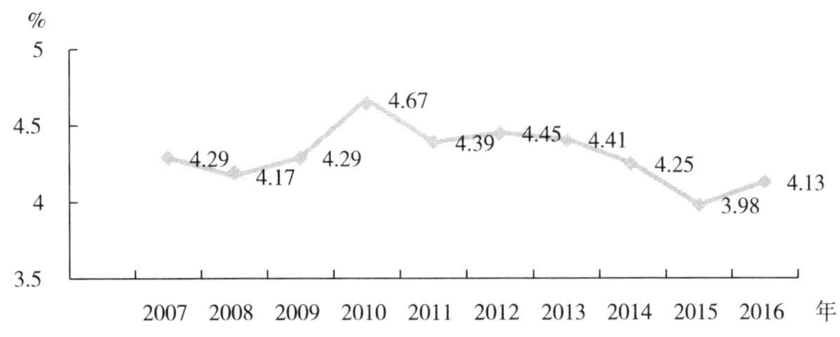

图 2－20　中国财政科技拨款占公共财政支出的比重

（资料来源：中国科技统计官网，http：//www. sts. org. cn/Page/Main/Index）

第三，R&D 经费投入强度（R&D 经费/GDP）呈快速上升趋势。如图 2－21 所示，近年来，中国 R&D 经费支出总额和 R&D 经费投入强度快速上升。2016 年研发经费投入强度为 2. 11%，但这个数据与 OECD 公布的全球主要创新型国家 2. 5% ~4% 的投入强度水平相比还有较大距离。

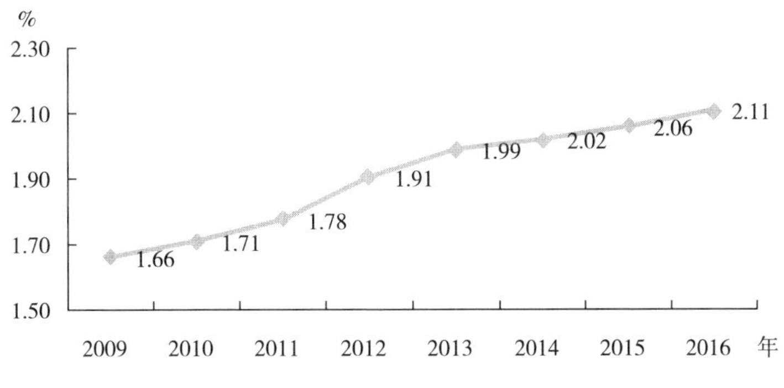

图 2－21　中国 R&D 经费投入强度示意图

（资料来源：根据《中国科技统计年鉴（2010—2017）》整理）

第四，东部省份和一线城市的研发经费支出最多。如图 2－22 所示，从 2016 年中国各省 R&D 经费支出情况来看，R&D 经费规模排名靠前的省份依然是广东、江苏、山东、北京、上海，经济发展水平高的地区科技创新较积极；实际上，科技创新对于经济增长和财政收入会形成正反馈。这种“强者愈强”的马太效应（Matthew Effect）在中国各省科技创新方面体现得较为明显。

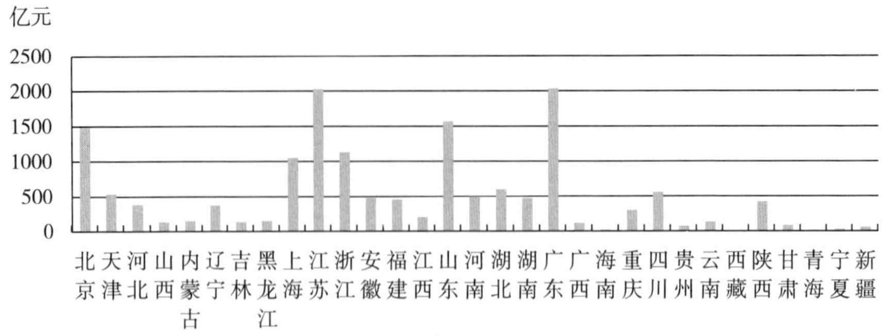

图 2－22　2016 年中国各省 R&D 经费支出情况

（资料来源：《中国科技统计年鉴（2017）》）

第五，如图 2－23 所示，2016 年全国研发经费总额为 15676.7 亿元，其中企业研发经费为 12143.9 亿元，研发经费中企业的占比高达 78%，这说明企业越来越成为创新的主体。同时，从图 2－24 所示的各创新主体研发经费来源结构来看，研究与开发机构和高等院校的研发经费主要来源于财政，但企业 R&D 经费中来源于自筹的资金占比越来越高。

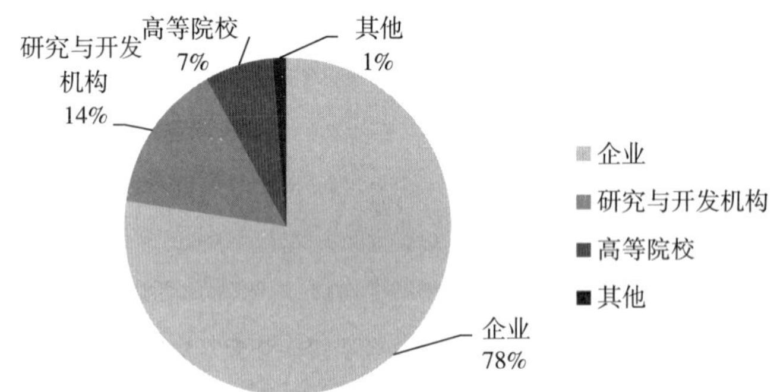

图 2－23　创新主体的研发经费对比（2016 年）

（资料来源：《中国科技统计年鉴（2017）》）

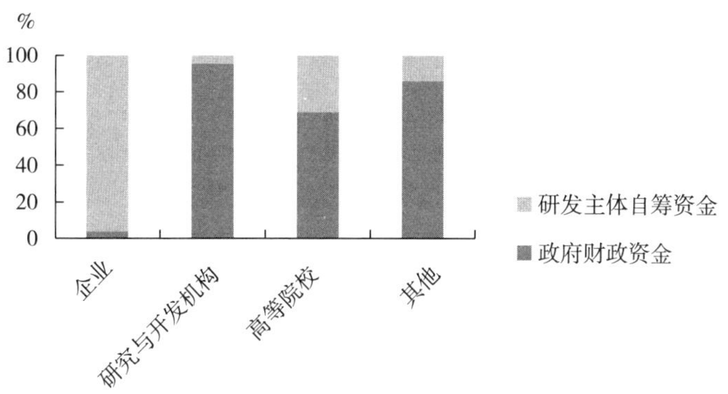

图 2-24　创新主体的研发经费来源结构对比（2016 年）
（资料来源：《中国科技统计年鉴（2017）》）

2. 政府采购

全球主要创新型国家都非常重视政府采购，欧盟的《里斯本战略》《支持创新的公共采购手册》，美国的《购买美国产品法》《联邦采购条例》等都是政府采购支持科技创新的著名法案。世界贸易组织也建立了消除 WTO 各成员国在政府采购制度中存在的歧视进口产品和外国供应商的诸边协定——“政府采购协议”（GPA），GPA 对于促进政府采购国际化的导向非常明确，随着 2012 年版 GPA 的影响力与日俱增，GPA 对于扩大政府采购市场范围、规范全球政府采购活动、防止政府采购腐败、建设公平的政府采购环境有着重大意义。在中国，政府采购作为一个创新取向型政策工具经历了较长时间的探索期。中国自 1996 年开始在少数区域试行集中采购，后颁布《政府采购法》。后来为了响应《国家中长期科学和技术发展规划纲要（2006—2020 年）》并推动自主创新型政府采购政策的实施，财政部于 2007 年正式出台了《自主创新产品政府采购预算管理办法》《自主创新产品政府采购评审方法》《自主创新产品政府采购合同管理方法》，部分省市还先行先试了“自主创新产品目录”，同年，中国着手加入 GPA 并递交了申请、启动了相关谈判。2010 年开始，由财政部牵头，会同商务部、国家发展改革委、海关总署等部委联合出台了《政府采购本国产品管理办法》和《政府采购进口产品管理办法》。此后，我国的创新产品政府采购政策进入了调整期。2012 年和 2016 年国务院办公厅先后两次下发通知，对各省份的创新政策及与提供政府采购优惠挂钩的相关文件进行了规范和清理。近年来，我国的创新产品政府采购政策逐步走向规范。2018 年 11 月 14 日，中央全面深化改革委员会发布了《深化政府采购制度改革方案》，明确要求健全符合国际规则的政府采购政策，加大对关键领域自主创新产品的支持力度。2018 年 12 月 27 日，中央全面深化改革委员会发布《关于运用政府采购政策支持创新产品和服务的意见》，提出加快形成支持创新发展的政府采购新格局，明确了政府采购支持创新的主要对象和支持措施。总的来看，中国已经将支持创新的政府采购作为制度化、常态化的手段。

从图 2－25 中可以看出，全国政府采购从 2007 年的 4660.87 亿元增长至 2017 年的 32114.3 亿元，增长非常迅猛。同时，如图 2－26 所示，政府采购占财政支出和 GDP 的比重整体呈现出较快的上涨趋势。

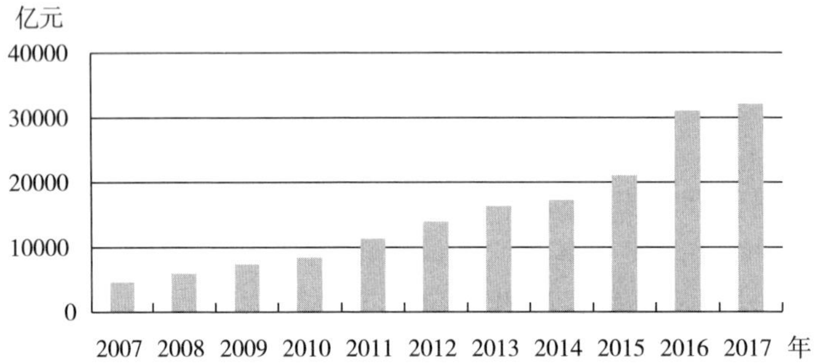

图 2－25　2007—2017 年全国政府采购规模

（资料来源：《中国政府采购年鉴（2008—2018）》）

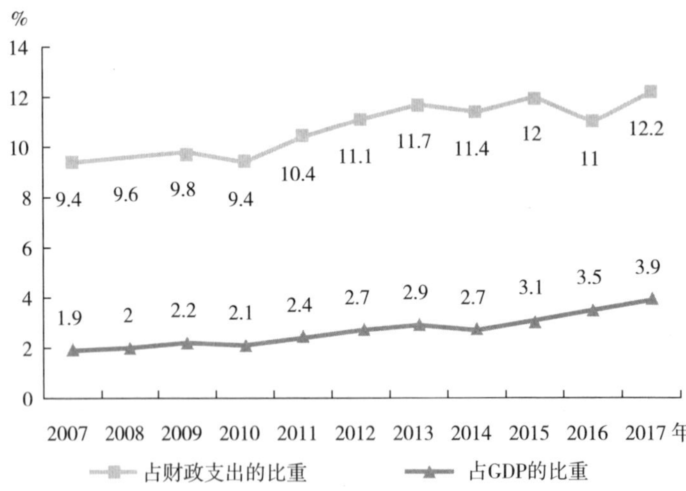

图 2－26　2007—2017 年政府采购规模占 GDP 的比重、占财政支出的比重

（资料来源：《中国政府采购年鉴（2008—2018）》）

3. 政府风险投资

近年来，为了推动创新创业、促进新旧动能转换，财政出资的政府风险投资基金①发展迅猛。2005 年 11 月十部委联合发布的《创业投资企业管理暂行办法》明确了各级政府可由财政出资设立创业投资引导基金，2007 年 6 月财政部联合科技部面向科技型企业设立了首只国家级产业引导基金，此后政府风险投资进入了快速增长期，如表 2－6 所示，从 2014 年国发〔2014〕60 号文开始，国家层面也逐步出台了政府风险投资基金的相关管理办法，其中，财政部印发的财预〔2015〕210 号文——《政府投资基金暂行管理办法》规定了政府产业基金的设立模式、运作方法、风险控制导向、预算管理与资产管理方式等。而财政部出台的《关于财政资金注资政府投资基金支持产业发展的指导意见》明确地规定了政府产业基金的重点投资领域为“战略性新兴产业、先进制造业领域、创业创新领域”。这些管理办法与指导意见使得政府风险投资有法可依、有章可循，并强化了政府风险投资支持科技创新的价值导向。

表 2－6　财政出资的政府产业基金相关管理政策

法律条文	发文日期	文号	发文单位
《国务院关于创新重点领域投融资机制鼓励社会投资的指导意见》	2014 年 11 月 16 日	国发〔2014〕60 号	国务院
《政府投资基金暂行管理办法》	2015 年 11 月 12 日	财预〔2015〕210 号文	财政部
《关于财政资金注资政府投资基金支持产业发展的指导意见》	2015 年 12 月 25 日	财建〔2015〕1062 号	财政部
《政府出资产业投资基金管理暂行办法》	2016 年 12 月 30 日	发改财金规〔2016〕2800 号	国家发展改革委
《关于扩大有关政府基金免征范围的通知》	2016 年 1 月 29 日	财税〔2016〕12 号	财政部、国家税务总局
《中共中央　国务院关于深化投融资体制改革的意见》	2016 年 7 月 5 日	中发〔2016〕18 号	中共中央、国务院
《国务院关于促进创业投资持续健康发展的若干意见》	2016 年 9 月 16 日	国发〔2016〕53 号	国务院

资料来源：根据中央人民政府网站“政策”频道（http://www.gov.cn/zhengce/）整理。

① “政府风险投资基金”在相关政府文件中也称为“财政出资产业基金”“政府创业投资引导基金”“政府投资基金”等，本书参照多数英文文献中的 GVC（Governmental Venture Capital）概念，将财政出资并引导社会资本共同参与的股权投资基金统称为“政府风险投资基金”。

从政府风险投资规模上看，如图2－27所示，中国的政府风险投资基金规模从2008年的113.25亿元增长到2014年的3054.36亿元，并快速增长至2017年的36058.93亿元，其中2015—2016年，政府风险投资基金增量超过了2万亿元，近年来比较典型的国家级政府产业引导基金包括国家科技成果转化引导基金、国家新兴产业创业投资引导基金、国家中小企业发展基金、国家集成电路产业投资基金等。以国家集成电路产业投资基金为例，该基金由财政部牵头，国开金融有限责任公司、中国烟草总公司等企业发起，成立国家集成电路投资基金有限公司。国家集成电路产业投资基金以公开和非公开直接进行股权投资为主，同时也与地方基金、社会资本联动设立子基金公司进行投资，重点投资芯片领域处于初创期、早中期且具有原始创新、集成创新或消化吸收再创新属性的创新型企业，以集成电路芯片制造业为核心，兼顾芯片设计、封装测试、设备和材料等产业。该基金发挥了财政资金的杠杆作用，投资了一批具有较强自主创新能力的芯片企业，在一定程度上缓解了我国高端制造业和信息产业“缺芯少魂”的问题。

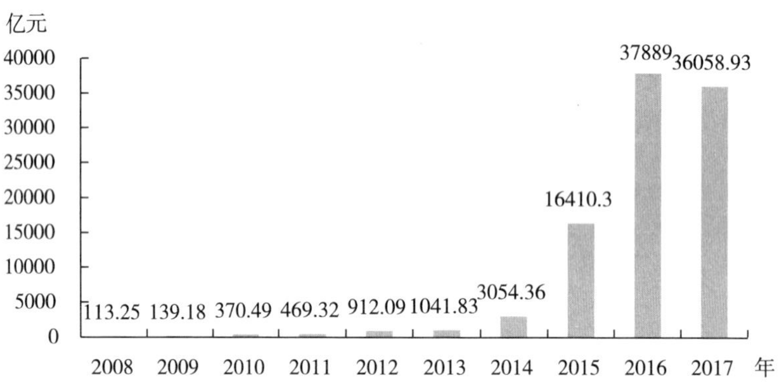

图2－27　2008—2017年中国财政支持的政府风险投资基金规模

（资料来源：WIND）

从投向来看，政府风险投资基金主要投资于新一代信息技术、机械制造、生物医疗、清洁技术等战略性新兴产业。如图2－28所示，从投向看，政府风险投资基金支持科技创新的战略导向非常明显。

从政府风险投资的运行机制来看，中央和地方的政府风险投资基金有较大差异，但也有几个共同特征。

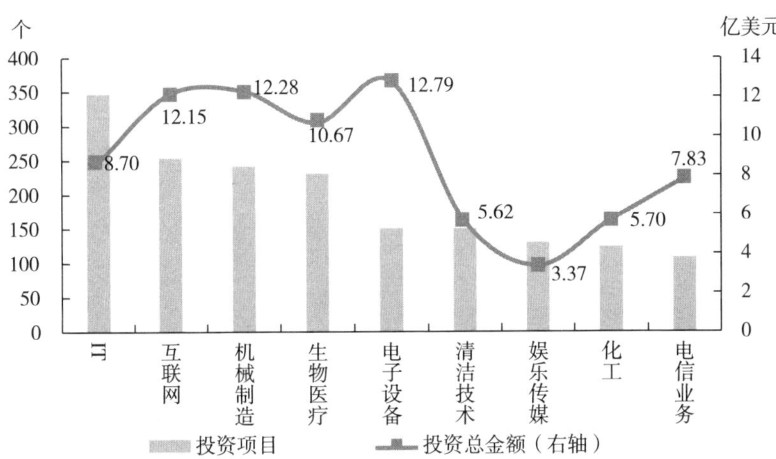

图2－28 2015—2017年中国政府风险投资基金主要投向

（资料来源：WIND）

第一，在目标导向上，不追求盈利且往往向社会资本让利，追求驱动地方经济高质量发展和高技术产业创新水平提升。我国的财政出资产业投资基金一般基于“政府引导、市场运作、科学决策、风险防范、专业管理”的原则，实行市场化运作、专业化管理。一般来说，政府风险投资基金均要求将大部分资本投资于高新技术产业，并且鼓励对早期的高技术、硬科技企业进行投资。

第二，在出资结构上，国家级引导基金一般由财政部、大型国有金融机构、央企共同出资；地方层面的政府风险投资基金中，财政出资对风险投资基金的参股比例一般不高于30%，在基金层面不谋求控股，力争更多地撬动社会资本出资。

第三，在投放模式方面，我国的政府引导基金常常按照母子基金结构双重投放，以达到合理配置管理资源、建立有效风险隔离机制的目的。母基金公开招标择优选定若干家基金管理公司负责子基金运营和自主投资决策。母基金与子基金的创业投资机构签订协议，在限定领域内优选科技创新项目，并负责投后管理和基金退出工作。

第四，在治理结构上，经过近十年的探索，中国的政府风险投资基金形成了具有推广示范意义的治理体系。如图2－29所示，财政部门发起设立投向创新型产业的政府产业引导基金，基金由具有基金管理资质、专业能力强、投资经验丰富的基金管理人进行市场化运作，政府不直接参与具体项目的运营，不直接干预创业投资机构的决策，通过对政府资金投资收益适当让利等形式，吸引社会资本认购基金份额进行投资，基金由有基金托管资质的商业银行进行托管以保证资金的安全，银行也可以对基金投资的优质创新型企业进行一定额度的授信和实施投贷联动等措施进一步予以支持，以放大政府资金的投资效应，社会投资机构也可以获得超额回报。

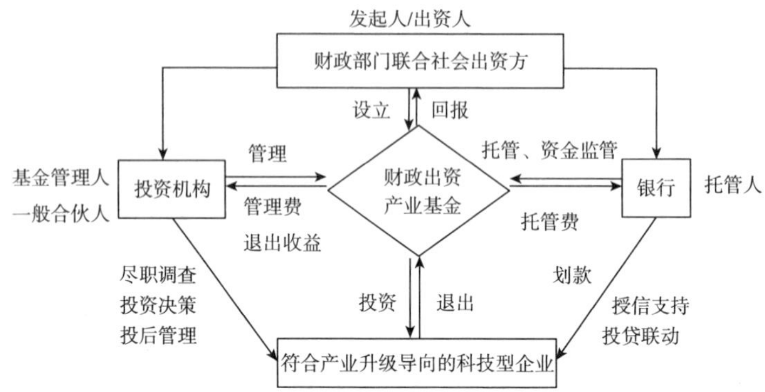

图 2-29　中国财政出资的政府产业引导基金的运作结构

4. 税收优惠

如图 2-30 所示，新中国成立以来税收体制的探索和优化伴随着中国经济体制改革的全过程。中国的税制结构中所得税和流转税并行，全国人大负责审立《企业所得税法》《个人所得税法》和《税收征收管理法》等基本税法，财政部、国家税务总局及其地方分支机构颁布具体的税种细则。

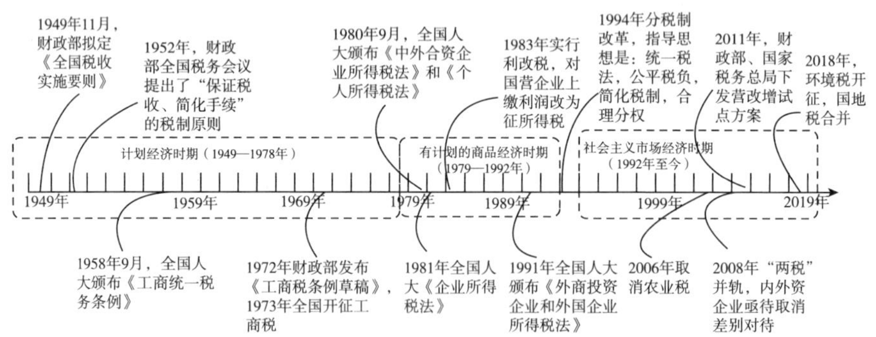

图 2-30　新中国成立以来中国经济体制和税收制度的探索（1949—2019 年）

（资料来源：笔者根据吴旭东（1994）[①]、靳东升（2018）[②]、刘佐（2018）[③]整理总结）

① 吴旭东．我国税制改革的经验教训［J］．财经问题研究，1994（7）：19-22.

② 靳东升．中国税制改革 40 年：回顾、总结与思考［J］．地方财政研究，2018（11）：22-28+35.

③ 刘佐．中国税制改革 40 年的简要回顾（1978—2018 年）［J］．经济研究参考，2018（38）：3-12.

近年来，为了鼓励企业加大 R&D 投入、提高中国的高新技术产业创新水平，中央和地方都出台了一系列税收优惠政策，其中比较典型的创新税收政策如表 2－7、表 2－8 所示。

表 2－7　中国推动科技创新的典型所得税优惠

企业类型	税收优惠措施
内资企业	（1）盈利企业的研发费用予以加计扣除； （2）高新技术企业，所得税税率减至 15%； （3）新设立高新技术企业企业所得税减免； （4）转制科研机构企业所得税减免； （5）新设信息业、技术服务公司的企业所得税减免； （6）科研单位和院校的技术成果转让、培训、咨询、服务，所涉企业所得税减免； （7）企业的中小额技术转让收入的企业所得税减免； （8）企业的技术改造项目，针对国产设备投资可抵免； （9）资助非关联科研机构等的研究开发费用，可全额抵扣
外资企业	（1）外商投资增加企业技术开发费的部分抵扣； （2）外商先进技术企业免、减期满后按规定税率延长减半征收期限； （3）在经济特区、经开区、沿海开放地区、高新区注册的，所得税税率优惠； （4）鼓励性项目在投资总额内进口自用先进技术设备享受减免
内外资企业	针对技术改造和设备升级的企业享受加速折旧政策

资料来源：根据财政部和国家税务总局相关条文整理总结。

表 2－8　中国推动科技创新的典型流转税政策

税种	税收优惠措施
增值税	（1）对开发、生产、销售软件产品的纳税人部分实行即征即退政策； （2）针对集成电路等行业部分实行即征即退政策； （3）直接用于科学研究、科学试验和教学的进口仪器、设备免增值税
关税和进口环节增值税	（1）国家鼓励的项目投资总额内进口自用设备免关税和进口环节增值税； （2）企业生产高新技术产品进口设备及技术，支付的软件费，免征关税和进口环节增值税； （3）科研机构和学校进口研究和教学设备的，免征关税、消费税和进口环节增值税

资料来源：根据财政部和国家税务总局相关条文整理总结。

从税收优惠支持科技型企业的实践来看，如图 2－31 所示，中国高新技术产业企业减免税额从 2009 年的 260.1 亿元增加到 2015 年的 702.3 亿元（增长率 170%）。此外，中国高新技术企业减免税的地区差异较大，东部地区占据减免税额的3/4，这与中国区域经济失衡的现状有关。

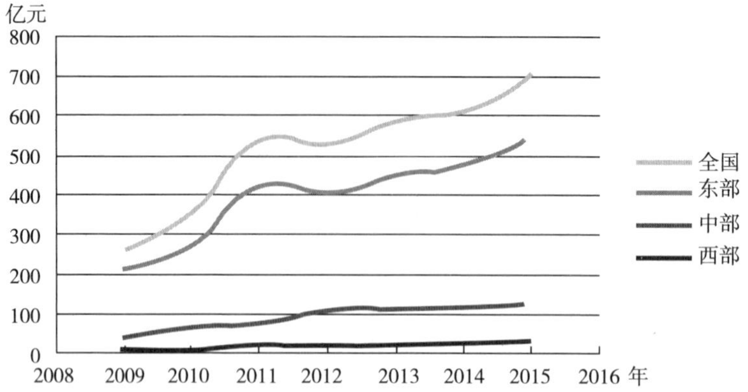

图2－31　中国高新技术产业企业减免税额

（资料来源：《工业企业科技活动统计年鉴（2009—2016）》）

我国在科技创新领域的税收优惠政策具有覆盖面较广、优惠力度较大的特征。其中不乏一些能真正惠及科技型中小企业的鼓励创新的税收政策，如大幅度的企业所得税优惠、延长亏损结转年限、研发费用加计扣除、技术入股递延纳税优惠、研发仪器设备一次性摊销或加速折旧、研发与教学设备进口税收优惠、科技企业孵化器和众创空间等载体的孵化服务收入免征增值税等。除了鼓励机构法人从事创新活动外，现行税收政策中也有针对科技创新人才的税收优惠安排，如科研院所的研发人员因职务发明所得奖励减半计征个税、非上市公司的研发人员股权激励个税递延纳税、天使投资个人合格投资额70%税前扣除等。总的来看，中国支持创新的税种中，所得税优惠的涵盖面更广，直接反映了国家对重点领域科技项目、关键行业研究开发以及软件、下一代信息技术、集成电路等细分创新门类的支持，对科技服务企业和传统产业的创新研发活动也给予了不同程度的支持。科技创新的具体税收政策既涵盖了税率优惠、税收减免、退税等直接反映在企业利润方面的支持，也包括了税基减免的加速折旧、纳税扣除等间接反映在会计科目上的实惠。相较而言，流转税的税收优惠尚不成体系，对科技型企业的支持偏重于技术采买、交易节点，支持范围相对较小。

三、中国财政支持科技创新的缺陷与不足

1. 官员晋升和财政分权机制不利于地方的创新转型

新中国成立以来，中国中央与地方财政分权体制经历了从“集中”到

“分散”的摸索，在经济实践中探索集权与分权的适宜边界。尤其是1994年的分税制从法律上明晰了地方政府的收支财权，地方政府有更大的自主权参与经济和社会生活；当前，财政分权在较大程度上改变了财政资金配置的方式与绩效。然而，“中央→省→市→县→乡”事权向下相对倾斜，“乡→县→市→省→中央”财权向上相对集中，从收支关系看，地方收入占比约为50%，而地方支出占比超过85%，财权与事权的不匹配使得地方财政捉襟见肘，无暇顾及科技创新。20世纪90年代以来，地方政府GDP“锦标赛”与财政考核使得税源的争夺白热化。地方官员出于职位晋升的考量，往往为了在任期内交好GDP答卷不惜以资源和环境为代价，同时，以邻为壑、资源抢夺、重复投资的现象严重，更毋庸论科技创新，这一负面影响的传导机制如图2－32所示。

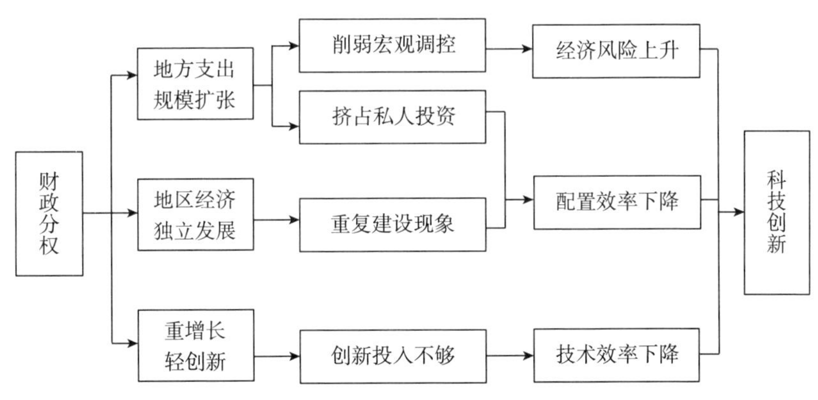

图2－32　地方财政分权与科技创新

2. 支持创新的政策工具未能充分发挥效用

（1）财政科技投入政策的不足

第一，财政科技投入总体规模与强度偏低，投入的结构也不合理。中国的基础研究经过多年发展整体水平明显提升，但是仍然存在很多短板和瓶颈。地方政府看重短期经济利益，而忽略技术积累和人才培养，基础研究不能得到持续性支持。尽管中国研发经费的占比不断提升，然而研发投入强度与美国、日本、韩国等重要的创新型国家相比，仍有着明显的差距。基础研究可以促进新知识新发明的产生，加大对基础研究的投入力度是全球主要创新型国家的共识，如图2－33所示，比较美日中韩四国的R&D费用投入情况，中国基础研究投入的比例明显偏低。

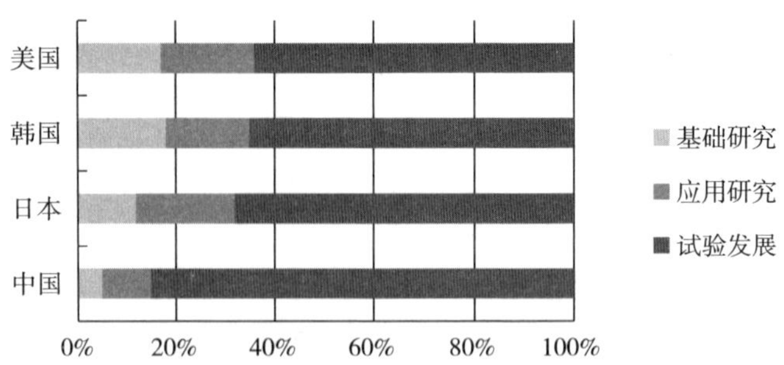

图 2-33 美日中韩四国 R&D 费用投入的分布状况（2016 年）

（资料来源：WIND）

第二，科技投入来源的结构不合理。当前，中国科技资金的构成包括中央财政、地方财政的财政科技投入以及企业 R&D 投入。从历年数据来看，中央的投入总量在增加，但是在财政科技投入总额中的占比却逐年下降，地方政府财政科技投入也严重不足，以企业 R&D 投入为主的结构直接影响着科技投入总规模和创新链条上的资金分配。另外，财政科技投入的区域结构也很不均衡，根据各地区财政科技支出数据，区域不平衡的问题十分突出。

第三，财政科技投入方式不能有效地促进产学研结合。中国一般通过课题资助的单一形式支持高等院校和科研院所研发，资金过于集中并且对企业投入的比重较低，导致政府资金不能有效促进科技成果转化，无法促进产学研高效融合。

第四，财政支出政策缺乏指导细则，财政科技投入标准仅在 1993 年的《科学技术进步法》中有方向性的规定，并没有完整有效的实施细则，导致中国财政科技投入的规模不足，资金结构也存在缺陷。

第五，财政科技投入存在制度缺陷，财政科技投入多采用无偿拨款的模式，不利于提高资金使用效率，拨付范围也很有限。此外，财政投入存在多头管理的情况，缺乏顶层设计和统一规划。

第六，科技经费缺乏有效的预算管理机制。中央一级的科技经费预算管理尚未统一，同时也没有建立有效的考核评估办法。

（2）政府采购政策的不足

第一，政府采购的总体规模相对不足。2017 年中国政府采购规模达 32114.3 亿元，占 GDP 的比重为 3.9%①，典型创新型国家的政府采购占

① 参见财政部《2017 年全国政府采购简要情况》，http：//gks. mof. gov. cn/zhengfucaigouguanli/201809/t20180930_ 3033022. html。

GDP 的比重均超过 10%。

第二，政府采购未能有效支持国家创新系统的建设，主要体现在：①没有充分发挥对本国创新产品的激励和保护。与美国、德国、日本等国相比，中国的政府采购对本国创新产品的保护不足，公益效果不明显。政府采购在招标和执行阶段主要考虑产品价格、企业规模因素，较少考虑创新因素，导致本国创新企业拿到的订单较少，没有发挥对创新的引导和激励作用。②政府采购集中于终端产品的采购，缺少对创新技术或者创新服务的采购。采购人对于引导科技创新的意识依然不足。例如，首/订购政策实施过程中对创新的多样性和广泛性重视不够，对应用新工艺、新材料、新标准、新设计等关注不够，对商业模式创新和创新服务研究不足，制约了我国支持创新政府采购政策的设计和运用。③政府采购有较浓的地域保护色彩，各地方政府都偏向于采购本地区的产品。为了带动地方经济发展，各地方政府出台的创新产品目录往往偏向于本区域内企业，在认定创新产品时常常出现地方保护现象。④当前的创新产品政府采购政策文本上与 GPA 规则仍有冲突。例如，相关文件中"自主""本土""进口替代"等敏感词在我国自主创新产品相关政策中大量出现，东西方语境对于"自主"二字的理解有所偏差，易引发美国、欧盟的质疑，认为我国的政府采购政策将外国产品拒之门外，不能够公正、公平地对待 GPA 成员国。因此相关政策文本须做到"内外有别"，并适度淡化"自主创新"字眼。

第三，政府采购评价指标不明确，影响政策执行效果。具体实施细则的操作性存在一定问题，对政府采购评价指标不明确，缺乏可行的考核办法，导致政府资金的支持效率较低。

（3）政府风险投资政策的不足

第一，政府风险投资的政策模式不稳定、执行不规范。中国于 1985 年设立了第一只政府风险投资基金，截至目前已尝试过独资运作、合资运作、政府担保基金、风险投资引导基金等多种模式。从财政支持的角度来看，各地方的风险投资机构对政府资金的使用效率不高，缺乏完善的风险评估，使大多创新企业得不到支持。

第二，政府部门对于风险投资的认识不到位，存在着越位管理、过度干预的问题。尤其是 2015 年财政部《政府投资基金暂行管理办法》之后，各地的政府产业基金遍地开花，但是由于地方官员的认知有限，目前许多地方政府对于当地政府产业基金存在过度干预的问题，另外，财政资金结存的“堰塞湖”严重，难以寻求优质项目进行投资。

第三，需要完善政府风险投资的退出机制安排。政府产业基金是政府摒弃以往无偿拨款的模式建立的有偿使用、支持科技创新的可持续投资模式，但是目前针对地方政府产业基金缺乏退出层面的顶层设计，虽然中国目前有主板、创业板、新三板等多种市场化退出方式，但是上市的前期成本高、审核难度大，政府风险投资退出渠道狭窄。

(4) 税收优惠政策的不足

第一，支持科技创新的税收政策与税制结构不协调，尤其是针对创新型企业的流转税层面的税收优惠政策较少。中国的双主体税制结构中所得税和流转税并重，但促进创新的税收政策主要集中于所得税层面，只有存续期长、盈利较好的企业才享受较大的税收优惠。从中国的税收来源来看，流转税所占的比重较大，针对流转税的税收优惠政策亟须出台。

第二，税收支持的阶段与创新主体的需求不完全匹配。科技创新的生命周期中，前期研发和试制等过程非常关键，需要投资的人力、物力、财力很大，然而目前中国针对这个阶段的税收优惠政策相对缺位。税收政策未能惠及企业正在进行的创新研发活动。

第三，目前针对科技型企业的税收优惠政策在区域、行业、法人属性方面的实施范围受到较大限制。

第四，税收优惠政策主要针对企业，针对从事创新活动的个人的税收优惠力度不够，25%的企业所得税＋20%的个人所得税的“双重征税”打击了创新创业者的积极性。此外，现行个税税制下股权转让所得一律适用20%税率的规定对于从事天使投资/股权众筹的个人不够友好，应当降低长期资本利得税率，并且应当在投资组合中作出某些投资失利项目的损失向后结转或者抵扣其他投资所得的安排。

第三章　创新追赶的战略选择及其财税支持机制

第一节　开放条件下后发国家创新追赶的一般规律

在开放经济条件下，后发国家的创新模式有两种，一是在引进、模仿、吸收基础上创新（简称模仿创新①），后发国家模仿创新是对先发国家科学技术的引进、学习、消化和二次创新的过程，核心在于立足后发优势、提升技术学习效率；二是率先型、自主性的原创模式，该模式是一种“自力更生”式的内源性创新，后发国家依托本国的科技型企业或研究机构独立开展研发工作，逐步实现对先发国家的技术赶超，这种创新模式对后发国家的经济水平、研发实力、创新效率的要求均比较高。一般来说，在后发国家与先进国家技术差距较大的情况下，若有限的创新资源主要倾向于自主性原始创新，往往不利于科技创新水平的提高；而当后发国家与先发国家的创新前沿水平差距较小时，自主性原始创新的创新模式则更有利于后发国家创新水平的提升。

一、从模仿到原创的追赶方法论：来自东亚国家的佐证

后发国家的创新追赶一般体现出“先模仿后原创”的特征。模仿创新本质上是一种跟随战略，特点在于其“站在前人肩膀上”的后发优势，例如，20 世纪 80 年代的韩国、日本等国家都不约而同地采用了从模仿到原创的创新方法论。

---

① 本书定义的“模仿创新”不是简单的“模仿”，特别强调后发国家在跟随模仿、技术学习的基础上进行改进式创新。

1. 日本追赶模式

日本是较为典型的从追赶起步并完成超越的经济体。Chalmers Johnson (1982)①、Suzuki (1984)②、Leightner (2006)③ 等对日本的后发追赶模式有着深入的研究，概括起来，日本在战后到20世纪90年代的快速追赶模式的经验在于精英的官员团队、独立高效的政府治理体系、以“通商产业省”为代表的专业干预机构以及根据追赶阶段适时调整的政府追赶政策。

从战后到1970年的20多年间，日本实现了经济的高速发展、科技水平的快速提升以及产业结构的现代化升级，其GDP在1950—1955年、1955—1960年、1960—1965年、1965—1970年的年均增速分别为7.6%、8.5%、9.8%、12.2%，在20世纪70年代逐步超越法国、英国、德国等欧洲老牌强国，并在20世纪80年代成为仅次于美国的全球第二大经济体，被称为战后工业化国家发展的“日本奇迹”④。科技创新对日本的快速赶超起着重要作用，这在一定程度上得益于日本“技术引进→模仿创新→原始创新”的追赶战略和根据经济及科技发展需求“相机抉择”的创新政策。

(1) 技术引进期：1950—1960年

第二次世界大战结束后，为了克服技术与资本的瓶颈、促进战后的经济恢复和产业发展，日本政府出台了各种鼓励措施引进外国先进技术以提升其生产效率，诸如以1949年《外汇及外贸管理法》、1950年《外资法》等为代表的法律开辟了特别通道批准国内有一定技术积累的企业从国外引进高新技术，同时要求日本企业在引进技术后5年内实现不低于90%的国产化率⑤。20世纪50年代日本主要在钢铁、能源等工业领域引进海外的资本和技术，以“干中学”的模式积累了金属冶炼、重型机械、煤炭化工等领域的先进技术，为后期的二次创新奠定了基础。数据显示，战后至1961年，日本从国外引进运输、制造、通信等领域的高新技术达1670件⑥，形成了“引进技术→扩大产能、提升机械化水平和管理水平→生产效率大幅

① 约翰逊．通产省与日本奇迹［M］．北京：中共中央党校出版社，1992.

② Suzuki N. Japanese Catch – up Effort of Market Research Skills with U. S.: But For Whom? [J]. 1984.

③ Leightner J E. Institutions, Industrial Upgrading, and Economic Performance in Japan: The “Flying Geese” Paradigm of Catch – up Growth [J]. Journal of Economic Issues, 2006, 40 (4): 461 – 463.

④ 金森久雄，彭晋璋．论日本的经济增长［J］．国际经济评论，1980 (8)．

⑤ 蒋宜．日本的引进技术国产化［J］．决策与信息，1992 (4)：42 – 43.

⑥ 李俊江，彭越．日本中小企业技术创新模式的演变分析［J］．现代日本经济，2015 (1)：86 – 94.

提高”的良性发展机制。

（2）引进与改进结合期：1960—1970 年

由于 20 世纪 50 年代重化工领域的产业升级和技术积累，日本重振了国内经济。从 1960 年开始，日本密集出台了针对企业引进国外技术并进行二次创新的扶持政策，鼓励国内企业通过学习、引进、模仿欧美的先进技术，在此基础上进行改善型创新，并逐步打造日本独立的科技创新体系①。与 20 世纪 50 年代不同，这一阶段的日本政府要求企业避免引进成套设备，而是通过税收政策激励企业选择性地引进某类单项技术然后打造日本本土品牌。这一政策对日本后来大型跨国企业的崛起有着重要意义。陈锋（1984）② 将这一时期日本的创新追赶经验总结为：大量引进国外技术、大力开展科技研究、注重科技情报工作、重视科技人员培养以及强有力的科技与财税政策。

（3）模仿创新过渡期：1970—1985 年

经过战后 20 多年的积累，20 世纪 70 年代日本基本达到了现代化工业水平，技术密集型产业成为经济发展的核心支柱，但是，长期坚持技术引进的日本企业在核心技术环节与欧美国家仍有一定差距，这一阶段日本政府调整其创新追赶战略，并于 1980 年 10 月正式确立了“技术立国”的目标。日本财政部门加强科技预算，逐步加大航空航天、电子信息、生物医学等领域的基础科学研发投入。此后，日本的科技创新战略开始由模仿创新逐渐向自主原创过渡。日本政府开始控制外商投资的市场准入，但鼓励外国公司通过技术授权和专利许可与日本企业合作。同时，日本政府鼓励国内企业收购他国先进技术然后加以创新、内化。不仅如此，这种“先模仿再原创”的创新文化也影响着日本的国内企业，例如 20 世纪 80 年代初期，日本 Panasonic 采用了模仿创新策略，虽然 Sony 最先研发出磁带录像机，但 Panasonic 组织了专门的研发团队分析 Sony 录像机的材料、工艺、外观、专利，而后进行模仿改造、推陈出新，制造出了比 Sony 性价比更高的录像产品并后来居上。

（4）自主创新发展期：1985 年以后

伴随着日本科技水平的全面提升，市场驱动型的模仿创新已无法满足

① 薛春志．日本技术创新研究［D］．长春：吉林大学，2011.

② 陈锋．战后日本技术进步的要因与八十年代“技术立国”战略的制定［J］．社会科学战线，1984（2）：98－104.

日本的科技发展需求，日本自20世纪80年代中期开始将财政科技支出的支持领域从应用技术领域逐步过渡到基础研究领域，多个领域的科技水平已经实现了赶超并开始向全球进行技术出口。20世纪80年代日本与美国贸易摩擦不断加剧，1985年美日等国签订《广场协议》，日元急剧升值、资产价格膨胀，日本经济开始陷入低迷，池田信夫将这一阶段称为“失去的二十年”①，然而，日本的科技创新并未停滞，尽管经济增速下滑但其创新水平和创新层次反而继续不断提升，《汤森路透2015年全球创新100强》报告中有41家日本企业上榜（赵昌文、朱鸿鸣，2017）②，日本于2001年提出了“50年30个诺贝尔奖”的计划，截至2018年已经有18位日本籍科学家摘得诺贝尔奖，这与日本的财政科技取向以及高强度的基础研究投入密不可分。

2. 韩国追赶模式

韩国是一个资源较为匮乏的国家，但韩国用了不到三十年的时间便实现了现代化和创新能力的赶超。韩国的后发追赶模式也基本遵循技术引进→消化吸收→模仿创新→自主性原始创新的轨迹。金麟洙（1998）提出“韩国取得如此快速的工业化发展，很大程度上起源于模仿”③。但与日本不同的是，韩国技术引进行业变化与工业结构升级具有很强的关联性，技术引进的重点始终是同工业结构升级的战略目标一致的。

（1）“技术引进+反求工程”阶段：1960—1980年

韩国在20世纪60年代实现了年均9%的GDP增长速度，创造了“汉江奇迹”。该阶段韩国立足自身产业基础和要素禀赋，在纺织、建材、钢铁等产业领域大量引进国外先进、成熟技术，韩国政府引导国内企业通过“反求工程”（也称逆向工程，Reverse Engineering）进行复制性模仿（Replicative Imitation）。20世纪60年代末，韩国的石油化工、机械制造、船舶工业、钢铁等产业的规模和技术水平都达到了亚洲一流水平。在这一阶段，知识转化的难度较低、效率较高，而且“几乎不需要什么试错过程”（金林素、

① 池田信夫，胡文静．失去的二十年：日本经济长期停滞的真正原因［M］．北京：机械工业出版社，2012.

② 赵昌文，朱鸿鸣．如何建立一个创新导向型的经济结构？［J］．财经问题研究，2017（3）：5-12.

③ 金麟洙，刘小梅，刘鸿基．从模仿到创新：韩国技术学习的动力［M］．北京：新华出版社，1998.

舒建军，2002）[①]。韩国的反求工程对于早期新兴经济体的创新追赶有着重要的借鉴意义，成熟技术的消化、吸收以及“实践型学习”相对容易。

到了20世纪70年代，韩国进行了引进战略的调整，重点由成套设备引进转为创新技术引进，从1972年至1981年韩国共引进欧美的先进技术达1655项[②]。与其他后发追赶型经济体不同的是，韩国政府一开始对FDI设置了诸多限制条件，更倡导韩国国内企业通过其他方式进行技术学习。

（2）“模仿创新+独立研发”阶段：1980—1995年

到了20世纪80年代，韩国政府制定了以“80年代综合技术政策”为代表的一系列技术创新升级战略，大力引进和发展半导体、计算机、汽车等技术密集型产业。韩国在1985年前后大量引进美国、德国等国的半导体、汽车、多媒体设备等尖端产业的技术，韩国政府认为龙头企业最具备原创性突破的可能性，因此对于技术基础较好、研发人员充足的大型科技企业予以大量的财税政策支持，在这样的背景下，三星、LG、现代等具有全球影响力和创新竞争力的韩国企业迅速崛起，20世纪90年代初韩国的半导体芯片技术也已达到世界先进水平。

（3）“全面自主原创”阶段：1995年以后

到了1995年前后，韩国面临人力成本上升、原创性技术不足的问题，韩国的技术进步政策取向转向“全面创新”阶段。在这一阶段，韩国加快了以技术创新代替低劳动成本竞争战略的调整步伐。韩国于1996年加入OECD组织成为其第29个会员国，1998年韩国发布“科技创新五年规划”，正式确立了“追赶七国集团”的科技创新目标，并从法律层面明确了财政科技的重要性，韩国企划财政部从1998年起逐步增加政府科技投入，重点扶持通用性技术研发项目，2000年出台《基础科学研究促进法》并成立“韩国风险投资基金”，作为财政出资引导的国家级风险投资基金，支持了一大批科技成果转化。这一阶段，韩国大力建设国家创新系统，设立了“产学研合作基金会”，整合了碎片化的政策资源[③]，全面提升科技创新水平。

---

① 金林素，舒建军．工业化进程中技术学习的动力［J］．国际社会科学杂志（中文版），2002（2）：121－131.

② 乔翠霞．提高技术引进效率　实现我国技术跨越式发展——后起国家技术发展的经验及启示［J］．科学经济社会，2008，26（2）：45－49.

③ 杨哲，张慧妍，徐慧．韩国高校科技成果转化研究——以“产学研合作基金会”为例［J］．中国高校科技，2012（11）：11－14.

二、后发国家创新追赶的理想路径：IRCO 模型

总结上文的案例分析可以发现，后发国家的创新追赶过程一般可以划分为引进期、起步期、发展期、成熟期四个阶段，创新追赶的理想路径是从技术引进（Importation of Technology）开始，历经复制性模仿（Replicative Imitation）、创造性模仿（Creative Imitation）最终实现自主性原始创新（Original Innovation），如图 3－1 所示，本书称其为后发国家创新追赶的 IRCO 模型。其中，“技术引进”的对象包括生产工艺、制造设备、技术标准、产品材料配方等。“复制性模仿”包含的是后发企业引进技术后的拆解、试验、仿制等动作，这一阶段的目标是消化引进的技术，按照先发国家的图纸、配料、工艺、方法实现规模化生产和仿制。而“创造性模仿”是模仿创新阶段的核心环节，是后发国家实现“技术自立”的过渡性阶段，综合西奥多·利维持和肖军（1998）[①]、叶红雨和邱红（2004）[②]、王全喜等（2010）[③] 的定义，创造性模仿是通过“干中学”“用中学”机制的作用，企业研发、设计、生产等部门进一步改进产品工艺和技术方法，结合后发国家的产业需求，对引进技术进行二次开发和再创新。而“自主性原始创新”则是指以企业为主导从事的基础性、根本性、首创性、源头性的科技创新，是后发国家实现创新水平反超先发国家的必由之路。

其中，I→R→C 过程是由表及里、由浅入深的模仿创新过程。这一阶段的主要任务是在引进先发国家先进技术的过程中进行消化、吸收和二次创新。后发国家沿着 I→R→C 过程追赶先发国家时，如果只是单纯采用静态比较优势战略，完全按照边际成本确定的国际分工进行简单的复制性模仿，容易使本国长期处于价值链低端而无法突破，与先发国家的差距反而会进一步拉大，为了避免滑入以自发性或被动性引进依赖、创新不足等为特征的静态优势发展陷阱，后发国家应相机运用选择性干预政策将潜在的后发优势转化为现实的竞争优势（张小蒂、李风华，2001）[④]。从这个意义上说，

① 西奥多·利维持，肖军．创造性模仿——企业成功之路［J］．湖南经济，1998（7）：49－52.

② 叶红雨，邱红．技术选择、技术替代与技术创新战略选择［J］．中南财经政法大学学报，2004（2）．

③ 王全喜，李贞，陈梅．创造性模仿——比亚迪的竞争模式［J］．经营与管理，2010（5）：90－92.

④ 张小蒂，李风华．技术创新、政府干预与竞争优势［J］．世界经济，2001（7）：44－49.

在模仿创新阶段，R→C 比 I→R 过程更为重要，应当通过创造性模仿逐步实现产品的国产化、技术的自主化和产业链分工的升级，具体的升级路径有两个：一是沿着产品价值链的“微笑曲线”攀爬，将附加值低的环节放弃或外包，逐步转向附加值高的环节（如图 3－2 所示），产品生产形式上往往体现为 OEM（定牌生产）→ODM（原始设计生产）→OBM（自有品牌生产）的升级过程；二是沿着产业链往上游延伸，发展核心零部件、关键原材料，即从生产组装到前端高技术含量的新材料和核心部件（如图 3－3 所示）。

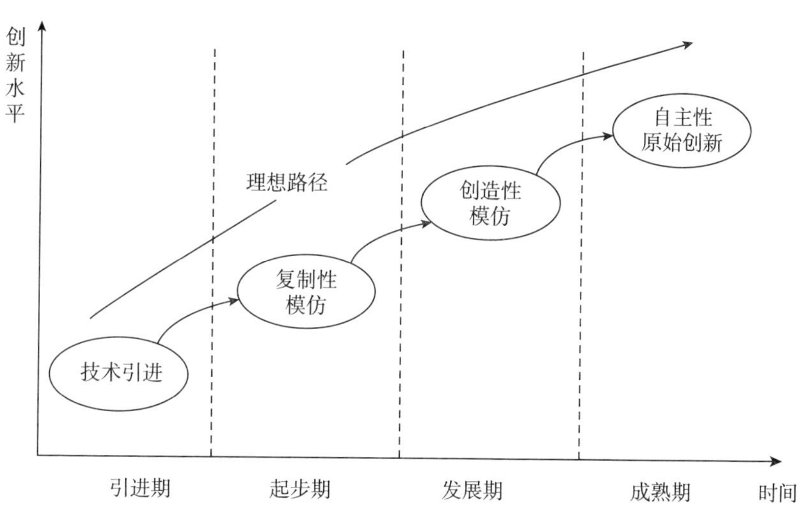

图 3－1 后发国家创新追赶的理想路径：IRCO 模型

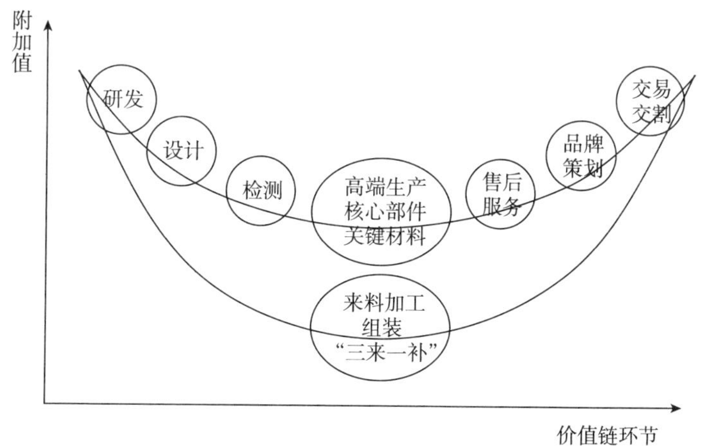

图 3－2 沿产品价值链“微笑曲线”的升级路线

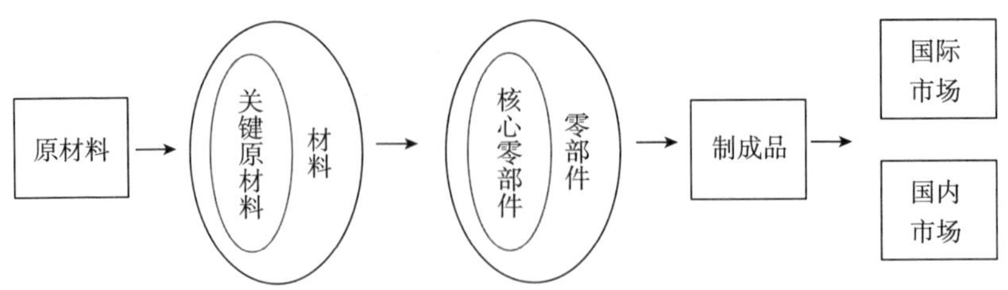

图 3－3 沿产业链技术攻关的升级路线

C→O 过程是后发国家从模仿走向原创的关键一跃，在这一阶段，由于后发国家与追赶目标国的创新差距越来越小，导致技术引进的空间越来越小，后发优势也已充分释放。此时，后发国家对外可能面临先发国家的竞争甚至“打压”，对内面临“制度模仿”的困境，可能无法突破原来的技术轨道，杨小凯（2000）[①] 称其为短期可能快速发展但长期往往受限的“后发劣势”。后发国家完成 C→O 的跨越、实现创新赶超不是必然的。从历史上看，只有部分国家完成了创新赶超，C→O 阶段的创新追赶方式有两种，一种是在原有轨道上实现创造性模仿到自主性原创的技术突破，实现“后来居上”。后发国家在既有轨道上能否实现赶超取决于后发国家的“创新加速度”（Innovative Acceleration），比较典型的情况是在与先发国家的技术差距逐步缩小后，后发国家的创新型企业基于前沿技术和市场需求，直接识别、采纳该时点最新、最成熟的技术，站在较高的技术起点进行快速追赶，获取尚未被先发国家占领的市场，最终实现创新赶超，Brezis 和 Krugman（1993）[②] 将这种模式概括为后发国家的“蛙跳模型”（Leap－frogging Model）。另一种是后发国家以非连续性、非常规的飞跃式发展，跨越先发国家的既定技术轨道甚至创造、引领新的技术轨道从而接近、达到或超过先发国家创新水平（刘则渊、孙延臣，2004）[③]。

---

① 英文原名为“Curse To The Late Comer”，即“对后来者的诅咒”。该理论强调“制度”在追赶中的重要性。

② Brezis E S，Krugman P R，Tsiddon D. Leapfrogging in International Competition：A Theory of Cycles in National Technological Leadership［J］. American Economic Review，1993，83（5）：1211－1219.

③ 刘则渊，孙延臣．技术跨越概念辨析［J］．科技进步与对策，2004，21（4）：7－9.

第二节　后发追赶的中国本土实践

一、中国创新追赶的模式与阶段性特点

在科技创新方面，中国走的是一条“模仿创新为主、原始创新为辅”的创新追赶之路。袁宝华先生 1983 年 1 月提出了“以我为主、博采众长、融合提炼、自成一家”十六字方针①，该方针与中国从模仿到原创的追赶策略内涵基本一致。作为后发国家，中国通过相对简单的模仿创新即可将国外的工艺和技术快速推向市场，同时由于中国的要素成本较低，中国的产品具有明显的竞争优势。但随着技术积累，越接近全球技术前沿越需要进行自主创新。

1. I→R→C 过程分析

中国式的模仿创新主要特点在于快速跟随，从 I→R→C 追赶过程来看，创新追赶的方法有“偷新”“翻新”“买新”之说，这是中国式模仿创新的三种典型表现。

第一，“偷新”模式事实上已被中国摒弃，也与中国的当前情境不符。一是“偷新”战略已被事实证明失败，二是世界各国严惩专利侵权的背景下“偷新”战略已无立足之处。例如，2007 年中国山寨手机行业创造了“设计、开模、采购、组装、出货 = 45 天”和 1700 万部年出货量的奇迹，但由于技术空心化问题，山寨手机产业终究是昙花一现并很快失去市场。而只有持续坚持“技术引进 + 自主研发”的华为、小米等品牌手机才取得了持续的市场份额和较大的成功。

第二，“翻新”式模仿本质上是一种改善型创新，是从复制性模仿走向创造性模仿的过程，通常的形式是对国外的先进产品在外观、功能、工艺层面进行翻新、改进，比如在消费电子领域的外观、功能改进，针对特定区域市场的供需结构、人文环境制造出创新的产品。如中国人在全球率先发明了“双卡双待”型手机，又如中国依托“西电东送”等大型输电工程建成了电压和载荷容量全球第一的特高压输电网，再如中国人在大量的基础设施建设中试验出了柔韧度极好、便于运输的耐用混凝土层（俗称水泥

① 潘承烈．自成一家　走向世界［J］．现代企业，2003（3）：1.

毯）等。“翻新”式模仿经历技术引进、持续学习并进行“微创新”（如局部创新）后竞争力可大幅提高。进入21世纪以后，中国的企业家瞄准了中国三四线城市以及东南亚和非洲等市场，根据中低端用户的经济承受能力设计开发了性价比高的创新型产品，如小米的系列产品依靠其优越的性能和友好的价格在中国三四线城市以及印度等海外市场有着广泛的产品美誉度，又如传音手机因其针对黑人的创新功能设计（传音手机解决了自拍时黑色皮肤的曝光问题以及跨运营商“四卡四待”问题）而在非洲广受欢迎。

第三，“买新”式创新，这里说的“买新”不是指简单的技术买入，而是一种通过引进先发国家的创新产品进行拆解、破译、迭代并改造、完善、升级的渐进性创新追赶策略。其中有两种典型形式，一是进口西方国家的成套设备或直接引进各国的领先技术。在20世纪80年代，中国从法国、日本、美国、德国等国直接购买了超过1000亿元的工业设备，缩短了与发达国家在农业、纺织、电力等领域的技术差距。二是“市场换技术”的导向下引进外商直接投资（FDI）而后“干中学”。中国有着巨大的市场规模、较低的人力成本、非常优惠的外资引入政策，对于外资在中国的投资有着巨大的吸引力，在这个过程中，中国人在通信电子、家用电器、日化用品、纺织工业等领域通过“干中学”实现了快速的技术积累、成为“世界工厂”。1986年合肥洗衣机厂（即合肥荣事达）购置日本三洋双桶洗衣机的先进技术和关键设备，随后模仿创新出具有自主知识产权、具备国际竞争力的XQB38－92型微电脑全自动洗衣机①。这种模仿创新的后发优势在中国加入WTO之后愈发明显，中国对外出口的产品从低技术门类扩大到了高技术领域，2018年中国的高新技术产品出口累计总额已经高达7468.66亿美元②。但是，需要特别注意的是，在燃油轿车等行业“市场换技术”的策略往往是失败的，实践证明，复杂系统产品的核心技术是无法靠市场换来的。

2. C→O过程分析

中国科技创新C→O的过程面临几种路径选择：

路径1：原有技术轨道上实现“跟随→原创”的突破。这种突破需要突破两大瓶颈才能越过“模仿陷阱”：一是先发国家的技术封锁（直接导致后发国家在专利和技术轨道上的路径依赖）和贸易摩擦，实际上，近年来中

---

① 年志远．中小企业技术创新的模式选择——模仿创新［J］．科学管理研究，2004，22（6）．

② 资料来源：国家发展改革委官网，http：//www.ndrc.gov.cn/fzgggz/gjscys/fzdt/201901/t20190117_925781.html。

美贸易摩擦不断升级，2018 年，美国挑起对华贸易战并对中兴通讯等企业实施了“芯片禁令”，目标之一是想通过打击中国以“中国制造 2025”计划为代表的高新技术产业，从根本上遏制中国的产业结构往附加值高的方向转型发展；二是先发企业的市场控制（后发国家在品牌、规模、渠道等方面处于劣势）。

路径 2：原有技术轨道上实现跳跃式创新追赶。后发国家仍然坚持与先发国家同样的技术轨道，但是跳过某些特定阶段。尤其是当原有技术轨道本身面临技术路线的升级换代时，后发国家无须投入更多人力、物力、财力在已经废除的技术环节，就可以与先发国家几乎在同一起跑线上开展竞争。例如，互联网时代的世界呈现出明显的扁平化趋势，后发国家可以打破传统渠道的壁垒。当前，移动互联网的历史机遇让中国诞生了以腾讯、阿里巴巴、百度等为代表的即时通信、第三方移动支付、搜索引擎企业，依托在移动互联网领域的创新追赶经验，可以预见，中国未来在物联网、大数据、人工智能、云计算等领域也会诞生实现创新赶超的世界级企业。

路径 3：创造新的技术轨道实现创新追赶。由于面临先发国家的“技术轨道锁定”而无法突破核心技术和渠道瓶颈，后发国家往往容易陷入“模仿陷阱”（Imitation Trap）。这时，后发国家可以在先行者初始路径的基础上创造一条新的技术轨道，进而缩小差距甚至后来居上。以互联网根服务器为例，根域名服务器是主要用来管理互联网的主目录的服务器，是构建互联网必需的基础设施，在 IPv4 时代，互联网的控制权被美国牢牢掌控，美国拥有唯一一台主根服务器和 9 台辅根服务器，其他 2 台辅根服务器位于欧洲，1 台辅根服务器位于日本，中国多次申请布局辅根服务器均遭拒绝。由于根服务器不掌握在自己手中，中国的信息安全面临严重威胁。中国抓住 IPv4 资源即将枯竭、互联网更新换代的关键机遇，积极参与下一代网络服务协议的建设，中国下一代互联网国家工程中心牵头发起了“雪人计划”，率先在全球 16 个国家部署了 25 台 IPv6 根服务器，中国占有其中 4 台（1 台主根服务器和 3 台辅根服务器），打破了美国在互联网方面的霸权地位，实现了中国互联网络的自主可控。

二、中国提升自主原始创新能力的紧迫性分析

从历史上后发国家追赶进程的长周期视角看，中国对世界创新前沿国

家的追赶进程进入了“从速度型向质量型转变的新阶段”（余斌、吴振宇，2014）[①]。中国通过多年的技术学习和积累，在深海探测、第三代核电技术、移动互联网、5G通信、人工智能、大数据、云计算等新兴领域具备了一定的原始创新能力，与发达国家相比已经取得一定的竞争优势，实现了并跑甚至领跑。但是，不可忽视的是，大量的产业门类原始创新能力不足，并且陷入了“模仿陷阱”。

1. 关键领域未能实现自主可控

当前，人类科技日新月异，技术体系异常复杂，以美国为首的发达国家签署的《瓦森纳协定》在通用芯片、航空发动机、核心电子器件、毫米波雷达等关键领域针对中国进行了严密的技术封锁。事实上，新经济时代的产品都在向智能化的方向演变，多数产品都离不开“芯片”[②]的支撑。目前，美国的高通、博通、AMD和英特尔等公司均为所在行业的芯片领导者，而中国每年进口芯片总额超过了2000亿美元。芯片产业是包含原材料提纯、晶圆制作、芯片切片、蚀刻、封装、检测等一系列上中下游企业的复杂系统，中国由于在5nm、7nm制程的高端芯片的光刻机技术积累严重不足，由“缺芯”导致的“卡脖子”问题时有发生，2018年4月美国宣布的中兴通讯出口禁令直接将中兴通讯推到手机生产停滞、濒临破产的边缘。中兴事件再次证明以芯片为代表的关键领域的原始创新关乎国家经济安全，这些关键技术的创新攻关是中国参与国际竞争的必由之路，建立一张核心技术突破的路线图、构建一个自主可控的创新系统是当务之急。

2. 产业发展陷入“模仿陷阱”

改革开放40多年来，中国构建了完备的产业体系，成为世界产业格局中举足轻重的一员。但是中国产业“大而不强”的特征十分明显，在新能源、生物医药、光电子等诸多产业领域中国陷入了“低端陷阱”，在关键技术、核心部件方面与发达国家仍有较大差距。从中国在产业价值链分工来看，1978年以来，从服装、鞋帽到钢铁、水泥到电视、手机，中国凭借人力、土地等要素的比较优势成为“世界工厂”。然而，制造大国并不等于制造强国，中国在世界制造业分工中主要处于制造加工装配等价值链“微笑曲线”的低端环节。如图3－4所示，对比全球主要国家出口份额与附加值占比发现，从纵轴看，中国出口产品份额全球第一，但是从横轴“出口产

---

① 余斌，吴振宇．中国经济新常态与宏观调控政策取向［J］．改革，2014（11）：17－25.

② 此处所说的“芯片”是半导体元件产品的统称。

品附加值占比”来看，中国出口产品的附加值占比远低于美国、日本、英国、法国、德国。

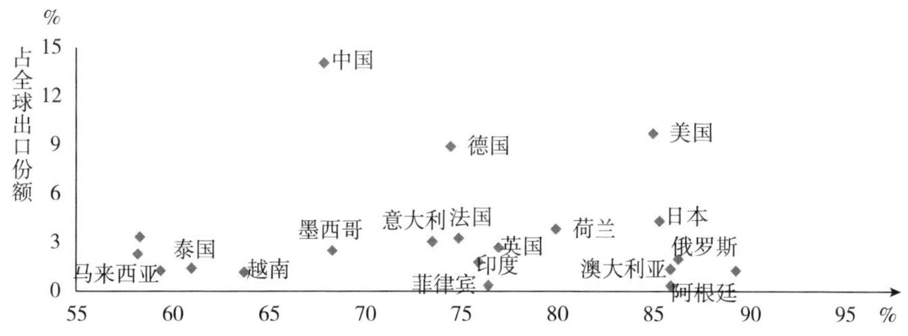

图 3－4　全球主要国家出口份额与附加值占比示意图

（资料来源：WIND）

总的来看，模仿创新使得中国在短时间内将后发优势充分释放，但也在一定程度上导致中国陷入了“引进→落后→再引进→再落后”的消极循环中，在较长时间内一直都是创新跟随者的角色。在中国，“从 1 到 1.5”的改善型创新随处可见，但是“从 0 到 0.5”的原始创新却乏善可陈，基础科学中的重大方法、原理以及影响人类产业发展进程的重大技术突破鲜有来自中国的。经过了 40 多年的改革开放，中国面临的产业升级形势依旧严峻，尤其当生产要素不再具有成本上的比较优势时，只有通过扎实的原始创新，才能转换经济增长方式、挖掘经济增长新动能。

3. 无法掌控产品的国际定价权

由于原始创新能力的不足，中国在一些战略性产业领域无法掌握产品的国际定价权。国际定价权是一个国家、组织或企业在国际市场商品价格形成中左右或者影响该商品价格的能力，是一个国家某个产业综合实力尤其是创新能力的重要表征，一个开放经济体是否拥有其产品在国际市场上的国际定价权直接关系其自身的切身利益。

以稀土产业为例，稀土是一种不可再生的重要资源，被美国、西欧、日本、中国等国家和地区列为发展高新技术产业的关键元素和国家的战略元素，被称为不可或缺的“工业维生素”，作为高科技的重要基础资源，稀土在国家安全和战略中作用显著，直接影响中国工业体系的健康、持续和稳定发展。近年来，世界各国均加紧部署战略性新兴产业，其中新能源产业、高端制造业、新型电子信息产业的发展都离不开稀土资源。根据 1998 年美国矿务部的统计，中国的稀土资源占全球稀土资源的 83%，作为稀土这一战略性资源的主要供给者和需求者，中国却在较长时间内无法掌控稀土的国际定价权。从产业链来看，稀土产业链的上游和下游之间存在着大量信息、物质、服务及资金方面的供求关系，从上至下是一个价值递增的过程，现阶段稀土业的利润集中在其产业链的后端，要掌握国际定价权，需具备较强的产业链后端应用研究能力。由于包头号称世界“稀土之都”，这里以包头稀土产业链为例进行分析（如图3－5所示），从稀土采矿和选矿→稀土提取分离深加工→稀土新材料（或应用产品）→元件和器件→终端产品，其中一个重要特点是产品附加值沿产业链呈裂变式增长，例如，在“稀土精矿→碳酸稀土→氧化钕→金属钕→钕铁硼永磁体”这条产业链中，其附加值的比例为1：2：17：28：52。而中国稀土产业大部分企业属于生产导向性，缺乏自主创新能力，导致中国以低廉的价格将初级产品卖到国外，又以高价买回高端产品①。

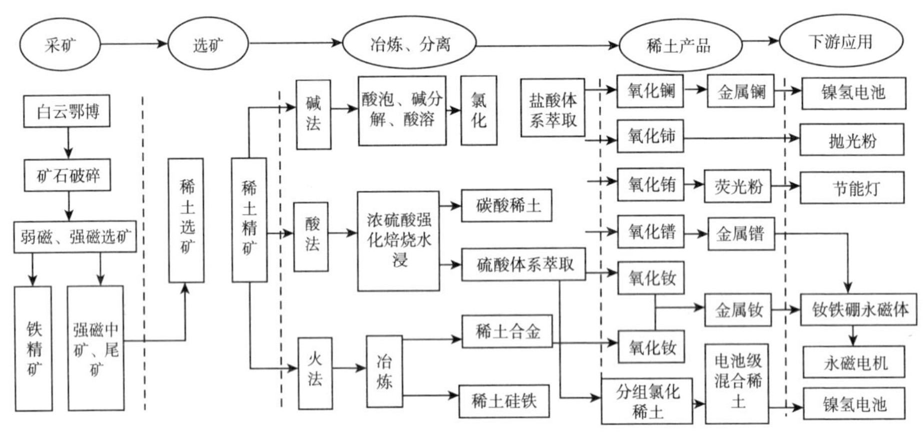

图3－5　包头稀土产业链示意图

（资料来源：周代数、李小芬、王胜光（2011））

供需占比高却缺乏定价权的“稀土悖论”再次警示了原始创新的重要性，除了稀土之外，目前在锂电池、工程机械、光伏材料等产业领域中国难以掌控产品定价权也在很大程度上源于原始创新能力的不足。

4. 对外技术依存度过高不利于创新型国家建设

放眼全球，鲜有由中国创造并影响人类科学技术发展进程的关键技术，

---

① 周代数，李小芬，王胜光．国际定价权视角下的中国稀土产业发展研究［J］．工业技术经济，2011，30（2）：73－77.

迄今为止，核心技术严重依赖引进模仿的问题没有得到根本解决。对外技术依存度是显示一国经济自主性、自主创新能力的另一关键指标。按照国际标准，对外技术依存度 $A = F_t / (F_t + F_{R\&D})$，其中 F_t 为技术引进经费，$F_{R\&D}$ 为 R&D 经费支出，由此可计算出中国的对外技术依存度。如图 3－6、图 3－7 所示，中国的技术引进费从 2000 年的 95.07 亿元快速增加到 2016 年的 1779.52 亿元（上涨了 17 倍）。2008 年之前，中国经济高速增长导致技术引进的需求剧增，所以 2000—2008 年中国的对外技术依存度持续不断地上升。2008 年 6 月国家主席胡锦涛提出要走中国特色自主创新道路、大力培养创新型人才队伍、加强政府科技投入，2008 年以后中国的对外技术依存度逐步下降，但是截至 2016 年中国的对外技术依存度依然高达 44%，显示出中国的经济自主性、自主创新能力依然与发达国家有着较大的差距。

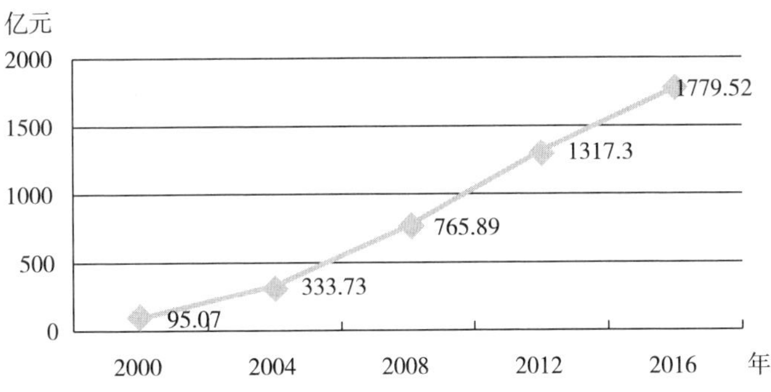

图 3－6　2000—2016 年中国的技术引进费用

（资料来源：《中国科技统计年鉴（2017）》）

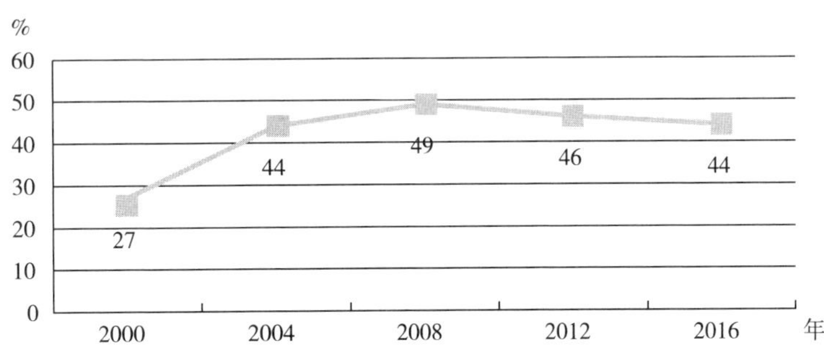

图 3－7　2000—2016 年中国的对外技术依存度

（资料来源：《中国科技统计年鉴（2017）》）

从《国家中长期科学和技术发展规划纲要（2006—2020 年）》来看，

纲要明确提出到2020年中国要“进入创新型国家行列”①，全世界对于“创新型国家”的公认标准包括科技进步贡献率>70%、R&D/GDP>2%、国家对外技术依存度<30%、建成了高创新产出的国家创新系统等。对照这些基本指标发现中国对外技术依存度过高，离建设创新型国家、构建国家创新系统的目标依旧有较远距离。

5. 新一轮科技革命的竞争倒逼原始创新

科技革命是指科学技术层面的全面的根本性变革。如图3-8所示，科技革命引致产业结构的变迁和新产业、新经济部门的兴起，并最终引致社会结构和生产关系的变化。纵观世界发展史，新兴国家与守成国家的竞争和更迭与新兴国家在科技革命和产业革命的浪潮中的科技创新突破息息相关。

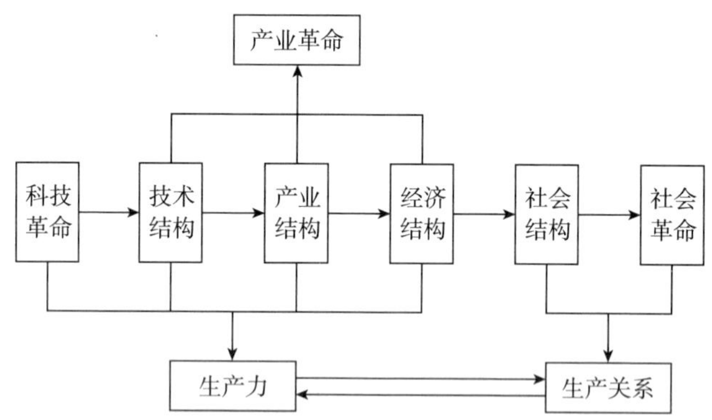

图3-8 科技革命推动产业结构和社会结构的变革

迄今为止，人类历史上经历了五次科技革命和三次大的产业革命（如表3-1所示）。18世纪60年代发生了第一次产业革命，随着蒸汽机的发明和大规模使用，人类从农业社会逐步过渡到工业社会，“蒸汽时代”来临；19世纪中后期，发电机、内燃机的发明拉开了“电气时代”的序幕；20世纪下半期，计算机的发明与信息技术的广泛应用开启了“信息时代”。纵观人类的科学技术史，近代世界经济政治中心的变迁史也是全球科技创新中心的更迭史，历史上抢占科技革命制高点的国家都成了全球经济中心（如第一次产业革命中的英国，第二次产业革命中的德国和美国，第三次科技

① 国家中长期科学和技术发展规划纲要（2006—2020年）[J]. 中华人民共和国国务院公报，2006（9）：1-5.

革命中的美国)。克劳斯·施瓦布 (2016)[①] 认为当前“第四次产业革命”正以前所未有的态势席卷而来，它融合了数字技术、物理技术、生物技术等，并且具有发展速度快、范围广、程度深的特点。“第四次产业革命”源于以人工智能技术、量子技术与现代生物技术为代表的第六次科技革命浪潮，谁能抓住新一轮科技革命的创新机遇，谁就有可能成为下一个超级大国。这场竞赛的核心是生物基因、机器人、量子通信、智能识别等新经济、新产业领域的科技创新水平，全球主要大国都已经加入这场科技革命的竞赛中，这也倒逼着中国强化相关领域的原始创新能力。

表 3-1　近代的科技革命与产业革命

科技革命	发生的时间	标志事情	产业革命
第一次科技革命	17 世纪	牛顿力学与天体物理的发展	
第二次科技革命	18 世纪 60 年代	蒸汽机的发明和使用	第一次产业革命
第三次科技革命	19 世纪中后期	电力技术的广泛使用	第二次产业革命
第四次科技革命	20 世纪上半期	爱因斯坦的相对论、薛定谔的量子理论的发现	
第五次科技革命	20 世纪下半期	计算机的发明与信息技术的广泛应用	第三次产业革命
第六次科技革命	21 世纪上半期	人工智能技术、量子技术与现代生物科技的广泛使用	“第四次产业革命”

资料来源：笔者根据 Perez Carlota《技术革命与金融资本》相关资料整理。

总之，立足中国当前的特定情境，从跟随式模仿向自主性原创转变是创新追赶的必由之路。习近平同志提出“过去三十多年，我国发展主要靠引进上次工业革命的成果，基本上是利用国外技术，早期是二手技术，后期是同步技术。如果现在仍利用这种思路，不仅差距会越拉越大，还将被长期锁定在产业分工格局的低端”[②]。当然，这种从模仿到原创的追赶应当分类突破、分区域突破，下文将进行详细论述。

① 克劳斯·施瓦布．第四次工业革命转型的力量［M］．北京：中信出版社，2016.

② 中共中央文献研究室．习近平关于科技创新论述摘编［M］．北京：中共中央文献出版社，2016：35.

第三节　后发国家创新追赶的战略对比及财政支持作用

一、后发国家模仿创新与原始创新的战略对比

如表3－2所示，进行原始创新一般应基于产学研体系完善、研究开发经费充足、研发人才集聚、研发环境领先等几个前提条件，一般来说，原始创新承担着技术测试、市场开拓的风险、成本高、失败风险高（但一旦成功利润巨大），而模仿者可以在原创者的基础上进行广泛集成、重点突破、有的放矢，减少试错成本、提高创新效率。从创新的层次上说，模仿创新是在引进、吸收的基础上二次创新，风险较低，一般针对先进的适用性技术；而原始创新是“率先创新”、首次创新，瞄准前沿技术开展研究开发，创新的不确定性更高。

表3－2　模仿创新、原始创新的战略对比

创新策略	模仿创新 （I→R→C过程）	原始创新 （C→O过程）
前提	产学研体系相对完善； 企业是创新主体； 有广阔的国内市场空间	产学研体系完善； 研究开发经费充足； 研发人才集聚； 研发环境领先
成本	成本较高，但比原创者低，利润较大，有专利诉讼隐忧	成本高，失败风险高，但一旦成功利润巨大
创新层次	二次创新	首次创新
创新难度	较小	大
风险	较低	高
投入	较低	高
技术转让	被动	主动
途径	学习模仿，消化吸收	研发，内在突破
综合效益	较高	高
技术选择	先进适用技术	新兴前沿技术

二、后发国家创新追赶的财税支持政策

1. 模仿创新阶段（I→R→C）的财税支持政策

在技术引进到复制性模仿（I→R）阶段，后发国家的创新能力较弱，产业发展前景不清晰，后发国家进行技术引进、探索、试验、分解、模拟等环节的创新活动的结果不确定性较大，市场培育也处于起步期，新产品在本国市场的接纳度尚不明确，市场容量处于测试期。I→R 阶段的后发国家新兴产业往往具有“幼稚产业”的特征，对于一个技术进步具有外部性的幼稚产业，无政府干预的情况下自发发展的难度较大。“只有政府通过税收或补贴幼稚产业才可能发展起来并达到最优路径”（王弟海、龚六堂，2006）[①]。具体来说，一方面，为了提升企业的模仿创新效率，后发国家可鼓励企业购置先发国家的设备然后进行模仿，在这个过程中对企业采买技术设备予以税收优惠（通常是税额减免以及加速折旧手段），这种税收政策有利于企业加速技术设备的更新换代，进而有利于后发企业进行引进消化和模仿创新。另一方面，处于 I→R 阶段的企业很难获得银行信贷的支持，这一阶段行之有效的手段是财政补贴，尤其是针对研究开发和技术改造的补贴非常有必要。

在复制性模仿到创造性模仿（R→C）阶段，后发国家的企业不再是简单的仿制，而是在模仿的基础上进行消化吸收、技术攻关和“微创新”“局部创新”或者“二次创新”。以新加坡为例，新加坡经历了转口贸易→劳动密集型出口工业→技术密集知识型产业的转型发展过程，20 世纪 70 年代新加坡财政部推行个人储蓄中央公积金来逐步完成资本积累并吸引外商投资，同时，为了推动国内企业在技术引进的同时进行改善型创新，新加坡除了从美国、欧洲等地引进了大量的技术人才和专家学者，新加坡财政还安排专门资金与美国、德国的行业领先企业开展合作研发，为新加坡在船舶、电子、通信、自动化器材等产业的异军突起打下了坚实的基础。此外，新加坡独特的“淡马锡模式”尤其值得学习和借鉴。淡马锡公司成立于 1974 年，由新加坡财政部 100% 控股，作为新加坡最大的公司，淡马锡建立了“信贷工厂”为中小企业提供融资，并为科技型公司提供源源不断的股权融资和债权融资支持。在税收政策方面，新加坡因其取消了资本利得税和遗

① 王弟海，龚六堂．幼稚产业的发展路径及其政府政策的分析［J］．数量经济技术经济研究，2006，23（3）：24－36.

产税、不超过20%的个人所得税、不超过17%的企业所得税而成为全球高端人才的聚集地。总之，财税政策介入的目标主要是对“市场失灵”进行纠偏，采用的主要财政手段是一般预算直接投入、财政性金融支持、税收减免支持等。R→C阶段是后发国家进行创新追赶的关键时期，一方面，财政科技预算投入应主要转向针对关键技术研发、重大创新难点、重大应用示范工程的支持。另一方面，应加大对技术密集型产业的政策性金融支持，包含财政的引导性支持和社会资本的合力支持，形式应包括设立专项基金、提供财政担保、实施政策性银行优惠贷款等。

但是，需要注意的是，当一国处于跟随模仿阶段时，财税政策能起到引导企业进行模仿创新的激励作用，但是同时也可能固化企业的技术学习轨道并陷入“模仿陷阱”。所以针对陷入“模仿陷阱”的产业，则可以通过对原创者进行税收优惠减免或者直接的财政补贴，进而引导企业逐步选择自主原创，并保障企业选择自主性原始创新所获得的利润。此外，政府还可以进行资本价格管制或者通过财政担保等手段来引导企业选择自主性原始创新为主的研发策略，逐步实现创新赶超。

2. 原始创新阶段（C→O）的财税支持政策

在后发国家进入C→O这一创新追赶阶段时，前期的试错已经完成，企业具备了一定的创新基础，C→O是从模仿到原创的关键一跃。一般来说，第一，政府应实行“首购”政策，优先采购本土产品，获得政府采购对于创新型企业来说相当于向外界传递了一个较为明确的信号，财政的干预可以使创新主体产生某种“光环效应”（Feldman、Kelley，2006）[①]，进而有利于引导社会资源向创新企业集聚。第二，加大财政科技拨款，加大基础研究领域的R&D补助，支持新知识、新原理、新方法的原创性研发，设立科技计划专项基金，对重大的原创性创新产出进行财政奖励、补贴。第三，财政出资设立风险投资基金支持取得关键技术突破的创新型企业，这种支持方式可以弥补技术密集型企业的权益资本不足问题，同时降低企业的资产负债率，有利于企业通过银行、信托、融资租赁等其他方式进行间接融资。在财政资金支持导向上，应重点支持企业在薄弱环节加强研发，实现关键技术从模仿到原创的飞跃。

---

① Feldman M P, Kelley M R. The Ex Ante Assessment of Knowledge Spillovers: Government R&D Policy, Economic Incentives and Private Firm Behavior [J]. Research Policy, 2006, 35 (10): 1509-1521.

总的来说，后发国家不同的创新追赶阶段面临不同的政策需求，需要财税政策的介入。如表3－3所示，概括来说，在模仿创新阶段，主要应通过财政担保等手段解决企业融资问题，通过所得税、流转税优惠鼓励企业翻新后实现自主创新；在原始创新阶段，应加大财政拨款，加大基础研究补贴强度，设立科技计划专项基金，对重大的原创性创新产出进行财政奖励，政府风险投资的引导性扶持以及创新产品面世后实行“首购”政策均很有必要。

表3－3　不同创新追赶模式中的财政支持方式

创新策略	模仿创新 （主要是I→R→C过程）	原始创新 （主要是C→O过程）
财政的作用	通过财政担保等手段解决企业融资问题； 通过所得税、流转税优惠鼓励企业翻新后实现自主创新	通过财政拨款加大基础研究，设立科技计划专项基金； 对重大的原创性创新产出进行财政奖励、补贴； 政府风险投资扶持； 科技成果转化后实行“首购”政策

第四节　产业视角下的案例分析：三种创新追赶战略

一、跳跃式追赶案例：高铁

高铁行业是跳跃式追赶的典型产业，在高铁行业的技术引进和研发、建设、发展过程中，财税政策起到了重要的支持作用。高速铁路的先发国家主要是日本（1964年开通新干线）、法国（1981年开通TGV东南线）、德国（1991年开通ICE）、西班牙（1992年开通AVE）等。中国改革开放以后，经济社会高速发展与铁路客运水平严重滞后的矛盾越发突出，但是直到2003年铁道部才第一次提出高铁发展计划，此后中国高铁进入飞速发展阶段，快速崛起为全球头号高铁大国并获得多个项目的“世界之最”。从20世纪90年代自主研发高速铁路技术到2017年6月26日“复兴号”在京沪高铁双向首发，中国用了30年时间实现了高速铁路技术的跨越式发展。高速铁路是中国从技术引进、集成到成功实现创新赶超的典型产业之一，实现了从对日本、法国、德国、西班牙、意大利、加拿大等先发国家的追赶到关键技术的创新和超越。

1. 引进与起步期（I→R）：1978—1996 年

中国铁路客运均速和人均铁路乘车率曾长期处于全球落后阵营，1978 年邓小平同志坐在日本新干线时曾感慨高铁的快捷和便利，此后中国铁路自 1981 年开始进行了较大规模的技术引进，例如，长春客车厂（现长春轨道客车股份有限公司）从英国、韩国、加拿大等国大量引进列车技术①，但在中国当时的装备制造业条件约束下，引进的列车技术未能及时消化、掌握，200km/h 动车组技术未能成功交付。但通过 20 世纪 80 年代技术引进期的技术学习，中国以南车青岛四方公司为代表的企业在这个过程中积累了大量的 R&D 人员、高级技术工人和铁路信号、驱动方面的经验，为此后的高速铁路发展奠定了良好的基础。

2. 发展期（R→C）：1996—2007 年

“九五”（1996—2000 年）期间中国启动了一些关于高速铁路的国家重点科技攻关项目，在引进国外高铁技术的基础上进行消化、吸收和创造性模仿，取得了关于列车牵引、制动的突破性研究成果。在此基础上，中国研制出“蓝箭”号高速动车组②。2000 年初，铁道部启动了 270km/h 的高速列车高新技术发展计划。2002 年 11 月研发出的“中华之星”（Star of China）取得了 321.5km/h 的试验最高速度，但是由于相关技术不够成熟，设备要求低于国外高速铁路标准，列车工艺水平有待提高，项目最终下马，“中华之星”成为历史上的中国高铁“流星”③。“中华之星”从模仿到原创的尝试虽然宣告失败，但“中华之星”项目培养和储备了大量的高精尖人才，也带动了一大批中国国内的机车厂商参与高铁的技术研发，这一阶段总计五次的中国铁路“大提速”也为后续的高铁研发试验积累了宝贵经验。起步期的中国高铁在模仿过程中不断提升技术创新能力，实现了 160km/h 列车技术的完全自主可控，这种“创造性模仿”（Creative Imitation）对于后期的高铁发展起到了关键作用。

2003 年铁道部在集中整合加拿大庞巴迪、日本川崎重工、法国阿尔斯通、德国西门子的高速铁路技术的基础上，在机组总承、信号、驱动、精

---

① 林坤，浩然，朱敏．“和谐号”诞生记［J］．新经济导刊，2011（3）：37－41.

② 肖朝晖，俞芳．高速电动列车向我们驶来——中国工程院院士刘友梅答本刊记者问［J］．大众用电，2001（5）：4－5.

③ 王强．“中华之星”缘何成了流星？［J］．商务周刊，2006（5）：30－35.

准控制等核心环节开展了“攻坚克难”式的大规模研究开发。2004 年 1 月国务院批准了《中长期铁路网规划》，确立了“到 2020 年全国铁路营业里程达到 10 万公里、主要繁忙干线实现客货分线、复线率和电化率均达到 50%、主要技术装备达到或接近国际先进水平”的发展目标①，并提出了“引进先进技术、联合设计生产、打造中国品牌”② 的总体方针。

3. 成熟期（C→O）：2007 年以后

依托此前的技术积累和人才储备，中国高铁的产学研合作平台紧密协作，2007 年 200km/h 的“和谐号”动车组开始规模化落地运营，掌握了高速动车组的关键技术并进行了国产化。2008 年国家级高速铁路自主创新平台宣告成立，同年 8 月达到全球领先水平，中国自主研发的京津城际高速铁路正式投入运营，中国高铁进入了“自主可控”的新阶段，完成了从创造性模仿到自主性原创的跃迁，尤其是 2010 年中国北车下线了第一辆自主研发的 380km/h 的 CRH380A 高速列车，在头型流线设计、高精度气密性等方面实现了原创和技术赶超，是当时全球“运营速度最快、品质最优、功能最全、安全可靠性更高的产品”③。

这一阶段，中国高速铁路在创造性模仿的基础上进行了二次创新，实现了较为全面的技术突破，建成了全球最高水平的国产化“CRH”高速铁路技术平台，在高速铁路基础设施建设、动车组智能装备、运管服务几个领域的成套水平达到了全球领先水平。在此基础上经过不断的自主创新，在 2017 年又研发出了拥有完全自主知识产权的“复兴号”高速列车。

如图 3 -9 所示，中国高速铁路运营里程快速发展，2008 年中国高速铁路运营里程仅为 671.5 千米，2018 年运营中的中国高速铁路达到 29000 千米，是全球其他国家高速铁路里程总数的两倍④。当前，中国高铁“四纵四横”的格局基本形成，可靠性和运载效率全球领先。中国的高铁技术已经向俄罗斯、印度尼西亚等多国出口，与欧美日高铁企业开展全球订单竞争，创造了从模仿到并行再到超越的“高铁模式”。

---

① 国家发展和改革委员会交通运输司．国家《中长期铁路网规划》内容简介［J］．铁道知识，2005，5（4）：18 -21．

② 刁吉海，彭成．“中华第一速”从这里起步——访中国北车集团公司总经理崔殿国、党委书记王立刚［J］．企业文明，2009（9）：30 -32．

③ 新一代高速动车组 CRH380A 率先亮相［J］．高速铁路技术，2010（4）：29．

④ 解艳华．大国重器如何靓起来·中国高铁驶向“复兴”［N］．人民政协报，2019 -03 -04．

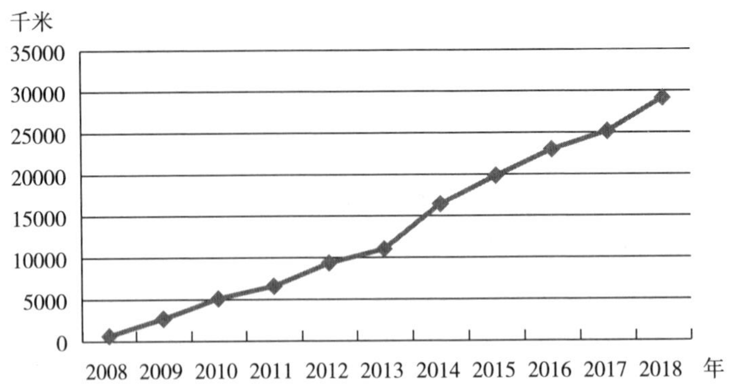

图 3－9　2008—2018 年中国高铁营运里程

（资料来源：WIND）

4. 财政支持高铁产业创新追赶的经验总结

纵观财政支持中国高铁产业创新追赶的历程，总结经验如下：

第一，在模仿创新向原始创新攻关的关键阶段，财政投入极大地支持了高铁技术研发。高速铁路是公益属性较强的交通基础设施，具有极强的正外部性。作为典型的技术和资本密集型产业，各国的高铁发展都离不开政府的巨额投入，而高铁的技术研发阶段尤其需要财政科技投入的支持。在 I→R 创新追赶初期，政府资助相关院校进行技术研发，推进企业、研究机构进行产学研合作，构建各创新主体协同合作的桥梁。企业在进行项目技术攻关的同时也实现了技术能力的提升和人才队伍的建设。在 R→C 技术引进和技术吸收的过程中，政府资金承担了前期巨额的技术引进费用、设备投资费用和技术改造费用。在 C→O 自主创新阶段，鼓励中国铁道科学研究院、北京交通大学、同济大学、中南大学等高校和院所组成产学研合作联盟，政府投入大量的财政 R&D 资金资助了关键技术的研发和技术研究，在技术集成的基础上进行创新研发，最终实现了高铁产业的“弯道超车”。政府助推高铁产业创新赶超的框架如图 3－10 所示。

第二，探索了一条“中央财政投资、省区市三级筹资、共同分担”的高铁融资模式。在高速铁路建设方面，2008—2011 年，财政安排的资本金投入达到了高铁建设资金的 50%～70%（葛晓姣，2013）[①]；2012 年以后，财政部与中国铁路总公司探索了一条“中央财政投资、省区市三级筹资”

① 葛晓姣．高速铁路财政投入问题研究［D］．南昌：华东交通大学，2013.

的高铁融资模式，以广西、云南等省为例，干线高铁以及城际高铁由省级财政负担 60%、市级财政负担 40%，支线高铁由省级财政负担 30%、市级财政负担 70%，总体上遵循“谁受益、谁负担”的原则。

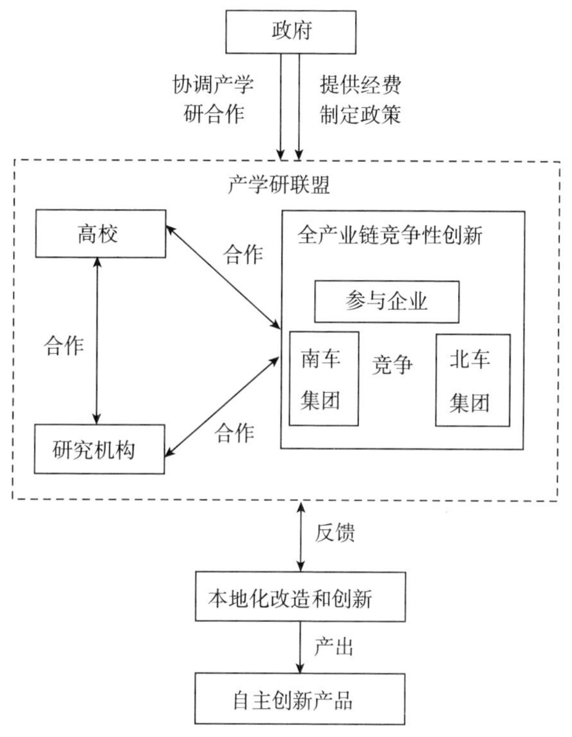

图 3－10　政府助推高铁产业创新赶超的框架

第三，财政政策与金融政策联动支持高铁产业发展。财政部要求各地用好地方政府置换债券，有高铁建设需求的地方在发行地方债时预留高铁建设专项资金。此外，中国铁路总公司正积极尝试将盈利能力较好的高铁线路进行上市融资，目前京沪高速铁路股份有限公司已正式启动 A 股上市工作。

第四，财政政策与产业政策协调配合，全方位政策引导。原铁道部根据国内外形势适时作出了引进国外技术进行再创新的产业政策规划，将国内主要机车企业和各地铁路局联合起来，实行统一谈判统一招标，有选择性地引进最先进技术并要求国外企业以合理的价格转让全部核心技术，既避免了分散谈判的恶性竞争又确保引进了核心技术，招标成功后，制定了以竞争促进创新的政策措施：参与高铁项目的企业主要隶属于南车、北车两大集团之一，在完成了技术消化和生产出自主创新的产品以后才能获取新的订单，获得经认定的自主知识产权后可获得相当于研发投入70%左右的财政补贴。这一政策充分发挥了政府引导作用、提高了企业创新意识，使中国高铁企业能够在短期内实现技术跃迁。

二、创造式追赶案例：电信设备

中国的电信设备行业是创造式追赶的典型代表，华为等企业已逼近全球前沿，2016年5月30日华为创始人任正非在全国科技创新大会上做了题为《以创新为核心竞争力、为祖国百年科技振兴而奋斗》的汇报，其中形容华为公司正处于“攻入无人区，无人领航，无既定规则，无人跟随”的情境。中国电信设备产业经过多年的发展，与国际巨头相比经历了起步、追随、同步和局部领先等各个阶段，已经成为国际影响力较大、创新能力较强的产业，财政支持在这个行业的追赶进程中起到过非常重要的作用。

1. 技术引进与模仿期（I→R）：1978—1995年

中国电信设备产业起步较晚。从1956年北京长途电话局研发通信载波设备到上海吴淞局开通中国首台千门自动电话交换机（蔡丽玲，2007）[①]，再到1975年启动纵横制电话交换机标准化工作，这一阶段是中国电信设备产业的“技术奠基期”，中国的电信设备产业在封闭环境下取得了一定的技术研发成果，为后来的技术引进和消化吸收奠定了基础，但与当时已实现大规模商用通信网应用的西方国家相比，在技术上有着巨大的差距。

改革开放以后，中国的经济活动逐步复苏，对于通信的市场需求愈发旺盛，然而当时中国未掌握程控数字通信关键技术，也没有本国开发的程控交换机。为了满足通信网络的市场需求并尽快接入国际网络，中国政府作出了在电信设备领域“市场换技术”的策略，有节奏地开放了通信市场，希望在引入西方先进通信技术和经验后逐步提升创新能力、改变落后面貌。在这一阶段，中国的电信设备企业在交换设备等领域取得了一定的技术进展，为了引进程控电话交换机等核心设备的先进技术，1984年，中国邮电工业总公司联合比利时贝尔电话设备公司合资成立了中国第一家程控交换

① 蔡丽玲．五十年风雨励志创新路再铸辉煌——访电信科学技术第一研究所所长刘东东［J］．电信快报，2007（2）：2-3.

机合资企业——上海贝尔电话设备公司（曹辉，1995）①，该公司研发出的数字程控交换设备 S1240 在较短时间内占据了国内市场 50% 以上的份额。1989 年以后国外产品批量撤离中国，上海贝尔电话公司成为程控交换机的独家供应商。1989 年 11 月洛阳电话设备厂联合解放军信息工程学院进行大型数字式程控交换机的合作研发，在对国外产品进行复制性模仿的基础上实现了大型局用交换机的改良性创新。

在 I→R 阶段，电信设备产业的创新主体主要是国有企业，其自身的 R&D 投入远少于技术引进投入，因此，虽然让出了 70% 以上的国内市场却未能掌握关键技术，生产生活中需要广泛使用的程控交换机面临来源分散、制式不统一的“七国八制”（闫同柱，1997）② 的市场格局。总的来说，I→R 阶段中国电信设备产业取得了部分关键技术的突破，但是与先发国家相比创新水平仍然不高。

2. 创新突破期（R→C）：1995—2006 年

1995 年是中国电信设备行业创新突破的转折点。1995 年 3 月，在 HJD04 机研发团队基础上，整合电子部、邮电部和相关科研院所的技术骨干后组建的中国电信设备制造业的代表性企业——巨龙通信应运而生，中国的电信设备产业进入了快速发展期和创新突破期。同年，大唐电信利用当时的先进计算机技术、超大规模集成电路技术成功研发出了 SP30 机，中兴通讯研发出了产品性能达到当时国际一流水平的 ZXJ10 程控交换机，华为研发出了 10 万门的超大容量 C&C08B 型数字程控交换机。1995 年前后的这些创新突破是中国通信企业在技术引进基础上进行创造性模仿创新的成果。此后，国产交换机开始主导交换机市场，1999 年国产程控交换机占领了 80% 的市场份额。内资企业的快速追赶打破了此前外资垄断的市场格局，为后续光传输和移动通信领域的技术追赶打下了坚实的基础。1997 年，华为公司的 GSM 数字蜂窝系统开始产业化应用。中兴通讯也进入了“码分多址 CDMA”设备厂商的第一梯队。2001 年 3 月美国 RAN 全会将中国 TD－SCDMA 标准列为与 CDMA2000 和 WCDMA 并列的国际通用 3G 标准③。这一阶

① 曹辉．移花接木终为果——上海贝尔电话设备制造有限公司副总经理畅谈“引进、吸收、消化、创新”［J］．华东科技，1995（9）：18－19.

② 闫同柱．国产程控机：从“七国八制”中突围［J］．中国质量万里行，1997（10）：14－17.

③ 中国电子报社，TD－SCDMA 产业联盟组．TD－SCDMA 产业十年发展历程［M］．北京：电子工业出版社，2008.

段，中国国产品牌的手机终端开始与海外产品竞争，到了2004年，中国国产手机出货量达到2.3亿部，占据60%的市场份额。

在这一阶段，中国电信设备制造产业已经有了一定的国际竞争力，从先发国家引进技术进行复制性模仿已经无法满足用户对产品和服务品质的要求，华为等企业在消化吸收国外技术的基础上积极开展创新攻关，在交换机、光传输以及移动终端等方向积极探索，在国内占据了较大的市场份额，但是总体上以中低端的产品和服务为主，产业的国际认可度不高。这一阶段，中国的电信设备产业从新一代程控交换机到光传输网络，开始与国外企业同步竞争，以华为、大唐电信为代表的一批科技型企业坚持“创造性模仿创新和自主创新相结合”的追赶战略，完成了“入场→起跑→追赶→并跑”的快速追赶。

3. 创新跨越期（C→O）：2007年以后

2007年华为进入了全球电信设备前五强、中兴进入了全球十强，超过五成收入来自海外，2008年华为以1737项PCT国际专利申请量夺冠[①]，2009年开始中国成为全球最大的电信设备制造基地和最大出口国。与此同时，中国电信设备产业在光通信领域也实现了新的突破，建成了完整的光通信产业体系，光分插复用系统的研发也取得重大突破，突破了美国和欧盟的技术封锁。在移动通信领域，2009年TD－SCDMA投入商用并在一年内覆盖了近5000万户3G用户[②]，这是国产通信标准的重要里程碑。2010年，国际电联WP5D工作组确认中国的TD－LTE－Advanced技术为4G国际标准，而华为、中兴持有全世界25%的LTE基础专利。到2017年，华为与全球超过50个国家和地区的运营商联合部署了4.5G商用网络，当前，中国电信设备制造企业在5G领域也提前进行了技术布局，相关技术也处于全球领先水平。在手机终端方面，华为、小米、vivo等品牌手机在国内外都占据较高的市场份额，在品牌形象上也从低端往中高端发展。

在这一阶段，中国电信设备产业实现了从模仿到原创的跨越式发展，逐步逼近世界技术前沿面，实现了“并跑→局部领先”的赶超。中国高科技电信设备企业完成了从跟随模仿到原始创新，创造了TD－SCDMA、TD－LTE等国际标准，从PCT国际专利来看，以华为为代表的中国高科技电信设备企业近年始终名列前茅。总的来说，中国电信设备产业按照“引进→

① 华为集团．数字看华为：金融危机中销售额仍大增［J］．中国新通信，2009（4）：44.

② 东进技术公司．2011年：应用突破将推动3G井喷［J］．中国电信业，2011（4）：52－53.

复制性模仿→自主研发元器件→制定原创性通信产品标准”的“跟随→创造”式追赶路径，在规模上、技术上都实现了跨越式赶超。

4. 财政支持电信设备产业创新追赶的经验总结

财政支持中国电信设备产业创造式追赶的经验，主要有以下几点。

第一，在I→R→C过程中，针对电信设备行业强有力的财政科技投入支持。电信设备产业作为资本和技术密集型产业（CTII）需要持续的研发投入。根据中国信息通信研究院的数据，2001—2006年，电信设备行业R&D经费中，来自政府支持的财政性资金占比平均值约为12.08%，显示了强有力的财政科技投入支持①。

第二，较大的税收优惠和政策采购支持推动了电信设备行业创新产品和服务的研发应用。例如，允许通信制造企业新增的机器、设备、运输工具等固定资产以及厂房建筑、实验室等分期分批抵扣增值税，鼓励通信企业进行设备升级、投入科技研发，同时，对出口的通信产品在产供销过程所缴纳的增值税进行退税，在WTO框架内将允许退免的印花税、城市维护建设税、教育附加费等间接税全部退还给电信设备企业（张旭明，2004）②。通过研发费用加计扣除和固定资产加速折旧政策，推动了电信设备产业的新技术应用。在R→C过程中，在政府采购中，国产化、创新型电信设备被列入“优先”集采序列，极大地支持了中国电信设备产业的创新发展。

第三，财政支持行业联盟的发展和行业标准的制定。21世纪初，中国政府力排众议推动自主化TD-SCDMA标准的制定，大唐、华立、华为、联想、中兴、中电、中国普天等组成了TD-SCDMA产业联盟。2003年底，国家发展改革委、科技部、信息产业部、财政部共同支持“TD产业化专项”，针对技术引进的大额专利开支问题划拨了技术转让专项费用。2008年工业和信息化部又会同财政部强化了4G重大技术的专项研发预算支持。2011年，财政部、国家发展改革委、工业和信息化部实施了促进关键核心技术突破的新型显示创新发展工程，针对华为、中兴等行业龙头骨干企业加大了研发设计的经费支持。2015年1月20日，在工业和信息化部、国家发展改革委、财政部的共同指导下，中国电信、中国移动、中国联通、华为、中兴、清华、北邮等52家机构组建了产业联盟，鼓励华为、中兴等公

① 工业和信息化部电信研究院．2012年ICT深度观察［M］．北京：人民邮电出版社，2012：18.

② 张旭明．财税政策与通信制造业发展［J］．中国信息界，2004（2S）：20-21.

司在全球设立研发机构，产业联盟取得的开放式创新成果通过“政府首购”政策予以支持，促进了产业的快速发展。

三、跟随式追赶案例：芯片

1. 芯片产业的创新追赶与当前困境

半导体元件产品一般统称为“芯片”，芯片是经济发展的先导和基石，是数字经济的支柱。芯片产业对于国家经济的发展和信息安全的重要性不言而喻。然而，多年以来芯片核心技术被牢牢掌握在美国、日本、韩国、德国等发达国家手中。近年来，中国在半导体产业链上的部分环节有所突破，整体实力仍然差距较大，中国内地每年进口芯片总价值超过 2000 亿美元。如表 3－4 所示，中国当前在计算机系统、通用电子系统、通信装备、内存设备、显示及视频系统等细分领域核心集成电路的国产芯片占有率较低，很多环节完全依赖西方发达国家。总的来看，中国的芯片产业目前仍处于 I→R→C 跟随模仿阶段，与主要芯片强国的差距依然非常巨大，尚未实现 C→O 这一关键路径的突破。

表 3－4　当前中国核心集成电路的国产芯片占有率

<table>
<tr><th>系统</th><th>设备</th><th>核心集成电路</th><th>国产芯片占有率</th></tr>
<tr><td rowspan="3">计算机系统</td><td>服务器</td><td>MPU</td><td>0</td></tr>
<tr><td>个人电脑</td><td>MPU</td><td>0</td></tr>
<tr><td>工业应用</td><td>MCU</td><td>2%</td></tr>
<tr><td rowspan="2">通用电子系统</td><td>可编程逻辑设备</td><td>FPGAEPLD</td><td>0</td></tr>
<tr><td>数字信号处理设备</td><td>DSP</td><td>0</td></tr>
<tr><td rowspan="5">通信装备</td><td rowspan="4">移动通信终端</td><td>Application Processor</td><td>18%</td></tr>
<tr><td>Communication Professor</td><td>22%</td></tr>
<tr><td>Embedded MPU</td><td>0</td></tr>
<tr><td>Embedded DSP</td><td>0</td></tr>
<tr><td>核心网络设备</td><td>NPU</td><td>15%</td></tr>
<tr><td rowspan="4">内存设备</td><td rowspan="4">半导体存储器</td><td>DRAM</td><td>0</td></tr>
<tr><td>NAND FLASH</td><td>0</td></tr>
<tr><td>NORFLASH</td><td>5%</td></tr>
<tr><td>Image Processor</td><td>5%</td></tr>
</table>

续表

系统	设备	核心集成电路	国产芯片占有率
显示及视频系统	高清电视	Display Professor	5%
		Display Driver	0

资料来源：笔者根据谢泽锋和杨旭然（2018）①、曹来发和朱正堂（2004）② 等总结整理。

半导体产业是一个高度复杂的产业，从设计、设备、材料、制造、封测等关键产业环节分析，如表 3－5 所示，中国在制造和封测等环节有一定的国际竞争力，但在设计、设备、材料等方面和国外差距依然较大，而在这些高技术、拥有高附加值的环节需要长周期、巨额投入，是花钱也买不到核心技术的领域，所以需要制定有别于高铁模式和“两弹一星”模式的创新政策，才能够实现半导体芯片行业的创新追赶。

表 3－5 半导体产业链现状

环节	现状
设计	部分应用领域有所突破（如手机芯片），关键核心领域设计不足（底层的 ARM/X86 架构专利都在欧美手中），高度依赖博通、高通、INTER 等美国企业
设备	整体的自给率偏低，中端设备有所突破，高端全部依赖进口（光刻、蚀刻等设备严重依赖美日等国）
材料	光刻胶等领域仍需较长时间突破
制造	台积电为主力代工厂商，占国际份额的 60%，全球产能扩增主要在中国内地
封测	2017 年“长电＋华天＋通富”全球整体市占率达 19%，基本实现自主可控

资料来源：笔者根据陈康民（2003）③、徐韦佳等（2018）④ 总结。

2. 财政助力芯片产业创新突围的潜在机制分析

近年来，中美贸易摩擦持续升级，中国在芯片领域的对美依赖恰好成为美国政府打击中国新兴产业领域的重要切入口。2018 年 4 月 16 日，美国政府宣布针对中兴通信执行长达 7 年的出口禁令。中兴通信主营业务包括基站、光通信和通信终端，其中基站中的射频器件、光模块以及手机的基本模组等均可基本实现自给，唯有芯片在三个领域的自给率严重不足，遭遇美国的芯片

① 谢泽锋，杨旭然．中国芯片业深度调查［J］．英才，2018，245（6）：38－39.

② 曹来发，朱正堂．中国集成电路现状［J］．甘肃科技，2004，14（4）：100－101.

③ 陈康民．国内外集成电路现状和硅材料市场［J］．集成电路应用，2003（1）：74－76.

④ 徐韦佳，施琴，田俊杰，李延标．集成电路现状及其发展趋势分析［J］．中国电子教育，2018（1）：17－21.

禁运后，中兴通讯的股票应声连续跌停，公司一度陷入生产停滞并面临破产重整。芯片技术不掌握在自己手里，类似2018年中美贸易摩擦中的“中兴事件”就会不断发生。芯片产业应如何跨越“模仿陷阱”并实现创新突围？

第一，政府引导+企业主导，建立半导体产业生态系统。回顾中国的芯片产业政策，如表3-6所示，从1953年建立北京电子管厂（京东方前身）、878厂、无线电19厂开始，芯片产业在政府主导的模式下经历了多年发展，由于国家主导下的不连贯的“挤牙膏”式投入，中国与美国、日本、韩国的技术差距不断拉大。直到进入21世纪，一大批“海归”回国建立民营芯片企业，同时期国家也启动实施了“方舟”“众志”“龙芯”等计划后，中国在芯片领域与国外的差距才有所缩小。从日韩在半导体领域的追赶历程来看，政府主要起到支持引导和培育产业生态系统的作用，产业创新的主体依然是三星东芝等商业企业。

表3-6　芯片产业的政府支持政策

时间	政府支持政策	特点
1953—1978年	1. 列入第一次、第二次五年计划，几乎与世界同步进行硅提纯和集成电路制作 2. 建立中科院半导体所 3. 建立北京电子管厂（京东方前身）、878厂、无线电19厂，研制PMOS、NMOS及CMOS	计划经济中的国家主导、专家主导、“文革”期间几乎停止了研发，与美日韩拉开距离
1978—2000年	1. 1986年实施“531战略” 2. 1986年出台“四项优惠政策” 3. 1990年实施“908工程” 4. 1993年取消“集成电路四项优惠政策”，建立“电子发展基金” 5. 1995年实施“909工程” 6. 其间引进国外生产线建立了多家国营半导体工厂	国家主导下的不连贯的“挤牙膏”式投入，与国外的差距进一步拉大
2000—2014年	1. 2000年6月，国家制定“18号文件”、振兴半导体行业的产业政策 2. 2001年9月，落实“18号文件”精神，再次发布“51号文件” 3. 2003年批准实施“国家集成电路人才培养基地”计划 4. 财政部先后分别在2008年、2012年、2018年出台针对集成电路生产企业的所得税减免政策	大批“海归”回国建立芯片企业，国家实施“方舟、众志、龙芯”等计划，与国外的差距有所缩小

续表

时间	政府支持政策	特点
2014 年至今	1. 成立国家集成产业大基金，第一期投资了 1387.2 亿元 2. 多地政府也成立了集成电路产业投资基金 3. 对符合条件的集成电路企业实施“五免四减半” 4. 多地政府出台对集成电路生产研发企业进行研发补助、用房补助、技术引进补助、业绩补助等多种措施 5. 中央政府将龙芯等国产 CPU 列入政府采购	国家和地方成立产业基金进行股权投资支持龙头企业发展，布局了沿长江、环渤海等芯片产业集群，局部领域追上世界先进水平，整体仍然落后

资料来源：笔者根据相关网络资料总结整理。

第二，放弃“市场换技术”的捷径思维，坚持自主创新。中国在高端技术方面一直受到“巴统”“瓦森纳协议”等西方国家的限制和技术封锁，在半导体产业上游关键技术方面实现自主可控才是唯一出路。回看芯片、乘用车等产业的中外合资模式，合资方式无法促进国家实现核心技术突破，国外企业合资的目的更多是进入中国市场，国外母公司对核心技术的转移和扩散严加控制，这样的合资方式对半导体行业的创新追赶没有意义，所以国家产业政策应当更多地注重引导国内企业进行自主创新，才能实现半导体产业核心技术的创新突围。

第三，要用好财政补贴、税收优惠、产业基金等财税政策工具，在财政科技投入、科技人才培养等方面强化政策支持，并做好整个产业长期布局规划，推动半导体产业持续健康发展。在产业规划方面，全国多个省市出台了集成电路产业扶持政策和产业发展规划。在财税支持方面，财政部先后于 2008 年、2012 年、2018 年出台税收政策减免集成电路生产企业所得税，对 2018 年以后投资新设企业或项目：①线宽 <130nm 且经营期在 10 年以上的，第 1 年至第 2 年免征企业所得税，第 3 年至第 5 年减半征收企业所得税；②线宽 <65nm 或投资额 >150 亿元，且经营期在 15 年以上的，第 1 年至第 5 年免征企业所得税，第 6 年至第 10 年减半征收企业所得税[①]。在中美贸易摩擦愈演愈烈的背景下，财政部和国家税务总局出台了〔2019〕68 号文，对符合条件的集成电路设计企业在 2018 年 12 月 31 日前自获利年度起计算优惠期，前 2 年免征企业所得税，第 3 年至第 5 年按照 25% 法定税率

① 王骏．鼓励软件和集成电路产业发展所得税新政解读［J］．财务与会计（理财版），2012（10）：16－18.

减半征收企业所得税至期满为止。在政府风险投资方面，2014 年国务院颁布了《国家集成电路产业发展推进纲要》，并由财政部与工业和信息化部牵头设立了国家集成电路产业投资基金，自设立以后国家集成电路产业投资基金已经支持了京东方、紫光国芯、瑞芯微电子等一大批优质芯片企业，在基金的支持下，以行业内优势企业为依托，多家芯片企业组成了产业技术联盟共同突破行业核心共性技术，在设计、设备、制造、封测等关键环节有望实现新的技术突破。

四、案例总结

本节分析了复杂系统产业（高铁、电信设备）如何从技术引进到创新赶超，又分析了芯片这一“卡脖子”产业如何实现创新突围，从案例研究可以得到如下启发。

第一，应尊重后发产业自身的发展规律，出台有针对性、阶段性的支持政策。例如，中国的高铁产业在机组总承、信号、驱动、精准控制等核心环节已经申请了大量的国际标准和专利，未来应进一步健全专利审查制度、完善专利数据库，构建稳定新产品价格、建立市场准入规则的市场环境，当产业发展到一定阶段，应建立适应本土市场特征的行业标准和国家标准，逐步实现从跟跑到领跑的突破。财政支持创新应将技术标准作为重要的着力点。

第二，“市场换技术”战略在多数产业被证明是失败的。例如，燃油轿车行业“市场换技术”的结果是市场和技术均被外资垄断。而以高铁为代表的复杂性技术行业从技术引进到弯道超车，首先在于微观层面异质性知识的获取和整合、中观层面对现有技术平台和轨道的局部突破以及宏观层面“举国体制”下集成优势创新资源后的二次创新。

第三，应充分发挥财税政策在后发产业领域的创新助推作用。例如，在国家集成电路产业投资基金的支持下部分芯片企业的竞争力得到了较快提升，此外，针对这类技术密集型产业的税收优惠、财政补贴也是很重要的支持手段。

第四，应注重财税政策与产业政策、金融政策的协同。高铁案例中三级财政联动、发行债券配合银行贷款、IPO 等金融手段，很好地解决了高铁的投融资问题。电信设备案例中，财税支持政策与产业结构政策、产业组织政策、产业区域布局政策协调配合，有力地促进了电信设备行业的技术创新发展。

第五节　区域视角下的创新评价：分层追赶战略的提出

一、中国省域层面的创新基础条件评价

1. 指标选择

参考 OECD（2010）的《弗拉斯卡蒂手册》① 以及中国科学技术发展战略研究院的"国家创新能力指数"②、世界知识产权组织的"全球创新指数"等创新评价指数的设计原则，本书提出了省域创新基础条件的评价指标，共分成 4 个一级指标、13 个二级指标，如表 3－7 所示。

表 3－7　中国省域创新基础条件评价指标

一级指标	二级指标	正向/负向
人力资源条件	科技活动人员数（万人）	+
	大专以上学历人口数（人）	+
	全员劳动生产率（元/人）	+
	科技人员人均科技经费占有额（万元/人）	+
政府支持条件	财政科技支出（亿元）	+
	来自政府的资金占地区 R&D 经费支出的比重（%）	+
科技基础条件	科技经费占 GDP 的比重（%）	+
	发表论文数量（篇）	+
	专利授权量（项）	+
	技术市场成交金额（亿元）	+
	高技术产业产值占工业总产值的比重（%）	+
经济基础条件	GDP 总量（万元）	+
	单位 GDP 能耗（吨标准煤）	－

资料来源：《中国科技统计年鉴》《中国统计年鉴》《中国高技术产业统计年鉴》2016 年的数据。

2. 评价过程

本节使用熵值法来进行省域层面的创新基础条件评价。该评价方法基

① 经济合作与发展组织．弗拉斯卡蒂手册［M］．北京：科学技术文献出版社，2010：6－7.

② 中国科学技术发展战略研究院．国家创新指数报告［M］．北京：科学技术文献出版社，2017：3－5.

于信息论中对熵的度量，是一个适用于评价和管理决策的定量方法。相对于传统的主观赋值评价方法，熵值法具有较高的精度和较强的客观性。作为客观综合定权法，熵值法可以相对准确地反映科技创新评价指标所含的信息量，可解决科技创新评价中信息量大、准确性低的问题。现有 m 个对象的 n 个评价指标，r'_{ij}是指标统计值，设为矩阵：

$$R' = \{r'_{ij}\}_{m \times n} \quad (i = 1, \cdots, m; j = 1, \cdots, n) \tag{3-1}$$

为消除各个指标不同量纲、不同数量级的影响，需对 R'进行标准化。由于所选取的指标有正有负，所谓正向指标即指标值越大，越有利于科技创新；反之，负向指标值越大，越不利于科技创新。因此在进行标准化之前需要首先对所有指标进行正项化处理。其处理方法如下：

对于正向型的指标：

$$r_{ij} = \frac{r'_{ij} - \min r'_{ij}}{\max r'_{ij} - \min r'_{ij}} \tag{3-2}$$

对于负向型指标：

$$r_{ij} = \frac{\max r'_{ij} - r'_{ij}}{\max r'_{ij} - \min r'_{ij}} \tag{3-3}$$

其中，r_{ij}是处理后的数据，r'_{ij}是原始统计数据。

通过数据的正向化处理后，对各个指标进行标准化处理，本书采用线性标准化处理，具体方法如下：

$$y_{ij} = \frac{r_{ij}}{\sum_{1}^{m} r_{ij}} \tag{3-4}$$

其中，y_{ij}是标准化后的数据，设标准化矩阵为 $Y_j = \{y_{ij}\}_{m \times n}$。

进而，用 e_i 定义第 i 个指标的信息熵，即

$$e_i = -k \sum_{j=1}^{m} y_{ij} \ln y_{ij} \tag{3-5}$$

其中，k 与样本数 m 有关，$k = \frac{1}{\ln m}$，$0 \leqslant e_i \leqslant 1$。

在指标熵值确定后就可以根据式（3-6）来确定第 i 个指标上的熵权 w_i：

$$w_i = \frac{1 - e_i}{\sum_{i=1}^{n} 1 - e_i} \tag{3-6}$$

其中，$1 - e_i$为冗余度，若某指标的熵值小则其熵权大，从信息论的角度来

看，表明该指标包含的有用评价信息较多。

根据上述评价方法，本节的评估中，由于台湾、香港、澳门暂无数据，西藏自治区部分数据不全，因此，本节分析中国内地30个省份的数据，按照上述步骤计算可确定各个指标的权重如表3-8所示，从中可以看出，技术市场成交金额（亿元）、高技术产业产值占工业总产值的比重（%）等指标的权重相对较大，这也说明这些指标相对变异程度更大，能提供的信息量更大。

表3-8　中国省域创新基础条件评价指标权重

一级指标及其权重	二级指标	w_i
人力资源条件 0.2292	科技活动人员数（万人）	0.0614
	大专以上学历人口数（人）	0.0569
	全员劳动生产率（元/人）	0.0426
	科技人员人均科技经费占有额（万元/人）	0.0683
政府支持条件 0.1774	财政科技支出（亿元）	0.0921
	来自政府资金占地区R&D经费支出的比重（%）	0.0853
科技基础条件 0.5015	科技经费占GDP的比重（%）	0.0576
	发表论文数量（篇）	0.0626
	专利授权量（项）	0.0964
	技术市场成交金额（亿元）	0.1584
	高技术产业产值占工业总产值的比重（%）	0.1265
经济基础条件 0.0918	GDP总量（万元）	0.0553
	单位GDP能耗（吨标准煤）	0.0365

国内外学者对于科技创新的评价多采用综合评价法、灰色关联度评价法、生态足迹评价法、模糊综合评价法等①。本书采用综合评价法，公式如下：

$$S = \sum_{i=1}^{n} w_i \times y_{ij} \qquad (3-7)$$

其中，S为综合评价指数，w_i为第i个指标的权重值，y_{ij}为其无量纲化值，n为评价指标个数，进而可以得到各省的创新基础条件评价值，如表3-9所示。

① 胡永宏，贺思辉．综合评价方法［M］．北京：科学出版社，2000：103.

表 3-9 中国省域创新基础条件评价结果

省份	创新基础条件评价值 S	排名
北京	0. 891	1
天津	0. 505	6
河北	0. 246	13
山西	0. 137	20
内蒙古	0. 106	24
辽宁	0. 427	8
吉林	0. 141	18
黑龙江	0. 126	23
上海	0. 836	2
江苏	0. 652	3
浙江	0. 529	5
安徽	0. 228	16
福建	0. 342	11
江西	0. 138	19
山东	0. 469	7
河南	0. 235	15
湖北	0. 401	10
湖南	0. 241	14
广东	0. 637	4
广西	0. 127	22
海南	0. 084	25
重庆	0. 208	17
四川	0. 415	9
贵州	0. 066	26
云南	0. 062	27
陕西	0. 335	12
甘肃	0. 133	21
青海	0. 029	30
宁夏	0. 046	29
新疆	0. 051	28

3. 结论分析

从中国省域层面的创新基础条件来看：

第一，北京（0.891）和上海（0.836）的创新基础条件指数遥遥领先于其他省份，从评价指标上看，北京和上海有着极具优势的科技创新资源，进一步分析发现，上海高技术产业产值占工业总产值的比重等指标占优，而北京在技术市场成交额等指标上更胜一筹。江苏、广东、浙江、天津、山东等东部省份紧随其后（四省均值达到0.5584），创新基础条件非常优越。值得注意的是，虽然创新基础条件好的前10个省份主要以东部发达地区为主，但是，东北地区的辽宁（0.427）、西部地区的四川（0.415）、中部地区的湖北（0.401）也进入了创新基础条件的第一阵营，分析原因发现，这些省份科技基础较好、创新要素集聚程度高，科技资源比较集中，尤其是高校、科研院所较多，如湖北省共有高校54所（其中不乏985、211名校），各类研究机构1300多个，科技人员113万人，创新型人才非常丰富。又如辽宁省也有着较好的科技创新基础，同时科技经费投入力度较大，以沈阳机床、大连机床、北方重工、大连起重、大船重工、沈阳新松机器人等为代表的智能装备等产业的产值较大，具备较强的竞争力。

第二，创新基础条件的第二梯队为福建、陕西、河北、湖南、河南、安徽、重庆、吉林、江西、山西（注：按评价结果降序排列）10个省份，其创新基础条件评价均值为0.2251，为第一梯队均值的39.07%，差距较大。其中，福建（0.342）的创新基础能力较强，但与第一梯队省份相比，福建的外向型经济仍然处于粗放型发展阶段，主要依靠资源投入和规模扩张，以及低成本竞争策略获取竞争优势，这种外贸发展方式对外面临着国际贸易保护主义和其他发展中国家的激烈竞争，内部则面临着“劳动力成本上升、资源价格上涨以及环境污染”（福建社科院课题组、全毅，2012）①等压力。除福建外，第二梯队的其他省份的创新基础条件评价值与东部省份相比较为落后但又远远高于西部的大部分省份，一方面，这些省份在新中国成立后承接了一批重大的科技布局，例如，陕西省布局了航天动力、卫星有效载荷、星载箭载计算机、兵器制造等一批重大的国防科技项目，又如“一五”期间（1953—1957年）苏联援助的156个项目中，以长春第一汽车制造厂、吉林化学工业公司（现中国石油吉林石化公司）、吉林电极

① 福建社科院课题组，全毅．福建外向型经济转型升级的路径研究［J］．亚太经济，2012（2）：120－128.

厂（现吉林炭素）等为代表的11个重大项目落在吉林省，与第一梯队中的辽宁省同为老工业基地，工业基础较为突出。另一方面，改革开放后，中国经济的外向型特征更加有利于沿海地区的经济发展，与东部沿海地区相比，这些省份的经济发展相对滞后，本地创新人才流失现象较为明显，出现了“孔雀东南飞”的现象，吸引人才回流成为中西部地区严峻而现实的问题（刘志红，2006）①。

第三，甘肃、广西、黑龙江、内蒙古、海南、贵州、云南、新疆、宁夏、青海（注：按评价结果降序排列）10个省份的创新基础条件较差，创新基础条件均值仅为0.083，在主要的创新指标方面“全面落后”。其中大部分省份创新资源薄弱，产业结构单一，缺乏创新型人才，科技人力与资本投入水平普遍偏低。应不断优化基础设施条件，在发展经济的同时加强科技推广和普及，并逐步增加教育和科技支出，为资源可持续开发利用和产业发展提供科技支撑。

二、区域财税投入的创新产出效率评价

1. 绩效评价的必要性与原则

绩效是指在某一经济或社会活动中资源投入后有效产出的效率。财税政策绩效是指政府围绕特定目标分配财政资源后取得预期效果的效率，简言之，就是指分配和使用财政资源达成既定目标的效力。对支持创新的财税政策绩效进行评价，就是要设定适宜的投入产出指标，对观测期内财政投入的创新产出效果进行准确、客观的效率评估。

之所以要评价政府投入财政资源后的创新产出效率，是因为：“政府失灵”（Government Failure）时有发生，一方面，由于财政支持领域和对象的选定本身是一件非常复杂的事情，政府决策的误差和局限性、财政工作人员的个人偏好、决策链条的效率损失等，都会对财政干预创新活动的效力产生负面影响，虽然政策文件的出台一般秉持正向的导向和良好的预期效果，但在政策上传下达的执行进程中，往往出现事与愿违的干扰项并最终导致政策失灵。另一方面，政策制定者出于维护自身公权力的潜在动因，在政策供给和公共产品服务时往往倾向于铺张地使用财政资源，从而导致该领域的财政支出规模超过实际需要。因此，进行绩效评价的目的就是提

---

① 刘志红．我国中西部地区人才回流的可行性及对策研究［D］．太原：山西财经大学，2006.

升政策的投入产出效率。此外，财政收入主要来源于税收，政府对于税收的使用负有受托责任，对政府分配财政资源是否达成预期效果应该开展评估和监督。

政策绩效评价的原则主要包括经济性、效率性和有效性三个原则。一是经济性原则，以防止在财政支出中存在的铺张浪费问题，该原则是政策绩效评价的重要原则。二是效率性原则，也就是以尽可能低的资源投入获得尽可能高的产出，该原则用在财税政策绩效评价方面有利于引导财政投入结构的不断优化。三是有效性原则，反映政府资源投入的实际产出与预期达成政策目标之间的契合程度。

2. 模型选用

财政对创新的影响是一个多投入、多产出的过程，要评价财政投入的创新产出效率，可采用的方法主要包括生产函数法[①]（主要是随机前沿函数法（SFA））、指数法[②]和非参数法。其中，生产函数法需要先设定生产函数再进行参数估计，但假定的生产函数和误差项服从的分布与实际情况往往不符，并且该方法也存在着以“完全竞争假设”为前提以及主要评价单期数据等局限性；指数法主观性太强，往往导致评价结果误差太大。相较而言，DEA 这种非参数法的优势较为突出，比较典型的研究如 Nasierowski 和 Arcelus（2003）[③] 使用 DEA 方法对 45 个国家的创新政策效率进行了评估，Broekel（2013）[④] 使用 DEA 模型评估了德国的区域创新效率，同时进行了针对特定行业的创新效率分解和测量。但是，国内的相关研究很少同时关注财政投入与科技创新效率，此外，财政资源投入要有一段时间的累积方可有效产出为创新成果，此前的研究很少注意到时滞性问题。

本书选用 DEA 模型来评估中国创新追赶爬坡期各地区财政促进科技创新的相对绩效。DEA 模型是 Charnes 和 Cooper（1978）提出的评估多输入、多输出的决策单元（*DMU*）的相对有效性的方法。数据包络分析方法无须提前估计参数，能规避人为因素并缩小误差。

---

① 胡恩华，刘洪，张龙．我国科技投入经济效果的实证研究［J］．科研管理，2006，27（4）：71－75.

② 王伟光．中国工业行业技术创新实证研究［M］．北京：中国社会科学出版社，2003.

③ Nasierowski W，Arcelus F J．On the Efficiency of National Innovation Systems［J］．Socio－Economic Planning Sciences，2003，37（3）：215－234.

④ Broekel T，Rogge N，Brenner T．The Innovation Efficiency of German Regions—A Shared－input DEA Approach［J］．Working Papers on Innovation & Space，2013（219）：1－33.

(1) CCR 模型

假设有 n 个 DMU_j ($j=1, 2, \cdots, n$)，每个 DMU 有 m 种投入和 s 种产出，设 X_{ij} 为 DMU_j 对第 i 种输入的投入量；Y_{kj} 为 DMU_j 对第 k 种输出的产出量；v_i 为 DMU_j 对第 i 种输入的一种度量（“权”）；u_k 为 DMU_j 对第 k 种输出的一种度量（“权”）($j=1, 2, \cdots, n$; $i=1, 2, \cdots, m$; $k=1, 2, \cdots, s$) 且 $X_{ij}>O$，$Y_{kj}>0$，$v_i \geqslant 0$，$u_k \geqslant 0$。

$$
\begin{array}{ccccccccc}
v_1 & 1\rightarrow & x_{11} & x_{12} & \cdots & x_{1n} & & \\
v_2 & 2\rightarrow & x_{21} & x_{22} & \cdots & x_{2n} & & \\
 & & \vdots & \vdots & & \vdots & & \\
v_m & m\rightarrow & x_{m1} & x_{m2} & \cdots & x_{mn} & & \\
 & & y_{11} & y_{12} & \cdots & y_{1n} & \rightarrow 1 & u_1 \\
 & & y_{21} & y_{22} & \cdots & y_{2n} & \rightarrow 2 & u_2 \\
 & & \vdots & \vdots & & \vdots & & \\
 & & y_{s1} & y_{s2} & \cdots & y_{sn} & \rightarrow s & u_s
\end{array}
$$

记 DMU_j 的输入量、输出量分别为 $X_j=(x_{1j}, x_{2j}, \cdots, x_{mj})^T>0$，$j=1, 2, \cdots, n$；$Y_j=(y_{1j}, y_{2j}, \cdots, y_{sj})^T>0$，$j=1, 2, \cdots, n$。对应于权系数 $V=(v_1, v_2, \cdots, v_m)^T$，$U=(u_1, u_2, \cdots, u_s)^T$，称 $h_j=\frac{u^TY_j}{v^TX_j}=\frac{\sum_{k=1}^{s}u_ky_{kj}}{\sum_{i=1}^{m}v_ix_{ij}}$，$j=1, 2, \cdots, n$，为第 j 个决策单元 DMU_j 的效率评价指数，可选取合适的 u 和 v，满足模型条件。

那么，对已知的 n 个决策单元，可用 DEA 方法来判断各单元投入产出的合理性、有效性。第 j_0 个 DMU 的绩效评价模型为

$$
\begin{aligned}
&\min\{\theta\}, \\
\text{s. t.}\quad &\sum_{j=1}^{n}X_j\lambda_j+S^-\leqslant \theta X_{j0}, \\
&\sum_{j=1}^{n}Y_j\lambda_j-S^+\leqslant \theta Y_{j0}, \\
&\lambda_j\geqslant 0, S^-\geqslant 0, S^+\geqslant 0
\end{aligned}
$$

其中，θ 为投入缩小比率，λ 为 DMU 线性组合的系数，松弛变量为 S^- 和 S^+。

其对偶形式是

$$\min\{\alpha\},$$

$$\text{s.t.}\quad \sum_{j=1}^{n} X_j\lambda_j + S^- \leqslant X_{j0},$$

$$\sum_{j=1}^{n} Y_j\lambda_j - S^+ \leqslant \alpha Y_{j0},$$

$$\lambda_j \geqslant 0, S^- \geqslant 0, S^+ \geqslant 0$$

其中，α 为产出扩大比率。CCR 数据包络分析模型要求生产可能性集合满足凸性、锥性、无效性和最小性等前提。

（2）BCC 模型

CCR 模型不考虑投入产出的规模报酬，只能计算出综合效率，因此进一步引入考虑规模报酬可变（VRS）的 BCC 模型，将技术效率分解为纯技术效率和规模效率。BCC 模型即在 CCR 模型的基础上加入限制条件 $\sum^{n}\lambda_i = 1$。

Banker 等（1984）① 去除了生产可能性集合的锥性假设后提出了规模报酬可变的 BCC 模型：

$$\min[\theta - E(e^T s^- + e^T s^+)],$$

$$\text{s.t.}\quad \sum X_j\lambda_j + S^- = \theta X_0,$$

$$\sum_{1} Y_j\lambda_j - S^+ = Y_0,$$

$$\sum \lambda_j = 1$$

$$\lambda_j \geqslant 0, S^- \geqslant 0, S^+ \geqslant 0; j = 1,2,\cdots,n$$

其中，$\sum \lambda_j = 1$，E 是阿基米德无穷小。

BCC 用于评估 *DMU* 的技术有效性，其对偶形式是

$$\max(\mu^T Y_0 - u_0)$$

$$\text{s.t.}\ \mu^T Y_j - \omega^T X_j - u_0 \leqslant 0$$

$$\omega^T X_0 = 1$$

$$\omega \geqslant E, \mu \geqslant E$$

其中，u_0 是规模收益指示量，如果 u_0^* 为最优值，$u_0^* < 0$，则规模收益递增；$u_0^* = 0$，则规模收益不变；$u_0^* > 0$，则规模收益递减。

① Banker R D, Charnes A, Cooper W W. Some Models for Estimating Technical and Scale Inefficiencies in Data Envelopment Analysis [J]. Management Science, 1984, 30 (9): 1078-1092.

3. 指标选择

本书依据四个基本原则来选择投入指标和产出指标：目的性（所选取的指标符合研究目的，能够有效地代表各区域的财政工具和创新产出的特点与状况）、科学性（效率评估的指标设置应力求规范、准确，能客观、公平地反映各个地区创新导向的财税政策的效率水平）、可行性（数据方便采集获取并具有全面可信度）和多样性（投入和产出非单一指标）。根据前文对财税政策、科技创新二者关系的论述，结合相关数据的可得性，共选择3个投入指标和4个产出指标的统计数据，投入指标和产出指标如表3－10所示。

表3－10　投入产出指标及其选择依据

指标类型	指标名称	指标选择原因
投入指标	财政科技拨款（亿元）	反映财政对科技创新的直接投入
	政府采购总额（亿元）	反映政府采购支持创新的指标
	高新技术企业减免税①（亿元）	政府对高新技术企业的税收优惠指标
产出指标	专利授权数（件）	反映创新主体的科技创新水平
	发表科技论文数（篇）	反映研究开发的创新知识产出
	技术市场成交额（万元）	直接反映科技创新交易情况
	高新技术产业主营业务收入（亿元）	是衡量创新产出效益的核心指标

本书选取的投入数据和产出数据分别来自《中国科技统计年鉴》《中国政府采购年鉴》《工业企业科技活动统计年鉴》以及“国家数据”官方网站②，但是香港、澳门、台湾的数据缺失，西藏自治区也有一部分数据未采集到，暂不纳入本节的分析中。在使用DEA方法时，这里进行了如下的模型设定：

（1）考察财税政策的创新绩效时，评估了各省在较长的一段时期内的投入产出效率和变化趋势，以便进行综合分析。

（2）考虑到财政科技拨款后的R&D活动的周期性等因素，本书设定投入到产出的时滞为3年并分成三组来进行投入产出的相对效率的测算。考虑时滞性的投入产出分析更接近实际情况。

---

① 为了更准确地度量财政对于“高新技术企业”的税收支持，同时考虑数据的可得性，这里使用“高新技术企业减免税”这一指标，数据来源为《工业企业科技活动统计年鉴》。

② 参见国家统计局国家数据，http：//data. stats. gov. cn/index. htm。

（3）一般来说，运用 DEA 模型时，投入指标与产出指标的个数之和不多于决策单元数的 1/3（张俊容、郭耀煌，2004）①。本研究总计了 30 个 DMU，选取了 7 个指标，符合经验法则。

（4）DEA 方法的优势之一是这种方法不受投入产出量纲的影响，不因计量单位的差异而影响最终的效率评估结果。

（5）简捷起见，以观测期投入指标数据的平均值和产出指标数据的平均值，用 Excel“数据分析”功能测定相关系数，如表 3－11 所示。由此可知，各投入产出项为正相关关系，符合研究要求。

表 3－11　投入指标和产出指标的相关系数

项目	财政科技拨款	政府采购总额	高新技术企业减免税	专利授权数	发表科技论文数	技术市场成交额	高新技术产业主营业务收入
财政科技拨款	1						
政府采购总额	0.9898	1					
高新技术企业减免税	0.5977	0.6663	1				
专利授权数	0.8778	0.5997	0.8097	1			
发表科技论文数	0.9597	0.9505	0.5836	0.6914	1		
技术市场成交额	0.9884	0.6811	0.6594	0.6278	0.9776	1	
高新技术产业主营业务收入	0.6271	0.6826	0.9198	0.4890	0.5217	0.6586	1

（6）由于从中国的区域创新情况来看，中国各省主要的创新指标有着较大的差距。图 3－11 以 2016 年的高新技术产业主营业务收入为例（其他指标也是类似情况），可以看出中国各省（数据暂时不包括香港、澳门和台湾）创新产出水平差异非常大，江苏、浙江等东部地区的创新指标都遥遥领先于其他省份。

① 张俊容，郭耀煌．评价指标与 DEA 有效的关系［J］．系统工程理论方法应用，2004，13（6）：520－523.

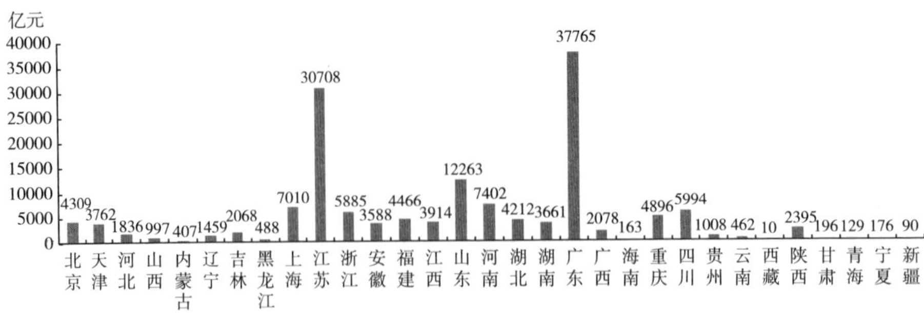

图 3－11　中国各省 2016 年高新技术产业主营业务收入

（资料来源：《中国科技统计年鉴（2017）》）

所以，在本节的效率测算中，先针对中国各省的财税政策的创新产出绩效进行评估，观察全国的情况；然后针对东部、中部、西部、东北四个区域的财税政策的投入产出绩效情况进行对比分析。省域划分如表 3－12 所示。

表 3－12　东部、中部、西部、东北区域划分

区域（DMU）	区域内省、自治区、直辖市
东部地区	北京、天津、河北、上海、江苏、浙江、福建、山东、广东和海南
中部地区	山西、安徽、江西、河南、湖北和湖南
西部地区	内蒙古、广西、重庆、四川、贵州、云南、西藏、陕西、甘肃、青海、宁夏和新疆
东北地区	黑龙江、吉林、辽宁

注：下文将中国内地的 30 个省份分成四个区域进行研究（西藏部分数据不全，暂不纳入本节分析）。

按照如上思路，将数据代入前述的模型，运算结果如表 3－13 所示。

表 3－13　2007—2016 年中国省域财政投入的创新产出绩效评价

省域	2007—2010 年				2010—2013 年				2013—2016 年			
	crste	vrste	scale	rs	crste	vrste	scale	rs	crste	vrste	scale	rs
北京	1	1	1	—	1	1	1	—	1	1	1	—
天津	0. 806	0. 836	0. 964	irs	0. 69	0. 721	0. 957	irs	0. 589	0. 65	0. 906	irs
河北	0. 923	1	0. 923	irs	0. 936	1	0. 936	irs	0. 948	1	0. 948	irs
山西	0. 371	1	0. 371	irs	0. 293	1	0. 293	irs	0. 284	1	0. 284	irs
内蒙古	0. 416	0. 464	0. 897	irs	0. 428	0. 483	0. 886	irs	0. 441	0. 508	0. 868	irs
辽宁	0. 642	0. 663	0. 968	irs	0. 605	0. 638	0. 948	irs	0. 644	0. 68	0. 947	irs
吉林	0. 593	0. 617	0. 961	drs	0. 61	0. 622	0. 981	drs	0. 664	0. 674	0. 985	drs
黑龙江	0. 518	0. 593	0. 874	drs	0. 475	0. 577	0. 823	drs	0. 485	0. 568	0. 854	drs

续表

省域	2007—2010 年				2010—2013 年				2013—2016 年			
	crste	vrste	scale	rs	crste	vrste	scale	rs	crste	vrste	scale	rs
上海	1	1	1	—	1	1	1	—	1	1	1	—
江苏	1	1	1	—	1	1	1	—	1	1	1	—
浙江	1	1	1	—	1	1	1	—	1	1	1	—
安徽	0. 814	0. 881	0. 924	drs	0. 766	0. 837	0. 915	drs	0. 757	0. 795	0. 952	drs
福建	0. 593	0. 66	0. 898	irs	0. 595	0. 636	0. 936	irs	0. 585	0. 7	0. 836	irs
江西	0. 672	0. 731	0. 919	drs	0. 685	0. 74	0. 926	drs	0. 693	0. 747	0. 928	drs
山东	1	1	1	—	1	1	1	—	1	1	1	—
河南	0. 695	0. 708	0. 982	irs	0. 756	0. 763	0. 991	irs	0. 715	0. 722	0. 990	irs
湖北	0. 84	0. 894	0. 940	irs	0. 855	0. 898	0. 952	irs	0. 866	0. 968	0. 895	irs
湖南	0. 758	0. 768	0. 987	drs	0. 841	0. 853	0. 986	irs	0. 907	0. 945	0. 960	irs
广东	1	1	1	—	1	1	1	—	1	1	1	—
广西	0. 425	0. 461	0. 922	irs	0. 435	0. 475	0. 916	irs	0. 489	0. 543	0. 901	irs
海南	0. 636	0. 694	0. 916	drs	0. 588	0. 673	0. 874	drs	0. 598	0. 673	0. 889	drs
重庆	0. 74	0. 759	0. 975	irs	0. 913	0. 949	0. 962	irs	0. 612	0. 634	0. 965	irs
四川	0. 918	0. 948	0. 968	irs	0. 674	0. 697	0. 967	irs	0. 893	0. 93	0. 960	irs
贵州	0. 302	0. 311	0. 971	drs	0. 385	0. 393	0. 980	irs	0. 412	0. 417	0. 988	—
云南	0. 539	0. 553	0. 975	irs	0. 549	0. 564	0. 973	irs	0. 494	0. 563	0. 877	irs
陕西	0. 613	1	0. 613	irs	0. 692	1	0. 692	irs	0. 765	1	0. 765	irs
甘肃	0. 648	0. 68	0. 953	irs	0. 772	0. 8	0. 965	irs	0. 828	0. 851	0. 973	irs
青海	0. 639	0. 878	0. 728	irs	0. 642	0. 927	0. 693	irs	0. 638	0. 942	0. 677	irs
宁夏	0. 323	0. 358	0. 902	irs	0. 303	0. 359	0. 844	irs	0. 36	0. 425	0. 847	irs
新疆	0. 426	0. 435	0. 979	irs	0. 439	0. 475	0. 924	irs	0. 492	0. 549	0. 896	irs

注：使用 DEAP2. 1 和 DEA – Solver 运算所得。

crste、vrste、scale 分别表示综合效率、纯技术效率、规模效率；crste 是对 DMU 的政策配置水平、资源投入产出效率的综合绩效评估；vrste 计算时未考虑要素利用率引致的效率损失；scale 是考虑规模因素的投入产出效率，反映了当前规模与最优规模之间的差距。

rs 代表规模报酬，irs 代表规模报酬递增（Increasing Returns to Scale）；drs 代表规模报酬递减（Decreasing Return to Scale）。

4. 结论分析

（1）各省政策绩效分析

第一，效率分布分析。将财政投入的创新产出效率值进行统计分析如表 3 – 14 所示，从全国范围来看，综合效率的均值在 0. 69 左右，且综合效率和纯技术效率的最小值都在0.3左右，说明总体上看财税政策的创新产出绩效偏低。综合效率、纯技术效率、规模效率的偏度均小于0，说明其数据分布形态与正态分布相比左偏（即有一条长尾拖在左边）。综合效率和纯技术效率的峰度值为负数，说明效率值数据分布与正态分布相比较为平坦。规模效率值的峰度超过了10，说明规模效率分布呈现“尖峰厚尾”形态，根据效率评价结果可知，多数省份在2007—2010年、2010—2013年、2013—2016年三组的规模效率值都在0.8以上，体现了在给定技术水平下较高的规模效率，但是少数省份（如河北、山西等省）的规模效率值相对较低。

表3-14 财政投入的创新产出效率的统计分析

效率类型	投入产出时期	观测数	均值	标准差	峰度	偏度	最小值	最大值
crste	2007—2010年	30	0.695	0.222	-1.061	-0.068	0.302	1
	2010—2013年	30	0.688	0.223	-1.041	0.008	0.293	1
	2013—2016年	30	0.705	0.220	-1.156	-0.058	0.284	1
vrste	2007—2010年	30	0.763	0.218	-0.883	-0.490	0.311	1
	2010—2013年	30	0.759	0.211	-1.225	-0.263	0.359	1
	2013—2016年	30	0.783	0.201	-1.372	-0.286	0.417	1
scale	2007—2010年	30	0.917	0.132	10.556	-3.098	0.371	1
	2010—2013年	30	0.910	0.141	12.622	-3.265	0.293	1
	2013—2016年	30	0.903	0.140	13.449	-3.301	0.284	1

第二，综合效率分析。综合效率（crste，也叫技术效率）基于规模报酬不变CRS的设定，反映DMU在投入给定的情况下产出最大化的能力。综合效率是对决策单元的资源配置能力、资源使用效率等多方面能力的综合衡量与评价。各省在2007—2010年、2010—2013年、2013—2016年三组时间的创新绩效变动幅度较小，DEA有效的省份有北京、上海、江苏、浙江、山东、广东等省份，它们共同构成了财政投入的创新产出效率前沿面，其他省份的创新政策效率值<1，表示DEA无效，但其评估值越接近1，说明财税政策的创新产出效率越高。从表3-13中可知安徽、湖南、四川等地的投入产出平均绩效总体上也超过了0.8，代表其财政工具的创新产出效率水平较高[①]；山西、内蒙古、宁夏、广西、贵州、新疆等省在三组时间的投

① 这里说的“平均绩效”是指2007—2010年、2010—2013年、2013—2016年三组的综合效率的均值，下同。

入产出平均相对绩效低于0.5。从图3－12可以直观地看出各省的财税政策的创新产出绩效分布，产出绩效到达雷达图边缘的省份是有效产出的省份，越接近雷达图外围边缘的省份，其相对绩效越好。

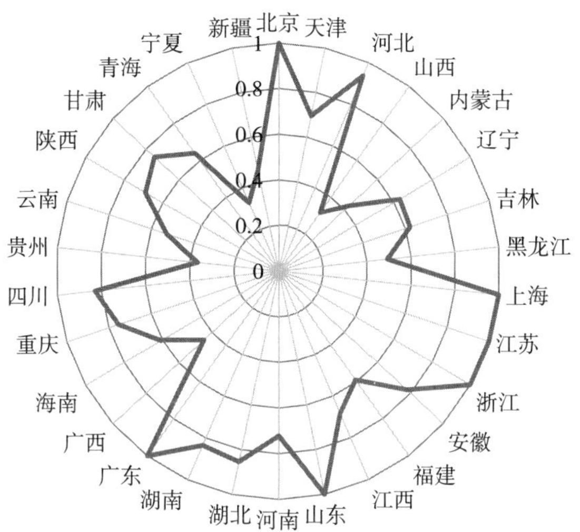

图3－12　中国各省财税政策平均综合效率雷达图

（资料来源：DEA评价结果）

第三，纯技术效率和规模效率分析。综合效率还可以进一步分解为纯技术效率和规模效率两部分。

纯技术效率（vrste）是DMU在规模报酬可变VRS设定下的效率，即去除规模效率的影响后的技术效率水平。从图3－13中可以看出，北京、河北、山西、上海、江苏、浙江、山东、广东、陕西9省份的纯技术效率为1。

规模效率＝综合效率/纯技术效率。规模效率（scale）越接近1，越接近最适规模。规模效率低，则表明在一定技术水平上，财政投入没有达到最佳规模，财政产出和投入无法成比例增加。图3－13、图3－14结合来看，山西、陕西、河北等地的技术效率较高，但技术效率所带来的总效率增长被相对较低的规模效率抵消。

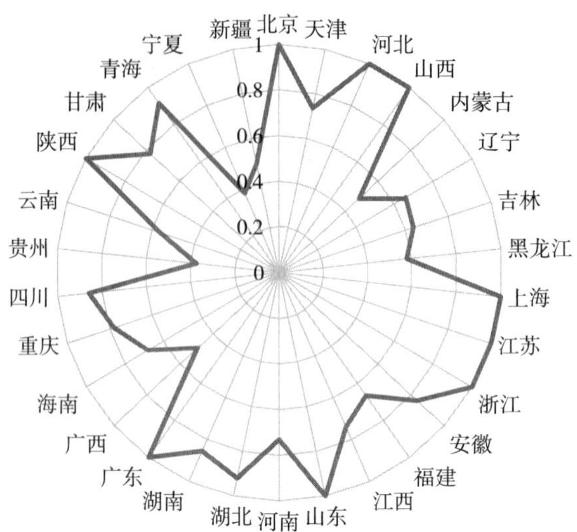

图 3-13　中国各省财税政策平均纯技术效率雷达图

（资料来源：DEA 评价结果）

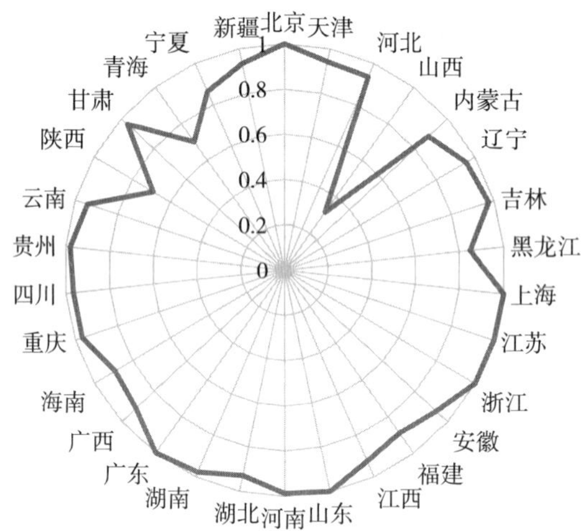

图 3-14 中国各省财税政策平均规模效率雷达图

（资料来源：DEA 评价结果）

第四，规模报酬分析。规模报酬（rs）是指在其他条件不变的情况下，各种要素按相同比例变化时所带来的产量变化。规模报酬变化可以分规模报酬递增、规模报酬不变和规模报酬递减三种情况。从表 3-13 中可以看出，有 6 个省份处于规模报酬不变的情况，而在 2007—2010 年、2010—2013 年、2013—2016 年三个组均有超过 17 个省份处于规模报酬递增的阶段，这也意味着，对于多数省份来说，增加财税政策的投入力度对于创新水平的快速提升是比较有利的。

（2）中国各区域财政投入的创新产出效率比较

中国幅员辽阔，各个区域的发展并不均衡。下面对中国东部、中部、西部、东北四个区域的创新绩效情况进行对比分析。

第一，四个区域的三组观测年份的综合效率对比。如图 3－15 所示，中国不同区域财政工具推动创新的相对效率差别较大，相比而言，东部地区财政工具的创新产出绩效明显高于西部、中部和东北地区，这与长三角、珠三角、环渤海地区的总体创新资源、商业环境等优于中西部地区是相吻合的。东部地区相对绩效较高，得益于其先行先试的创新政策、相对发达的高新区技术产业集群、相对浓郁的创业创新氛围等。

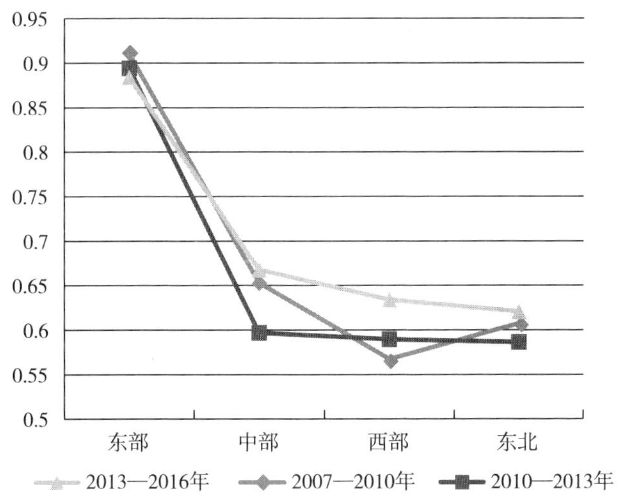

图 3－15　中国各区域 2007—2016 年创新绩效

（资料来源：DEA 评价结果）

第二，东部地区效率分析。如图 3－16 所示，2007—2016 年东部地区财税政策促进创新的绩效均值为 0.883，整体上呈现出较高的绩效水平，但其中天津、福建和海南的投入产出相对效率与北京、上海、广东等地相比有一定差距。

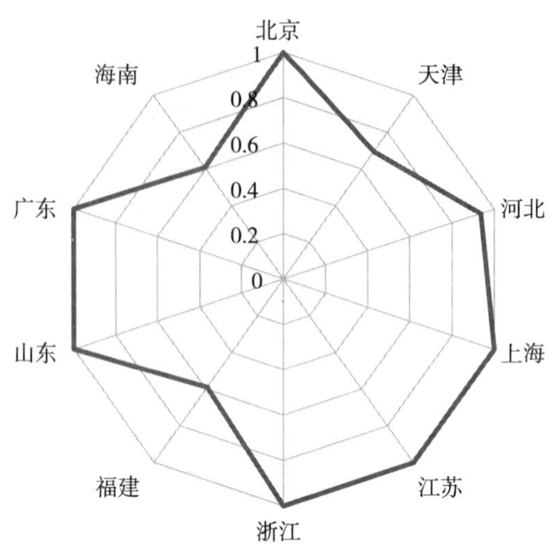

图 3－16　东部地区财政投入的创新产出绩效雷达图

（资料来源：DEA 评价结果）

第三，中部地区效率分析。如图 3－17 所示，2007—2016 年中部六省的财税政策促进创新的绩效均值为 0.698，其中，湖南省、湖北省财政工具投入的创新产出绩效值相对较高，且均处于规模报酬递增的阶段，这意味着创新产出增加的百分比大于财政投入增加的百分比，说明财政投入的进一步增加会较大幅度促进创新水平的提升。山西省和江西省的综合效率均值在中部六省中相对较低，如果要想达到效率前沿需要进一步优化财政工具的投入组合结构，尤其是山西省财政投入的创新产出绩效均值仅为 0.316，位于中部六省最后一位，需要针对山西的具体情况具体分析，进一步探索财税政策促进科技创新的良性机制。

第四，西部地区效率分析。如图 3－18 所示，2007—2016 年西部十一省（不含西藏）的财税政策促进创新的综合绩效均值为 0.565，其中四川、重庆、陕西等省的绩效水平在西部 11 省份中处于较高水平。但是，宁夏、贵州、内蒙古、广西、新疆等省份的绩效值均低于 0.5，说明西部地区在科技创新方面的投入产出绩效较差。西部地区，由于财政较为紧张，财政科技投入强度较低，专利授权数、发表科技论文数、技术市场成交额、高新技术产业主营业务收入等创新产出也较少，从投入产出的规模报酬来看，西部主要省份也都处于规模报酬递增的阶段。

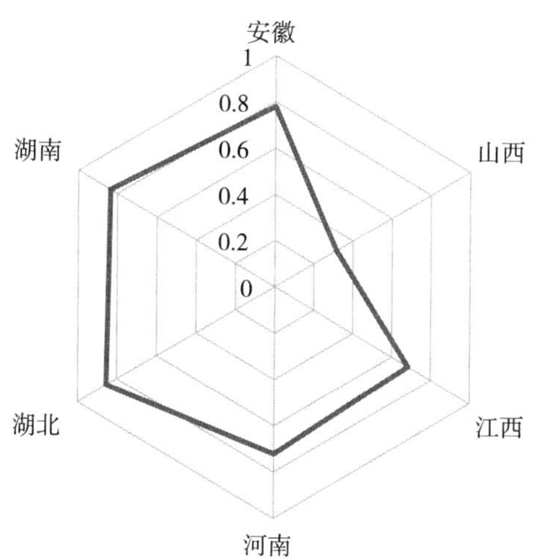

图 3－17　中部地区财政投入的创新产出绩效雷达图

（资料来源：DEA 评价结果）

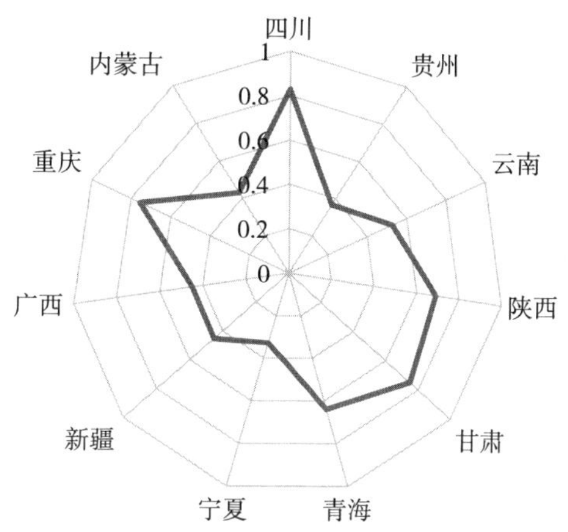

图 3－18　西部地区财政投入的创新产出绩效雷达图

（资料来源：DEA 评价结果）

第五，东北地区效率分析。如图 3－19 所示，2007—2016 年东三省的财税政策促进创新的绩效均值为 0.581，其中吉林和黑龙江两省均处于规模报酬递减的阶段，这意味着增加财政投入带来的创新产出增加幅度在衰减，所以需要探索更加有效的财政投入机制。

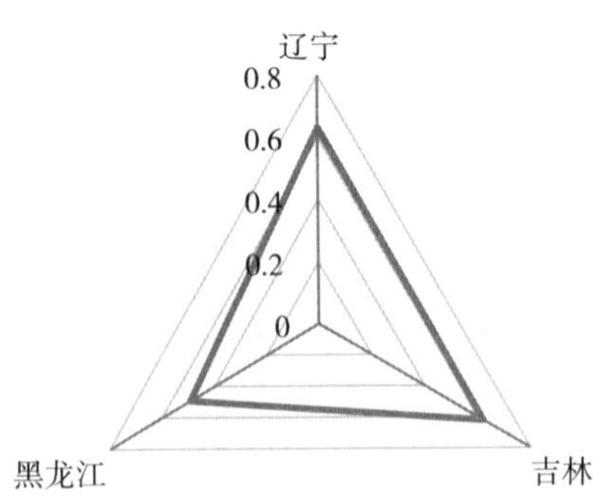

图 3-19　东北地区财政投入的创新产出绩效雷达图

（资料来源：DEA 评价结果）

综上所述，中国区域发展呈现出“东部率先发展、中部紧跟、西部和东北相对落后”的局面，这种不充分、不均衡的发展也很直观地体现在财税政策的创新产出绩效上。总体上看，中国财税政策工具的创新绩效依然偏低，东北和西部地区的高新技术企业相对较少，支持科技创新的财政拨款规模、政府产业引导基金规模均较小，政府的技术采购量小，政策效率较低。因此，支持科技创新的财税政策也应科学决策并充分考虑地区差异，根据各地的实际情况因地制宜、因时制宜，研究影响创新产出效率的主要原因，制定出有针对性的解决方案。

三、区域层面的分层追赶设想

后发国家和区域创新追赶的速度主要取决于创新基础条件和创新产出绩效，创新基础条件反映了该国家或区域已有的创新资源聚集度与科技创新的既有水平，而产出绩效则反映出该国家或区域资源投入的有效性。如果一个区域的创新基础条件好、财政投入的创新产出绩效高，那么这个区域就能以更快的速度实现创新追赶。中国是一个区域发展极不平衡的国家，根据创新基础条件和创新产出效率水平可以将中国各区域进行分层研究。本节尝试性提出中国省域层面“分层追赶”的设想。

根据上文中国各区域创新基础条件和财政投入的创新产出效率的评价结果，生成了如图 3-20、图 3-21 所示的地理空间示意图，创新基础条件和创新产出效率都明显地体现出了“沿海—内陆”的梯级格局。

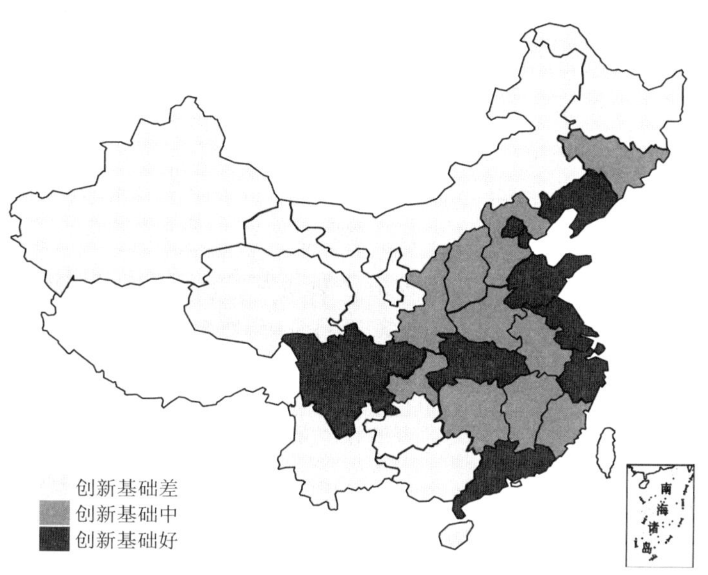

图 3－20 中国各省财政基础条件分区示意图（2016 年）

（资料来源：根据创新基础条件评价结果绘制）

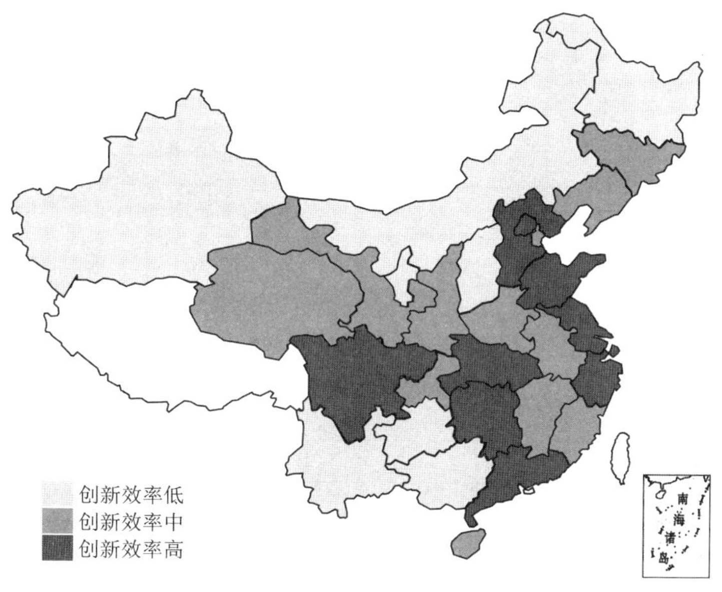

图 3－21 中国各省财政投入的创新产出效率分区示意图（2016 年）

（资料来源：根据 DEA 评价结果绘制）

根据上述两个维度，将创新基础条件分成“创新基础好”（记为 G，排名第1名至第10名)、“创新基础中”(记为M，排名第11名至第20名)、“创新基础差”(记为B，排名第21名至第30名)三档，将财政投入的创新产出效率分成“创新效率高”(记为H，综合效率在0.8以上)、“创新效率中”(记为M，0.6<综合效率<0.8)、“创新效率低”(记为L，综合效率<0.6)三档。对应的组合如表3-15所示。据此可以提出中国省域层面的“分层追赶”设想，将(G-H)组合的省份划分为“创新追赶引领区”，(G-M)(M-M)(M-G)三种组合划分为“创新追赶潜力区”，其他组合划分为“创新追赶起步区”，如表3-15、如图3-22所示。

表3-15　中国“分层追赶”的省域划分矩阵

省份	创新基础条件	财政投入的创新产出效率	分层追赶战略划分
安徽	M	M	创新追赶潜力区
北京	G	H	创新追赶引领区
福建	M	M	创新追赶潜力区
甘肃	B	M	创新追赶起步区
广东	G	H	创新追赶引领区
广西	B	L	创新追赶起步区
贵州	B	L	创新追赶起步区
海南	B	M	创新追赶起步区
河北	M	H	创新追赶潜力区
河南	M	M	创新追赶潜力区
黑龙江	M	L	创新追赶起步区
湖北	G	H	创新追赶引领区
湖南	M	H	创新追赶潜力区
吉林	B	M	创新追赶起步区
江苏	G	H	创新追赶引领区
江西	M	M	创新追赶潜力区
辽宁	G	M	创新追赶潜力区
内蒙古	B	L	创新追赶起步区
宁夏	B	L	创新追赶起步区
青海	B	M	创新追赶起步区
山东	G	H	创新追赶引领区
山西	M	L	创新追赶起步区
陕西	M	M	创新追赶潜力区

续表

省份	创新基础条件	财政投入的创新产出效率	分层追赶战略划分
上海	G	H	创新追赶引领区
四川	G	H	创新追赶引领区
天津	G	M	创新追赶潜力区
新疆	B	L	创新追赶起步区
云南	B	L	创新追赶起步区
浙江	G	H	创新追赶引领区
重庆	M	M	创新追赶潜力区

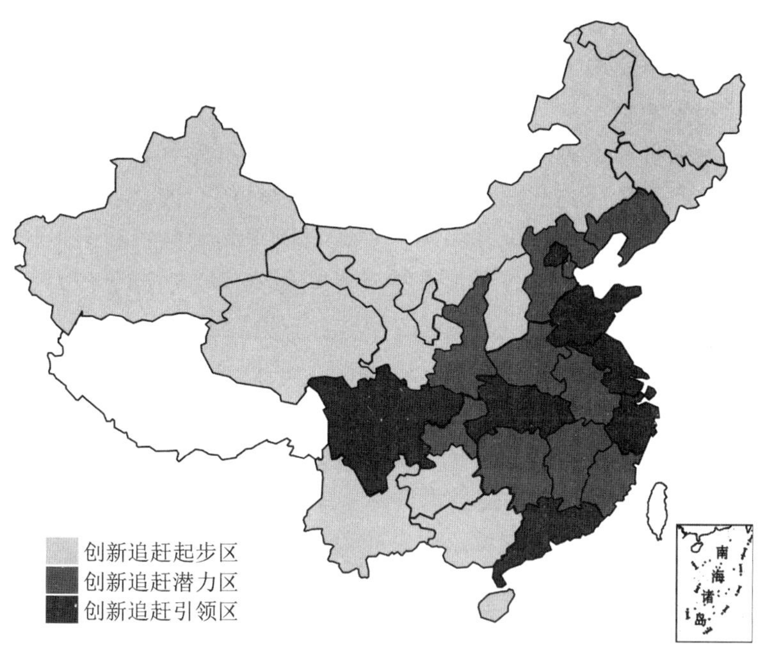

图 3－22　中国创新追赶的区域格局示意图

（资料来源：根据本书研究绘制）

从图 3－22 可以看出，北京、上海、广东、江苏、浙江、山东、四川、湖北构成了中国的创新追赶引领区，形成 T 形引领格局；安徽、福建、河北、河南、湖南、江西、辽宁、陕西、天津、重庆构成了中国的创新追赶潜力区；吉林、广西、海南、黑龙江、山西、内蒙古、甘肃、贵州、云南、宁夏、新疆、青海构成了中国的创新追赶起步区。总的来看，中国创新追赶的引领区和潜力区共同构成了国内版的“大国雁阵”①，其中北京、上海等引领区域为头雁，安徽、福建、重庆等潜力区紧随其后，呈现出“展翅飞翔”、创新追赶的阶梯式“飞雁”（Flying－geese）态势。

1. 创新追赶引领区的创新战略及其财政支持

创新追赶引领区拥有很好的创新基础条件，又有很高的创新产出绩效，是中国的创新追赶前沿面。创新追赶引领区承担着引领创新发展、突破技术封锁的重要使命，其创新战略应是依托创新要素聚集度高的优势，以自主性原始创新为主，进一步提升财政科技投入的创新产出效率，近年来创新追赶引领区的部分产业已经实现了“局部赶超”，在电信设备、特高压输变电、大飞机、高速铁路等高新技术产业领域的技术积累方面完成了由量变到质变、从模仿到原创的转变，在人工智能、大数据、云计算、物联网等细分领域甚至实现了“局部赶超”，涌现出一大批与发达国家相比处于并跑、领跑位置的企业。

从该区域创新追赶对财税政策的要求来看，应综合利用各种财政手段支持创新追赶引领区内的北京和上海等核心城打造面向全球、具有引领辐射带动作用的国家级科技创新中心，支持粤港澳大湾区打造国际科技创新中心；应综合运用各种财政手段支持具有全球竞争力的产业，力争涌现出更多的“世界一流企业”；财税政策应重点支持从创造性模仿到自主性原始创新阶段（IRCO 追赶模型中的 C→O 过程）的创新活动；并依托“国家自主创新示范区”等载体强化自主创新能力；应立足于该区域内丰富的教育资源、成熟的研发力量和明显的资本优势，面向基础前沿领域和国家战略需求，在基础研究领域与前沿技术方向上加大财政科技投入，“加强北京怀柔、上海张江等综合性国家科学中心建设”②，通过“中央财政引导，地方财政跟进”的模式引导和鼓励该区域地方财政增加对重大基础研究的财力支持，支持基础研究和源头创新，使得创新追赶引领区成为原始创新高地。

2. 创新追赶潜力区的创新战略及其财政支持

创新追赶潜力区包括安徽、福建、河北、河南、湖南、江西、辽宁、

① 雁阵模型（The Flying－geese Model）由日本经济学家赤松提出并经小岛等发展。该模型提出时主要用来研究日本作为后发国家基于动态比较优势进行“进口→进口替代→出口”的追赶过程，后被广泛用于研究亚洲的追赶模式。蔡昉等（2009）在《中国产业升级的大国雁阵模型分析》中提出由于大国各个地区之间的异质性，大国雁阵模式通常是某特定经济体内部不同区域间的产业承接和赶超。

② 国务院．国务院关于全面加强基础科学研究的若干意见（摘登）［J］．前沿科学，2018，12（1）：8－12.

陕西、天津、重庆等省份，涵盖了部分的中部、西部和东部省份。该地区科技创新能力仅次于创新追赶引领区，在创新人才、财政科技支持方面都具有一定优势，科技创新基础条件良好，形成了以智能装备制造、航空航天、新材料、轨道交通等为代表的高技术产业集群，具有较强的科技创新发展潜力。在创新战略方面，创新追赶潜力区应坚持跟随型模仿创新与自主性原始创新并举，立足该区域内丰富的教育资源，该区域应承“东”启“西”，在科技成果转化、重点科技创新领域上取得突破，促使重点城市、重点区域成为创新驱动发展的典范，推动西安、重庆等城市成为区域创新产业网络的核心节点和具有带动、辐射能力的区域增长极。

在财政支持方面，该区域财税政策的主要任务是运用政府风险投资、财政贴息、财政担保、财政投融资及税收等政策手段，进一步优化创新追赶潜力区的产业结构。在主导产业的选择上，支持该区域内有相对优势或绝对优势的产业门类，避免地区间产业结构的趋同。加大财政性教育经费支出，强化该地区的人力资本基础。在 R&D 经费方面，要提高产业共性技术攻关和小试、中试阶段的财政支持力度，出台有针对性的政府技术采购政策。此外，支持相关产业进入全球产业链的高附加值节点，尤其是创新型产品首次推向市场时的政府首购十分必要。充分发挥该区域重点院校和研究单位科研力量的优势，推动产学研合作。

3. 创新追赶起步区的创新战略及其财政支持

创新追赶起步区内各省的科技创新投入相对较少、创新要素聚集程度不高、规模以上工业企业总产值技术密集型产业较少，但该区域内的东北、西北地区部分省份具备一定的工业基础，这主要得益于 20 世纪 60 年代三线建设时期的科研和工业布局，因此，在创新战略方面，创新追赶起步区一方面应当以市场为导向激活该区域已有的创新资源潜力，立足优势产业择优发展高新技术产品；另一方面应承接创新追赶引领区和创新追赶潜力区的产业转移，继续完善基础设施配套建设，改善区域营商环境，以跟随型模仿创新为主，提升技术学习能力。

该区域财税政策的重点应是通过运用政府投资、财政转移支付、税收优惠等政策措施，为推动创新追赶起步区经济增长和缩小地区差距打下基础。通过建立规范化的财政转移支付制度，根据中央财政财力状况，逐步加大对创新追赶起步区的财政转移支付力度。该区域财政较为紧张，财政投入主要用于提供公共服务产品、解决基本民生保障，当前阶段科技创新不是西部地区的主要使命。创新追赶起步区内的西部省份应该借助西部大开发以及“一带一路”的东风，适时与东部和中部地区开展协同创新研究，逐步提升科技创新能力。应重视创新追赶起步区的创新体系建设，加大中央财政对该区域的转移支付，加大重点科技创新项目的贷款财政贴息，在财政科技拨款、财政补贴等方面应适当向该区域倾斜，逐步增强该区域的内生增长动力。创新追赶起步区内各省财政投入的创新绩效较低，且创新追赶起步区的大部分省份均处于规模报酬递减状态，也就是增加财政投入带来的创新产出增加幅度在衰减，需要寻找财政投入的“冗余要素”，不断优化财政工具组合，探索更加有效的财政科技机制。

4. 加强各区域合作，共同推动科技创新

首先，要充分考虑财政科技支出的空间溢出效应，避免重复投资和相邻区域间的同质化竞争。国外学者多用财政支出对政府间的作用和模仿行为进行检验，如 Revelli （2002）① 使用英国市政当局预算的数据来研究地方财政互动，指出了税收竞争导致的跨辖区资源流动可能带来的问题。Carlsen （2005）② 研究了企业流动性与税收水平之间的关系，比较了地方政府间的财政竞争格局，这些研究都认为地方政府公共财政支出在空间上存在某种竞争与合作的“邻里效应”（Neighborhood Effect）。中国的各区域发展不平衡、要素禀赋差异很大，未来应特别加强区域间财政支出的协调合作，需要考虑“邻里效应”的问题，也即财政支出计划需考虑区域间的相互影响，避免重复建设，要让有限的财政支出能力发挥更大的效用。建议加强区域间财政合作，优化中国财政支出结构的空间配置，如水利、路桥、电力等基础设施的共同建设，又如关键领域共性技术的研发投入和资金、信息、知识、技术等生产要素流通平台的搭建，既有利于区域财政资源的合理利用，又有利于本地区和相邻地区的科技创新。

其次，财税支持政策应与区域创新战略耦合协调。创新追赶引领区要重点支持基础研究和前沿技术方向，一方面要加大地方财政对基础研究的投入强度，另一方面应发挥财政资金的示范效应，带动社会资本参与基础研究，在社会资本方取得重大研究成果后应予以事后奖励。创新追赶起步

① Revelli F. Testing the Taxmimicking Versus Expenditure Spill – over Hypotheses using English Data [J]. Applied Economics, 2002, 34 (14): 1723 – 1731.

② Carlsen F , Langset B , Ratts J . The Relationship between Firm Mobility and Tax Level: Empirical Evidence of Fiscal Competition between Local Governments [J]. Journal of Urban Economics, 2005, 58 (2): 0 – 288.

区尤其要加大财政投入规模并优化财政支出结构，并提高财政性公共服务支出的使用效率，为区域科技创新提供良好的发展环境，要在完善水、电、气、交通、邮电、气象等公共基础性服务的基础上，加大科学普及、公共教育等领域的财政支出，承接创新追赶潜力区甚至创新追赶引领区的产业转移，实现创新能力的提升。

第四章　典型创新型国家的财税经验借鉴

第一节　案例选择依据

创新已成为全球竞争的关键要素，世界主要发达国家都将财税政策作为推动科技创新的重要制度安排。由于国家体制、生产力水平以及所有制的不同，各国制定的创新取向型财税政策也有诸多差异，比较和总结先发国家的经验，有利于完善后发赶超时期中国财政支持科技创新的政策体系。

结合《全球竞争力排名（2017—2018）》《全球创新指数（2018）》《2018欧洲创新记分牌》等主要创新评级指数和报告，美国、德国、日本、以色列均为全球公认的创新型国家。本书选取这四个国家作为参照案例的原因如下：

德国、美国在“电气技术革命”和“信息技术革命”中崛起为全球科技创新龙头。中国作为世界第二大经济体，对美国的追赶进入了经济规模和发展质量并重的新阶段。中国制定的“中国制造2025”计划、战略性新兴产业发展规划、“宽带中国”战略等也均以美国、德国为主要的创新追赶目标国。

日本的创新追赶也是从模仿开始的，逐步实施“技术立国”战略，并成功跨越“模仿陷阱”进入创新型国家序列，具备了很强的原始创新能力。日本在系列科技战略与政策引导下，从引进消化吸收到走独立研发、自主创新的道路，结束了其对国外先进科技“追赶型”时代，迈入科技实力“领先型”时代。作为科学技术的追赶国，日本十分重视科技创新的作用，鼓励产学官紧密结合，逐渐形成了协同创新、合作创新、共同创新的多种创新组织形式，特别是以数控机床和工业机器人产业精准切入国际赛道，使得日本在高新技术领域达到全球领先水平，其追赶经验值得中国学习。

以色列于1948年5月14日建国，仅比新中国成立早一年时间，但今天的以色列作为“创新的国度”而闻名于世。以色列仅有871万人（2017年），但其在美国纳斯达克上市的高科技企业数量位居世界第三。同时，以色列是全球诺贝尔奖获得者人均密度最高的国家，在现代农业、水处理、网络安全、人工智能等行业具有较大优势，以色列在创新型国家建立的过程中积累了大量的成功经验，如坚持科技立国、加大研发投入、完善税收制度、设立研发基金和引导基金、营造创新文化氛围等。

因此，本章首先分析了美国、德国作为守成大国和先发国家保持创新竞争力的财税经验，然后分析了日本、以色列作为后发国家实现创新追赶、建成创新型国家的成功经验，并对各国的经验及其对中国的借鉴意义进行了总结。

第二节　先发国家保持创新竞争力的财税经验总结

一、美国经验

1. 持续的研发导向型税收政策

美国历届总统都非常重视通过税收来激励研究开发。美国针对科技型企业的大规模减税始于里根政府（1981—1989年执政），当时美国面临高失业率与高通胀率并举的“滞胀”局面，同时高税负也制约了创新创业，科技创新进入低潮，里根执政后进行了大量改革，比如启动税收抵免计划，他在1981年出台了《经济复兴法案》，规定企业研发支出可作为费用进行税前扣除，并鼓励企业进行技术升级和技术改造，更换设备所产生的设备投资能抵扣该企业年度应纳税所得额的10%。同时购置并用于校企合作项目的研究设备可被视为企业的慈善性捐款，该款项总额的10%能够抵扣该年度的应纳税所得额。《经济复兴法案》同时规定企业研发设备折旧期限缩减为3年，以此减轻企业税负并带动企业进行设备换代。在所得税层面，里根政府的《税制改革法案》将企业所得税从5档降为3档，最高所得税税率从46%降至34%，里根奠定了美国针对科技创新的税收体系框架，该框架从20世纪80年代至今由美国历任总统继承并逐步优化。老布什政府（1989—1993年执政）延续了里根政府的研发导向型税收优惠政策，并推出《收入法案》针对美国当时技术领先的新能源产业给予了较大力度的能源税抵免，促进了企业的创新热情。其后，克林顿（1993—2001年执政）提出了“重振美国经济”的施政纲领和“综合经济发展计划”，在前任总统的基础上，推出新的研发支出税收抵免方式，同时抵免额度能往后连续结转20年，也能够往前结转2年，而且将研发税额抵免优惠政策以法律形式固化。为了引导企业投入技术研发和设备升级，克林顿在1997年推出了《税收削减法案》，针对企业计提折旧成本给予优惠，并削减科技型中小企业的长期投资收益产生的税收。《综合预算调整法案》《财政预算平衡法案》也在克林顿执政期间通过。调整资本利得税，鼓励投资者长期持有高科技企业的股票，畅通了科技型企业的融资渠道。到了乔治·布什时期（2001—2009年），针对互联网泡沫破灭和“9·11事件”带来的经济萎靡，其在任期内通过《就业与增长税收减免协调法案》将股息税取消，把资本利得税最高税率从20%降至15%。小布什还签署了《经济增长与减税协调法案》和《税收抵免及医疗保健法》，明确要将企业R&D税收抵免永久化，并引入选择性简化抵免政策，确定基准为企业前三年的平均研发投入额的一半，如果企业当年度R&D支出超过基准，超出额能够享受12%的税收抵免，若前三年中的任意一年都无R&D支出，则抵免额度可以确定为当年R&D投入的6%，这种方法到现在一直沿用。小布什任期结束前，次债危机从美国爆发并迅速向全球蔓延，于是，小布什批准了《经济稳定紧急法案》，将R&D支出抵免比率从12%提升至14%。继任者奥巴马（2009—2017年执政）推出量化宽松计划来应对危机，并针对技术密集型的新能源产业给予税收优惠，2009年通过的《美国经济复苏再投资法案》将企业所得税最高税率降至25%，针对符合要求的新能源项目按其投资额的30%进行税收抵免，奥巴马于2012年签署了《先进制造业国家战略计划》，继续追加50亿美元的清洁能源制造税收抵免。其后，特朗普一上任就签署了《减税和就业法案》，继续下调公司所得税税率，改变了美国的全球征税制度和递延原则，实行“属地征税制”，总部在美国的大型创新型跨国企业对这一制度普遍欢迎。

总的来说，美国的科研税收优惠以间接优惠为主、直接优惠为辅。同时，历任总统都将R&D支出作为税收政策的激励目标，并且从20世纪80年代以后税收抵免政策逐步固化下来，如表4-1、表4-2所示。此外，资本利得税的减免有利于鼓励投资者长期持有科技型公司的股权，这对于中国当前的直接投资市场和股票市场也有很好的借鉴意义。

表4-1　美国历届政府鼓励企业研发的税收抵免汇总

时间	法案	抵免类型	抵免方式
1981年	《经济复兴法案》	1. R&D支出	1. 企业超过前三年R&D支出的平均数部分的25%
		2. 技改设备支出	2. 支出额的25%
		3. 赠送大学的科研用设备	3. 设备价值的10%
1986年	《税制改革法案》	合同委托大学从事基础研究的研究费用	R&D费用的20%
1990年	《收入法案》	1. R&D费用抵扣方法延期	1. R&D费用的20%
		2. 太阳能和地能相关财产	2. 10%能源税抵免
1996年	《收入法案》	R&D支出	以前4年平均营收为基准，以该年度R&D支出超过基准的比例来确认抵免方式
2002年	《增加就业和援助雇工法案》	设备购买以及经营性资产的投入	30%的折旧抵扣，本会计年度的经营亏损可用之前5年内的利润来抵销
2003年	《就业与增长税收减免协调法案》	针对小企业折旧减免	减免额提升3倍，最高折扣额从2.5万美元提高至10万美元
2006年	《税收抵免及医疗保健法》	R&D支出	以此前3年R&D支出均值的50%为基准，当年度R&D支出超过基准的部分享受12%抵免；若此前3年的任意一年无任何R&D支出，则抵免额按当期R&D支出的6%
2008年	《经济稳定紧急法案》	R&D支出	抵免比率从12%提升至14%
2009年	《美国经济复苏再投资法案》	1. 新能源行业	1. 可按投资额的30%抵免，或10年内按其产销电量的一部分来抵扣
		2. 特种设备	2. 可抵销2009年运行设备基价的50%
2012年	《美国纳税人减税法案》	延长企业R&D支出抵免和新能源项目抵免	
2015年	《美国纳税人减税法案》	R&D支出	抵免率从14%增长到17%

资料来源：根据王亚晨（2016）①、乔健（2016）②、赵树播等（2012）③整理总结。

① 王亚晨．美国鼓励研发的税收优惠政策及对我国的启示［J］．商，2016（33）：174-175.

② 乔健．美国创新型企业税收支持政策研究［J］．全球科技经济瞭望，2016，31（9）：44-47.

③ 赵树播，杨东升．美国联邦政府促进企业技术创新的税收政策及启示［J］．徐州工程学院学报（社会科学版），2012，27（6）：34-37.

表 4-2 美国鼓励创新型企业研发的税收优惠措施

类别	优惠措施
研发费用	(1) R&D 支出在当年度一次性扣除，或 60 个月内分期摊销； (2) 内部研发或者委托研发的 R&D 支出均可抵免，超过基准的给予 20% 抵免
研发用固定资产	(1) 固定资产投资可按其投入设备调整后基价的 50% 抵扣； (2) 研发设备按照 3 年折旧，科研软件按照 2 年折旧，生产设备按照 5 年折旧
支持科技成果转化	(1) 知识产权采买可在 15 年内分期折旧； (2) 专利转让所得可享所得税优惠，税率相对同级普通收入所得税低 15% 左右
支持对科技企业的风险投资	(1) 所投风险资本的 60% 可免所得税； (2) 风险投资税率为 20%，低于普通企业； (3) 个人投资者持有科技企业股票满 5 年则其取得的收益免除资本利得税； (4) 持有资产 1 年以上的投资者享受长期资本利得税优惠
针对中小企业创新活动	建立税收抵免在线交易平台，初创企业可将税收抵免额对外交易获取收益，交易对手也可获税收优惠
延长亏损结转期	允许亏损结转，按照前转 3 年后转 5 年的前后结转模式

资料来源：根据王亚晨（2016）、乔健（2016）、赵树璠等（2012）整理总结。

2. 制度化的高比例政府科技投入

美国作为创新型国家的典范，把财政科技投入作为政府介入创新活动的重要工具，20 世纪 80 年代以后美国历届政府都通过各种措施来保障其政府科技投入，政府科技投入的规模都呈现超过其 GDP 增速的高速稳定增长。例如，里根政府（1981—1989 年执政）R&D 投入从 1980 年的 706 亿美元激增到 1989 年的 1600 亿美元，增长了一倍多，最高时占 GDP 的比例达到 2.94%。克林顿（1993—2001 年执政）制定了 R&D 经费占 GDP 比重 3% 的指导性计划，政府 R&D 投入大幅增加（克林顿任内政府研发投入增长比例超过 60%），并取得了一系列高精尖的研究成果。布什总统于 2002 年签署了国家科学基金会预算在五年内翻番的计划法令。到了奥巴马任期内，建设国家创新系统、确保美国的创新引领地位被联邦政府视为重要目标。奥巴马十分重视科技创新的制度化顶层设计，他建立了科学技术顾问委员会而且任命了 CTO（首席技术官）、CIO（首席信息官）和 CDS（首席数据科学家）三位高级科技顾问①，他聘任5位诺贝尔奖得主及28位美国科学院、工程院和医学院的高水平学者担任白宫政府雇员来共同制定政府科技资助计划，组织实施了“大脑计划”“精准医学计划”等科技计划。他还于2009年签署了《美国经济复苏再投资法案》，该法案规定政府给美国国家科学基金会等机构投入133亿美元进行高新技术的研发。奥巴马还推出了旨在确保创新驱动增长的《美国创新战略》，该报告明确“美国未来的经济增长和国际竞争力取决于创新能力”，明确政府将大力支持基础研究和试验发展研究的重大创新项目。奥巴马在其任期内大力倡导“创新教育运动”，政府财政预算中安排了专项经费支持在全美学校普及STEM教育（科学（Science）、技术（Technology）、工程（Engineering）、数学（Mathematics）教育）。奥巴马尤其重视以宽带、无线技术为代表的数字服务设施建设，2015年奥巴马根据《美国恢复和再投资法案》批准了超过70亿美元的宽带建设资金。在其2016财年的财政预算中划拨了专项经费支持教育软件研发，并承诺在2018年前让美国99%的学生用上高速宽带。2017年1月，特朗普正式就任美国第45届总统，他向国会提交了著名的“美国优先法案”，其中许多内容都与科技创新发展有关，不过2018财年预算中特朗普政府取消了《清洁能源计划》等科技支出计划，强调在不增加国家财政赤字的前提下重建美国军队，优先发展军事科技，呈现出与其前任总统不一样的对科技创新投入的思路。

美国政府研发投入的结构为，优先投给官办研究机构，其次投给产业和大学，最后投给非营利机构。近年来政府投入的重要领域为基础研究，所以投入给大学的经费比例逐年增加。美国政府每年承担了全国基础研究经费的57%，而大学获得了总体上66%的基础研究经费。

3. 引入竞争机制的政府采购政策，支持创新型国货

政府采购是激励本土科技型企业投入创新活动的行之有效的方法，在这种模式下，政府直接作为产品或者服务的有效需求方，降低了企业投入研发的盲目性，具有很强的导向性。美国的政府采购具有很强的创新导向，推动产业价值的高端领域在美国发展，使政府采购取代关税成为驱动核心技术创新和进行颠覆式创新的财税政策工具。作为一项极其重要的需求侧创新政策，美国的政府采购有如下几个主要特点。

① 董艳春，徐治立，霍宇同. 从奥巴马到特朗普：美国科技创新政策特点和趋势分析［J］. 中国科技论坛，2017（8）：168－174.

第一，强化政府采购政策立法。美国政府通过立法保障对本国企业尤其是科技型中小企业的产品和服务的优先采购权。美国 1933 年《购买美国产品法》规定了大多数情形下的美国产品“优先权原则”（Priority Principle），要求除非美国产品不符合公众利益或者美国产品数量、质量不满足公众需求，联邦政府必须购买本国产品或服务。在定价方面，如果美国供应商的报价不超过外国供应商报价 6%，则优先对美国本土供应商进行采购。而针对科技型中小企业，当其报价超过外国供应商报价的幅度不足 12% 或超出美国国内大型公司报价的幅度不足 16% 时，会获得联邦政府的优先采购。美国《小企业法》（1953 年第一版，2016 年再次修订）要求政府采购中中小企业产品的采购占比不得低于 23%。此外，美国的《武装部队采购法案》《联邦政府采购政策办公室法案》《联邦采购合理化法案》等著名法案中均有针对政府采购支持本土创新产品的明确规定。里根总统在美国历史上的重大贡献之一在于他在 1984 年推动实施 FAR 条例（《联邦采购条例》），这是美国迄今为止最为完善的一部政府采购条例，对美国政府采购的计划、方式、合同种类、合同管理、优先支持的技术创新门类等都有非常翔实、准确的规定。

第二，强化组织保障。美国设立了小企业采购代表处（Small Enterprise Procurement Representative Office）来综合处理联邦政府对中小企业和高新技术企业的采购事项，并且，美国联邦政府通过了针对中小企业的创新研究计划（SBIR）、国土安全部的技术采购计划（TPP）以及美国国防部军事技术采购中心（MTPC）等具有代表性的创新技术采购计划。美国政府通过国防与军事采购提供了计算机、发动机、半导体和物联网等关键创新技术的早期试用和初期订单，著名创新经济学家 Vernon Ruttan 在《战争对经济增长是必要的吗？——军事采购与技术发展》中通过翔实的数据和史料研究证实军事、国防研发和采购对于半导体、高性能计算机、航天、核能等商用创新领域都发挥了极其关键的主导作用①。

第三，引进竞争机制。为了鼓励真正的创新型技术得以市场化开发应用，联邦政府在政府采购制度中引进了竞争机制：在小试和中试阶段，政府让技术供给方之间充分竞争；在创新产品形成并准备推向市场时，联邦政府组织专业评估遴选竞争力较强的项目进行政府采购支持；在创新产品

---

① Vernon W. Ruttan. Is War Necessary for Economic Growth? Military Procurement and Technology Development [J]. Economic Development & Cultural Change, 2007.

的美誉度逐步提高并获得市场认可时，逐步缩减政府采购占比。

第四，对国产高科技产品施行首购政策。联邦政府对符合国家产业发展导向、符合技术发展趋势、暂不具备品牌影响力但具备市场潜力的首台/套产品施行首购政策。如 1955 年美国国家宇航局采购了半导体和计算机早期产品，1960 年联邦政府采购了 HP、TI、IBM 等企业研发的全美第一批集成电路产品。20 世纪 50 年代 10 年间联邦政府给予了航空航天制造公司波音约 180 亿美元的政府采购合同。

4. “小企业投资公司”投资科技型中小企业

风险投资（也包括风险债权）是创新孵化的重要保障。美国是全球风险投资非常活跃和成熟的国家，早在 1958 年就通过了《小企业投资法案》并执行了“小企业投资公司”（Small Business Investment Companies，SBIC）计划，通过财政资金入资的示范效应吸引了大量的股权和债权（含可转换债权）资本。SBIC 是市场化机制运作的法人主体，采用公司制、信托制或有限合伙制运行，以有限合伙制为主。SBIC 计划一般由财政拨款提供融资担保并设立创投基金，并配置一定比例的养老金，采用直接股权投资或者风险债权的模式对外投放，而以 NASDAQ 为代表的美国资本市场为基金退出提供了畅通的渠道。SBIC 主要投向技术创新型中小企业，解决中小企业的短期流动性资金以及产品商业化前的融资需求。SBIC 的投资机制设计的创新点在于 SBIC 按照市场化机制进行投资和管理，投资决策委员会决定进行项目投资时，政府可给予 SBIC 投资额 2/3 的贷款或投资，项目成功退出时，出资 2/3 的政府仅获得投资本金和超额收益的 1/10，其他出资本人（社会资本）获得本金和超额收益的 90%；若投资的公司触发风险，则由 SBIC 和政府共同承担亏损。在这样的机制下，财政资金一定的让利使社会风险资本参与早期科创类项目投资的热情大大提升，一大批优秀的技术密集型中小企业发展起来。截至 2018 年，SBIC 计划的风险投资基金已经是联邦政府最大、最成功的支持科创类中小企业的政府引导型风险资本，有效地发挥了财政资金支持科技创新的示范效应。

5. 通过财政补贴、政策贷款和专项资金优化创新环境

除了上文的需求侧、供给侧财政工具支持创新外，美国政府还通过财政补贴等模式不断聚集创新要素、优化创新环境。例如，20 世纪 80 年代以来，联邦和各州的历届政府都划拨经费补贴重点领域的研发主体。为了创造有利于创新要素聚集和合作的环境，美国政府一方面设立了大量由财政拨款的科技企业孵化器，另一方面出台政策鼓励创新主体之间开展合作研发，1984 年《国家合作研究法案》规定政府提供财政补贴来支持鼓励大学和产业界成立技术转移联盟。1986 年《联邦技术转让法》从法律层面保障了政产学研合作研发的政策框架，允许企业自主处置合作研究的知识产权。美国历任总统都签署过不同的技术伙伴计划来支持科技型中小企业的科技创新活动，分担其技术研发成本，如“先进技术计划”“新一代汽车计划”“高性能计算和通信计划”“制造技术推广伙伴计划”。其中，“先进技术计划”促使科技型中小企业和政府研究机构以及大学建立合作研发联盟、分摊研发成本；而“新一代汽车计划”也是由 7 个政府研究机构、20 个国家级重点实验室、3 大汽车制造商、400 多家中小型零部件企业组成的合作研发计划。2012 年组建了全美制造业创新网络，该网络重点强调政产学研的合作，实现资源和设施共享，联邦政府和非联邦共同提供资金支持①。每一个计划都有专门的督察机构评估政府研发投入的绩效水平。通过这些措施，美国的政府科技投入精准地投放到了国家急需发展的技术密集型产业，扶持了大量没有资金开展独立研发活动的中小微企业，取得了很好的成果。

二、德国经验

1. 税收优惠政策运用相对谨慎

德国鼓励创新型企业研发的税收优惠措施汇总如表 4－3 所示。与其他欧盟国家对比分析可知，在制定创新导向的税收扶持政策方面，德国政府相对谨慎。德国政府认为相对于财政科技投入和政府直接采购，税收政策对于创新活动的针对性不强，因为财政收支的“天花板”决定了财政资源必须导向最有效率的创新活动之中②。德国政府提出，将财政资金直接投入高精尖技术领域比税收优惠政策更有利于激发科技创新的氛围。

① 黄海霞．发达国家创新体系比较［J］．科学与管理，2014（4）：9－17.

② 欧文汉．瑞典、德国支持自主创新的财政政策及对我国的启示［J］．中国财政，2012（18）：73－76.

表 4-3　德国鼓励创新型企业研发的税收优惠措施

类别	优惠措施
研发费用的税收优惠	大企业的企业所得税从 1995—1996 年的 56.6% 降到 2005 年的 38.7%
研发用固定资产的税收优惠	（1）设备折旧率 20%； （2）建筑物折旧年限为 33 年
鼓励节能环保产业创新的税收优惠	（1）开征“燃油税”； （2）促进企业节能技术研发
对小企业的创新税收优惠政策	（1）落后地区免交营业税 5 年； （2）对新建的中小企业的动产投资，免 50% 所得税[①]； （3）对中小企业使用内部留存资金进行投资的部分免交财产税； （4）提高课税收入的最低标准，增加非课税收入的折扣[②]

资料来源：根据宋羽（2012）、黄爱玲（2004）整理总结。

2. 政府研发支出稳定增长

第一，对科技创新活动采取资金扶持政策。统计显示，2017 年德国教育和研发费用的预算为 176 亿欧元，占整个政府预算的 5.4%。包括对研究活动直接资助、通过政策性银行向创新型项目提供信贷支持、建立科技创新奖励补助资金池等，重点投向教育、能源、卫生、信息科技等基础性研究领域。

第二，德国实行“双元制”的职业培训教育，科技研发人员在德国备受尊重，政府根据科技研发人员取得的成果对其进行直接补助，另外，政府对于高校和研究所的经费进行补贴，例如，德国科学基金会每年用于扶持高校的科研经费高达 15 亿欧元。

第三，德国还通过财政预算扶持了各类型的科技创新联盟，例如，德国的国家高技术战略“创新联盟”支持产学研合作联盟，联合研发有可能形成新兴产业甚至引起产业革命的核心技术；“创新网络计划”将中小企业和官办研究机构结成联盟，提升中小企业的创新能力；“精英团体计划”则鼓励最具创新潜力的领域和地区结成联盟，旨在保持尖端技术的领先程度[③]；而始于 20 世纪 90 年代的“集群策动计划”明显地推动了德国在汽

① 宋羽．中小企业融资：现实与思考［M］．北京：经济科学出版社，2012：125.

② 黄爱玲．发达国家促进中小企业发展的财税政策及借鉴［J］．税务与经济，2004（5）.

③ 欧文汉．瑞典、德国支持自主创新的财政政策及对我国的启示［J］．中国财政，2012（18）：73-76.

车、生物医药、信息通信等产业领域的跨越式发展。

3. 搭建财政支持的基础研究和公共服务平台

德国政府十分注重科研平台建设，一是基础性研究平台，以马普协会、弗劳恩霍夫协会、赫尔姆霍兹联合会、莱布尼兹科学联合会为代表，其日常运营和科研行为都以国家财政支持为主，在全球范围内有着广泛的影响力。如表4－4所示，马普协会90%的科研经费由国家财政拨款支持；弗劳恩霍夫协会40%的科研经费由财政提供；赫尔姆霍兹联合会70%的科研经费由联邦政府和州政府财政共同分担。二是各类公共服务平台，如技术贸易平台、技术服务平台、数据信息中心等。典型的如联邦政府主导建设的SIGNO技术平台、“德国集群信息平台”、“史太白”技术转移中心等。专业性服务平台以慕尼黑生物医药集群中的m4试验服务、m4生物银行联盟、m4数据集成系统等为典型代表，这些功能性服务平台为德国的生物医药企业提供了“量身定制”的帮助。

表4－4　德国财政支持的主要国立科研机构

科研机构	特点	研究方向与政府赋予的使命
马普协会	90%的科研经费来自联邦政府财政拨款，主要聚焦基础研究	支持自然科学、生命科学、人文科学和社会科学等领域的基础研究
		支持开辟新的研究领域，与高等院校合作并向其提供大型科研仪器
弗劳恩霍夫协会	欧洲最大的应用科学研究机构	为中小企业、政府部门、国防安全等提供合同科研服务的非营利性机构
		主要研究领域包括微电子、制造、信息通信、材料与零部件、生命科学以及工艺与表面技术和光子学等
赫尔姆霍兹联合会	主要面向前瞻性的高新技术研究	以国家长期性科研任务目标为导向、以国家大科学工程为核心的科研特点，强调服务于经济和社会的应用基础研究
		研究领域关注深刻影响人类生存与环境的复杂系统
莱布尼兹科学联合会	注重国际交流合作以及实际工程问题的基础研究	以问题为导向开展基础研究和应用研究
		环境领域综合的科研机构，涵盖自然科学、工程科学、环境科学、经济科学、社会科学、地球科学和人文科学、基础科学研究与应用相结合

资料来源：根据李晓轩（2004）①、吴建国（2009）② 整理总结。

① 李晓轩．德国科研机构的评价实践与启示［J］．中国科学院院刊，2004，19（4）：274－277.

② 吴建国．德国国立科研机构经费配置管理模式研究［J］．科研管理，2009，30（5）：117－123.

4. 设立专项基金和专项计划促进区域创新

从历史上看，德国先后启动和实施了“东部工业研究特别促进计划”（1990 年）、“产品更新计划”（1994 年）、“东部研究任务计划”和“东西部研究任务计划”（1995 年）、“创新地区计划”（2001 年）、“新联邦州尖端研究与创新计划”（2009 年）、“2020 创新伙伴关系计划”（2012 年）等计划。仅“东部研究任务计划”和“东西部研究任务计划”联邦教研部就提供了 3.2 亿马克的专项资助（陈强、霍丹，2014）①。此外在政府采购方面，德国规定工程 500 万欧元以上、货物和服务 20 万欧元以上的采购，都必须在欧盟范围内开展。此外，德国《2020 高科技战略》明确提出德国与创新有关的“公共采购”总额在 230 亿欧元/年（黄群，2011）②。

5. 财政部门与教育研究部门联动营造创新环境

德国政府将“营造创新环境”作为重要的政策目标之一，其主要经验是政府不介入创新活动的具体过程，而是在激发创新氛围、严惩专利侵权、保护和奖励技术人员等方面做文章。具体措施包括：一是德国财政部和联邦教育研究部联合发起尖端集群竞赛（Spitzen Cluster Competition），每次评选出最多 5 个尖端产业集群，它们可在 5 年内获得 4000 万欧元的财政支持和来自产业界的配套资金③，为提升政府资助的准确度，以竞赛评选的方式确立科研资助对象。二是完善而严格的专利保护制度，德国政府历来重视专利保护，早在 1877 年德国就有了专利法。此外，德国的“激励德国经济界技术创新项目”和“中小企业专利行动项目”规定，中小企业凡是首次申请专利，或距首次申请专利 5 年以上的，在两年之内，专利申报过程中费用的 50% 可申请政府资助。三是加大投入建立面向国际化、开放创新的环境。德国“2017 年至 2022 年国际化战略”成立了由 18 个研究中心和联合会管理部门代表参加的国际化工作小组，全面协调、按需调整联合会的国际化进程。四是采取多种措施激发中小企业参与产学研合作创新的积极性。包括构建科研院校与企业间的协同关系，实施“研究型校园”计划等。

---

① 陈强，霍丹．德国创新驱动发展的举措及对中国的启示［J］．科技创新导报，2014（20）．

② 黄群．德国 2020 高科技战略：创意·创新·增长［J］．科技导报，2011，29（8）：15－21．

③ 纪慰华．德国政府推动科技创新的举措及其对上海建设全球科创中心的启示［J］．上海城市管理，2018，27（4）：38－45．

第三节　后发国家实现创新赶超的财税经验借鉴

一、日本经验

1. 符合日本国情的创新型企业税收优惠制度

在日本，大量优秀中小企业构筑起了强大的日本制造业，这在很大程度上得益于日本在中小企业技术创新方面的税收优惠制度，包括为实现特定政策目标的特别减税措施，对试验研究用机械设备与新技术设备实行的加速折旧制度等，日本政府主要税收优惠政策对比如表4－5所示。

第一，财政补贴。日本国家财政对开展研发活动的企业、科研机构给予50%额度的经费补贴。第二，税收抵免。日本先后出台了中小企业技术研发基础强化税制以及研究开发促进税制等用于支持高新技术研发活动。同时给予大学及公共研究机构合作的研发支出最高15%的税收抵免。第三，降低所得税税率。数据显示，大企业所得税税率从1995—1996年的50.6%降到2005年的42%；2005年，中小企业所得税税率为32%，较大幅度地削减了个人业主、中小企业的税负。第四，加征特别税、对环保等不达标的企业采取加征特别税的处罚。第五，现代化设备折旧制度。例如，2003年出台的《IT投资促进税制》对企业投资IT软硬件实施加速折旧或7%税额抵免。

表4－5　日本政府主要税收优惠政策对比

政策类型	技术研发基础强化税制	税额抵扣
出台目的	调动中小企业开展研究的积极性	促进企业的试验研究经费能够正常合理地增加，增强技术开发
范围类型	新技术研发过程中消耗的经费	试验研究经费，对组织成员征收的负担金、与技术开发计划有关的费用、与知识融合开发事业相关计划的负担金等
主要规定	中小企业当年度R&D支出的6%可扣除，限额为当年度所得税的15%	以用于试验研究经费的最高额为基准，其增加额的20%部分可从法人税（或个人所得税）中扣除，但抵扣额以不超过应缴法人税或所得税总额的10%为限

资料来源：根据杨健（1994）①、池海燕（2002）② 等资料整理。

---

① 杨健．日本税收减免政策［J］．税收与社会，1994（12）：39.

② 池海燕．日本政府扶持中小企业技术创新的做法及其对我国的启示［D］．延吉：延边大学，2002.

2. “创新立国”战略下的法制化政府研发支出

为实现从早期依靠美国尖端技术输入阶段到科技自主创新阶段的转变，日本政府先后出台了《下一代产业基础技术研究开发制度》（1981 年）、《推进创造性科学技术规划》（1980 年）、《第五代电子计算机研究开发十年规划》（1982 年）、《原子能开发利用长远规划》（1982 年）、《关于研究开发生命科学中先导性、基础性技术的基本计划》（1984 年）、《激光研究五年计划》（1986 年）、《人类新领域研究计划》（1987 年）等政策，以及“科学技术创新立国”（1995 年）和“知识产权立国”（2002 年）的国家战略，旨在通过一系列国家层面的制度安排，发展创造性研究，把日本打造成科技强国。特别是，日本综合科学技术创新会议（CSTI）于 2016 年 1 月发布的《第五期科学技术基本计划（2016—2020 年）》明确提出研发投入占 GDP 4% 以上，政府研发投入占 GDP 1% 以上的目标，这些都从立法层面保障了政府的科技投入。

20 世纪 80 年代以前，日本科学研究资金中竞争性资金的占比仅为 10% 左右，日本主要通过非竞争性手段分配研究开发资金。为鼓励形成竞争性的研发环境，1984 年之后，日本政府逐渐提高竞争性研究资金的比重，包括将大幅提高政府竞争性研究资金写入《第一期科学技术基本计划》，在《第二期科学技术基本计划》中提出要在 5 年内将政府竞争性研究资金总量翻倍。但在现实应用中 80% 以上的资金流向大学，而民间企业的研究资金仅占 5%，为此日本综合科学技术创新会议专门设立改革小组，确立了对竞争性研究经费的招标、评审、公示、拨付、跟踪、评价等实施系统化管理的体制，对占据竞争性研究资金约 80% 的大学推行人事工资制度改革，鼓励面向年轻研究人员的竞争性研究资金的拨付，实现竞争性研究资金的高效性及多样化运作。目前，日本政府的科技预算中大部分资金用于相关民间企业和研究机构，其中大学占比 49%，政府研究机构占比 42%，民间机构占比 9%。

3. 为扶持本国企业创新技术发展优先采购

日本政府高度重视对产业共性技术和关键技术开展优先采购，从而形成了政府对本国创新技术的扶持。进入 21 世纪以来，日本通过相关法案明确要求在航空、铁路、通信、能源等部门优先购买本国的科技产品。例如，2000 年为普及 3G 网络，日本经济产业省制定了 3G 网络在政府各部门的统一采购程序，扩大了政府的横向技术采购；2004 年日本经济产业省明确提出，政府采购是促进日本在数字内容产业、能源设备服务、工业机器人以及商业服务等领域的技术变革、应对日益激烈的国际竞争的一个有效手段。在《第三期科学技术基本计划（2006—2010 年）》中，日本提出要通过公共采购促进新技术应用，包括生命科学、信息通信、环境、纳米技术与材料、能源、制造、社会基础、前沿八大领域。

4. 活跃的政府风险投资与财政金融联动支持

在政府风险投资与金融支持方面，日本的主要做法有：第一，政府财政针对创新型、小规模企业的银行贷款提供贴息、免息政策，财政出资设立“中小企业专门银行”为新设立企业、科技类的初创企业发放无抵押无担保的小额贷款。政府认购中小企业为充实自有资本而发行的股票和债券。第二，在日本通产省设立中小企业厅，通过颁布一系列法规，逐步建立中小企业融资体系，其中比较典型的是日本财政省出资设立的日本中小企业金融公库。第三，成立中小企业信贷保险公司，分散中小企业信用担保风险，该公司目前由日本通产省和大藏省两家共管。第四，中小企业信用保险金库（1958 年）、风险基金（1995 年）等信用保证制度，以信贷担保方式支持中小企业创新。第五，由日本政府出资并持股 50% 的日本亚洲投资公司面向创新技术的中小企业提供风险投资。第六，实施产业群推进计划，涵盖日本 9 个主要区域的 19 个产业集群、约 5000 个中小企业、200 所大学以及系列配套机构，建立创业孵化平台，打造互联网众创空间。第七，官产学合作，打造“知识型创新集群”，形成以地区为主体的人力资源网络、融资系统、创业援助体系。

二、以色列经验

1. 科技立国体制下的创新取向型税收制度

在以色列，企业从事药物、软硬件及能源等方面的研发活动都可享受税收优惠。2010 年以色列政府批准实施的《鼓励投资法》第 68 次修正案中就包括针对研发活动而制定的税收优惠制度。其中，位于国家优先区的，企业所得税适用的税率为 5%；位于国家中心区的，企业所得税税率为 8%，股息税税率为 15%。2011 年颁布的《天使法案》专门为投资以色列私人居民企业的个人提供税收优惠政策，在计算所得税时，符合规定的投资额可用于抵减个人投资者任何来源的应税收入。此外，政府支持年营收大于 20 亿美元的科技类大型跨国企业与以色列新设企业合作。与此同时，2017 年和 2018 年以色列将企业所得税税率每年降低 1%，这意味着与研发活动相关的税务成本进一步降低。以色列吸引跨国企业开展研发活动的税收优惠政策如表 4 – 6 所示。

表 4 – 6 以色列吸引跨国企业开展研发活动的税收优惠政策

<table>
<tr><th>条件</th><th>税收优惠政策</th></tr>
<tr><td>年营业额超过 1 亿美元的企业</td><td>可获得为期 24 ~ 36 个月、65% ~ 75% 的现金补助。若实现盈利，则仅需以特许权使用费的方式返还现金补助</td></tr>
<tr><td>年营业额超过 1 亿美元且在以色列雇员超过 200 人的企业</td><td rowspan="2">获得其核准研发费用 50% 的现金补助，无返还要求</td></tr>
<tr><td>在以色列研发预算超过 2000 万美元的企业</td></tr>
</table>

资料来源：笔者根据刘建兴（2011）①、张倩红和刘洪洁（2017）等整理。

2. 政府研发投入强度始终高居全球榜首

自 20 世纪 60 年代末起，以色列政府就投入了大量资金用于研发活动，其研发支出占 GDP 的比重始终高居全球榜首，涉及互联网安全、水处理、现代农业、新能源、医学制药等高科技领域。以色列为了维持世界领先的研发投入强度，将政府研发投入法制化。自 20 世纪 80 年代开始，以色列陆续出台了《工业研究与发展促进法》（1984 年）、《投资促进法》（1990 年）、《天使法案》（2011 年）、《2000 年生物技术产业规划》《纳米技术：以色列的国家战略》，其内容均涉及早期项目以及关键技术领域的政府研发投入问题。以色列立法保障财政对技术创新与高新产业的投入促使其国家的创新效率处于全球领先水平，同时，以色列财政部每年发布政府研发投入评估报告，对政府研发投入成效的制度性监督、考察的做法值得中国借鉴。

3. 财政补贴支持下的跨国科学交流

以色列自 1972 年开始建立了独具特色的首席科学家制度，由财政拨款专门用于统筹以色列的科研工作，协调技术研发的国际合作。以色列首席科学家办公室先后出台了竞争性研发计划、预种子与种子计划、促进投资与创新采用计划、预竞争和长期研发计划 4 类技术研发资助计划，旨在为企业和高校的技术创新提供充足的资金支持。首席科学家办公室还与美国

① 刘建兴．在扶持中小企业中发展高科技产业——中小企业发展政策国际比较之以色列经验[J]．经济研究参考，2011（37）：75 – 78.

(1997年)、加拿大(1994年)、新加坡(1997年)、韩国(2001年)等国家建立了双边研发基金会，向对以色列经济发展具有战略重要性的项目提供资金支持。除常规性的研发补助外，以色列政府还设立了众多专项补助计划，如空间技术研发基金、生命科学基金、网络安全基金等[①]。以色列破例作为亚洲国家深度参与了欧盟研发框架计划，通过与英法德等国的合作研发大幅提升其研究开发能力。

4. 财政注资的政府投资基金和国际产业合作研发基金

以色列于1993年通过财政拨款1亿美元设立了YOZMA基金，该基金的20%进行直接投资(主要用来孵化苏联移民带到以色列的领先技术)，剩余8000万美元与市场化风险投资企业以及跨国投资基金组成创投混合基金，每只基金政府出资比例为40%，当投资项目出现风险时政府与市场化机构风险共担，当项目成功退出获得盈利时，政府出资部分可做较多的让利，这种“宽容失败、适当让利”的政府引导基金激发了市场化投资机构和跨国投资基金的参与热情。这个操作模式对于当今中国遍地开花的政府风险投资基金有较好的借鉴意义。

此外，1977年以色列和美国联合创建了BIRD双边产业研发基金，促进了以美双边的科技创新的国际合作[②]，这只基金孵化出了多个新能源、新材料、生物医药等领域的全球性企业。在BIRD基金基础上，以色列与欧洲、亚洲、北美的部分技术强国合作设立了双边研发基金，获得了很好的投资收益。

5. 多部门协作的全球招才引智计划

以色列是移民国家，为了使外来的高端科研人员迅速融入以色列科研体系，以色列授权财政部设立引智基金、移民安置部设立科研人员安置中心、移民自主创业局设立创业促进中心。引智基金旨在服务移民科学家，助其融入以色列的国家科技创新体系。同时，以色列对境内雇用了高端人才的跨国企业予以税优待遇。

6. 发展科技孵化器，重视科技成果转化

以色列财政每年出资3000万美元扶持设立在各地的孵化器[③]，非营利

① 张倩红，刘洪洁. 国家创新体系：以色列经验及其对中国的启示［J］. 西亚非洲，2017(3)：30－51.

② 陈松，周阳. BIRD基金运作模式及其借鉴意义［J］. 科技管理研究，2013(24)：34－39.

③ 张燕. 资源匮乏下的创新路径研究——以以色列为例［J］. 科学决策，2013(4)：67－77.

性质的科技孵化器给以色列初创企业注入了创新动力与发展信心，其遵循“共担风险，但不共享收益”的原则。同时，为解决初创期后续的资金问题，以色列政府鼓励孵化器私有化，并发起了著名的 Yozma 计划，为所有获得风险投资的企业提供配资，这种政府引导型风险投资 + 非营利性孵化器联动的机制，具有较大的推广价值。

第四节　各国经验的总结及对中国的适用性分析

一、中国后发追赶情境的特殊性分析

中国的创新追赶是在特殊的“中国情境”下开展的，与典型创新型国家的追赶情境有较大区别。德国、美国崛起时的情境是创新环境封闭、全球化程度不高，日本、以色列等国家后来居上的背景是政府主导追赶、国内市场受限、全球化雏形初现。而中国的创新追赶则是在多元化的所有制结构、政府与市场双轮驱动、全球化程度高等特定情境下开展的。

第一，“知识爆炸”的全球化时代科技创新的周期逐步缩短，在技术不断迭代的同时，不同学科和技术轨道之间联合、渗透程度加大，一批交叉学科开始涌现并在各个产业方向上得到广泛应用。例如，当前炙手可热的人工智能就是一门涵盖了数学、知识表示、知识推理、模糊逻辑、神经网络、专家控制、遗传算法和群集智能等方向的综合性交叉学科（李学龙，2014）①。这意味着不能简单照搬美国、德国、日本、以色列等国的财政支持经验，例如，财政科技投入在当前情境下应越发重视支持公立研发机构、高校、产业界的联合研究，并重点支持一批与当前阶段产业创新需求相匹配的交叉学科课题。

第二，中国在改革开放后的前 30 年更多地呈现出“外向型经济体”的特征（孔祥敏，2007）②，近 10 年来中国才真正将科技创新上升为国家战略，与美国、德国、日本、以色列等国相比，中国共性技术创新载体和创新基础设施建设较为落后。例如，以色列提出建设“创新的国度”和日本、韩国在追赶时期提出“技术立国”时，均投入大量资金建设创新基础设施、

---

① 李学龙．人工智能理论及其在人脸识别中的应用［J］．科技视界，2014（3）：53.

② 孔祥敏．从出口导向到内需主导——中国外向型经济发展战略的反思及转变［J］．山东大学学报（哲学社会科学版），2007（3）：50－56.

一流高校和产业共性技术平台。中国当前阶段应重点加强共性技术创新载体和创新基础设施的建设，以改善科技创新公共服务条件，激励企业参与创新的意愿、提升科技攻关的成功率。

第三，技术经济范式的转变对于后发国家来说往往是巨大的机会窗口(Lee K、Lim C，1999)①。与日本、以色列以及过去的“亚洲四小龙”面临的追赶情境不同的是，当前新一轮科技革命的号角已经吹响，中国的后发追赶正面临着技术经济范式爆发期的难得契机。事实上，一批创新崛起并走上国际的中国本土企业正是借助了技术经济范式转换的机会窗口实现了“二次创新”到“一次创新”的跃迁（吴晓波、马如飞、毛茜敏，2009)②。中国的高新技术产业虽然存在着技术相对落后、尚未获得国外主流市场认可的问题，但也因没有历史包袱而可将目标直接锁定在新兴技术的前沿轨道，而这也是新形势下财税政策支持科技创新的重要课题。

第四，与美国、德国、日本、以色列等国相比，中国科技型中小企业“融资难、融资贵”的问题尤为突出，融资难体现在中国的金融市场结构以银行、信托等间接融资机构为主，而这些机构更加青睐现金流好、有充足资产抵押的大型企业；而融资贵体现为即使能获得融资中国企业的融资成本也远远高于美国、日本、欧洲国家，这也决定了财税政策介入创新的重要着力点之一应是借助政府财政信用扩大金融机构对创新活动的支持。例如，政府可以尝试以设立担保基金、税收优惠、投入资本金等方式，鼓励各类融资担保机构开展高新技术企业的担保业务。同时，可由财政支持建立再担保机制和风险补偿机制（杨曦宇，2011)③。另外，与美国等国家相比，中国的资本市场不够成熟和完善。所以，在中国大力发展财政出资的政府引导基金的前提是进一步完善多层次资本市场，只有这样，社会资本才能在财政出资的引导下参与股权投资，才能切实保障风险投资基金的到期退出。

第五，与美国、德国、日本、以色列不同，中国追赶情境的特殊性还在于中国转型背景下多种所有制共存的特征。由于体制转型的原因，较长

---

① Lee K，Lim C. Technological Regimes，Catching - up and Leapfrogging：Findings from the Korean Industries［J］. Research Policy，1999，30（3）：459 - 483.

② 吴晓波，马如飞，毛茜敏．基于二次创新动态过程的组织学习模式演进——杭氧 1996—2008 纵向案例研究［J］．管理世界，2009（2）：152 - 164.

③ 杨曦宇．西部资源开发型城市科技创新运行机制建设探讨——以攀枝花市为例［J］．中小企业管理与科技（下旬刊），2011（9）：57 - 58.

时间以来公立研究机构、高校和国有企业研究部门的科技创新成果的价值认定倾向于发表权威期刊论文、获得领导重要批示、得到国家奖励等，而对于科技成果的产业化成效则较少关注。此外，国有企业创新动力不足、民营企业创新能力不足的问题在中国常常出现。从国有企业来分析，科技创新具有较大的不确定性，这与国有企业负责人“稳健经营”为主的风险偏好往往不符，导致国有企业从事创新活动的积极性不足，其创新能力通常也在一定程度上受到产权不明晰、法人治理结构不健全、委托代理机制不对称的约束，尤其是科技创新需要的“宽容失败”的风险观念、“谁研发谁受益”的专利归属和奖励制度在中国的国有企业中仍面临各种制度障碍。从民营企业来分析，研发资金投入能力有限、风险承担机制不健全、高端研发人员倾向于在“体制内”工作的显性偏好等因素都导致民营企业的创新动力和能力不足。因此，中国当前的情境下支持创新追赶的财税政策应充分考虑激活不同所有制企业的创新活力。

二、各国财政支持创新的共性经验及其借鉴意义

上文分析了中国特定的后发追赶情境对财税支持政策的特殊要求，又剖析了美国、德国、日本、以色列等创新型国家的财政经验，结合中国的国际化环境、外向型特征、所有制结构、技术经济范式转换的特征，总结了以下几个方面的适用性强的共性经验。

第一，政府的科技投入得到充分保障。美国、德国、日本、以色列等创新型经济体建立了以企业为主体的创新系统，企业的R&D投入强度比政府高，尽管如此，这些国家的财政科技投入一直保持快速增长态势，财政科技投入增速均高于其GDP增速，2015年以来这些国家政府R&D投入/GDP均超过1%的水平。这些典型创新型国家的R&D来源结构虽有某些差异，历史上均经历过政府主导、政府与企业并重、企业主导等几个阶段，当前均形成了企业R&D投入占60%～70%、政府R&D投入占30%～40%的稳态结构。日本政府在追赶早期起主导作用，这一特征与中国类似，日本成功实现从模仿到原创的赶超经验特别值得中国借鉴，日本特别看重对美国、德国、法国等国技术的引进、扩散和二次研发，战后日本紧紧抓住20世纪中期开始的技术革命的机遇，极力发展电子、通信等新兴产业，初期主要依靠法国、英国、西德的技术溢出，差距缩小后开启“技术立国”计划，尊重科学家，培养尖端人才。从资金投向来看，各国都非常重视

“基础研究”的投入，抢占源头性创新的制高点。此外，从这几个国家的案例可知，财政科技投入需要法律来保障，例如，日本《第五期科学技术基本计划（2016—2020年）》要求研发投入占GDP的4%以上、政府研发投入占GDP的1%以上（朱启超、王姝，2018）①，从立法层面保障了财政科技投入。同时，各国普遍加强了政府对财政性研发投入的监管，使财政资源得到有效配置并切实促进科技创新能力的提升。中国也应构建符合国情的法律保障体系，将财政科技投入、财政科技预算、科技经费监督纳入法制化轨道。

第二，普遍使用税收政策激励创新主体的科技投入。美国、德国、日本、以色列等国用差别性税收优惠来鼓励创新活动，但是特别值得借鉴的是，各国都高度重视市场规律，财税部门发布税式支出政策后推向市场，由“看不见的手”来引导和激励市场化创新主体的科技创新活动。作为创新型国家的典范，美国税收优惠政策将R&D支出作为税收政策的激励目标，已经形成了力度较大的税收抵免政策，同时，资本利得税的减免有利于鼓励投资者长期持有科技型公司的股权，这对于中国当前的直接投资市场和股票市场也有很好的借鉴意义。

第三，普遍重视对科技型中小企业的财政性金融支持。如前所述，在追赶过程中日本制造业几次成功实现结构转型，其中一个重要原因是日本形成了支持科技型中小企业投融资的财政金融体系。美国在1975年以后出台了针对小企业的政策（SBIC等），在很大程度上支持了20世纪末美国科技型中小企业的快速壮大，以创新型科技小企业为载体的“新经济革命”得以在美国率先爆发。中国当前金融市场尚不成熟，财政性金融支持对于追赶爬坡期的科技创新活动有着更为基础、更为迫切的现实意义。例如，发挥在政府引导基金中财政性出资的示范效应，拉动各类社会资本参与科技创新项目的风险投资，使得财政资金、社会资本与科技创新主体三者之间构成了一种风险共担、收益共享的“创新共同体”关系。

第四，普遍重视利用财税政策打造区域创新品牌。无一例外的是，美国、德国、日本、以色列都重视创新型企业的“区域集聚”效应。如美国的硅谷（Silicon Valley）、波士顿128公路（Boston's Route 128）、奥斯汀半导体“硅丘”（Austin Silicon Hill），德国的巴登—符腾堡创新港（Baden -

① 朱启超，王姝. 日本“超智能社会”建设构想：内涵、挑战与影响［J］. 日本学刊，2018（2）.

Württemberg Innovation port)，日本的筑波科学城（Tsukuba Science City），以色列的特拉维夫创新中心（Tel Aviv Innovation Center）等，政府通过财政性人力资本投入、基础设施投入、研究经费投入打造区域创新品牌、提升区域创新聚集度，构建了创新要素密集、市场化程度高的区域创新系统。这种区域创新品牌的打造对于周边有着强烈的“虹吸效应”（Siphon Effect），有利于“产、学、研、用”等创新要素向该区域聚集。

第五，支持创新的财税政策应适时退出。财政补贴、研发资助、税收优惠等是各国普遍采用的财政工具。但是相比而言，美国、日本等国非常重视对产业生命周期早期企业的扶持力度，对具体的经营、研发介入较少，并适时实现政府退出。例如，美国20世纪70年代设立了小企业创新研究计划（SBIR），筛选国内创新型小企业进行无偿资助，但对处于创新Ⅲ期（技术转化期）的企业资助较少，SBIR主要帮助企业提供投融资服务和建立研发联盟。中国也应科学界定财税政策介入科技创新的边界，政府在科技创新中的作用应是“陪跑”而不是“长跑”，当创新主体能持续造血、科技产品获得认可后应适时退出。在财政性投入到期退出时，可以在融资利率或者基金的收益方面对社会资本适当让利，以此来发挥财政性基金的公共属性，也激励更多社会资本参与到科技创新活动中来。

第五章　财税支持创新追赶的政策建议

第一节　财税支持创新应妥善处理四大关系

一、政府和市场的关系

前文分析了政府和市场在科技创新中的作用和角色，应坚持“市场主导、政府协调”的基调，市场是激发创新源动力、检验创新成果价值的标尺，政府是国家创新追赶战略的制定者、自组织创新网络的参与者、幼稚产业的保护和服务者、创新追赶秩序的干预者。回顾日本、韩国后发追赶的历程，政府制定的技术进步战略、出台的财政政策和科技政策起到了重要的作用。在中国经济发展的特定阶段以及技术追赶初期，市场机制不完善，价格机制难以充分发挥作用，从微观层面来看，企业面临信息搜寻成本高、交易成本高、融资成本高等重要问题，因而在模仿创新的追赶阶段“中国政府对市场功能边界的干预与替代总体上看利大于弊”（张杰、吉振霖、高德步，2017）①，然而，当中国成为全球第二大经济体并逐步进入“原创型追赶”（王德禄，2010）② 的新阶段，政府功能和边界的扩张所产生的负面效应逐步凸显。中国当前阶段的科技创新实践中，政府“越位”“缺位”现象严重，“政府越位”体现在科学创新阶段的财政性资金支持的许多研发计划、科技计划与市场脱节严重，在技术创新阶段各地政府制定的各种“发展计划”“振兴计划”往往拔苗助长，没有立足区域要素禀赋和比较优势而一味追求先进概念；“政府缺位”则是在原生性科学发现、原始性科技发明、原理性主导技术等原始创新的支持方面严重不足，例如，财政性基础研究经费投入强度与创新型国家相比仍有较大差距。

---

① 张杰，吉振霖，高德步．中国创新链“国进民进”新格局的形成、障碍与突破路径［J］．经济理论与经济管理，2017（6）．

② 王德禄．中国要发展原创型新兴产业［J］．中国高新区，2010（11）：3.

党的十八届三中全会提出“使市场在资源配置中起决定性作用和更好地发挥政府作用”，这是考察科技创新问题的总方针，政府和市场之间是存在交集的，交集面的大小与决定市场作用的条件的完备性有关（冒佩华、王朝科，2014）①。后发追赶背景下的创新型财税政策应将企业作为创新的主体，扩大企业在各种科技计划和研究开发支持计划中的参与度和话语权，坚持把市场作为科技创新的根本源动力。具体来说，政府在引导和激励创新主体的创新活动时，应“将市场能做好的都交给市场”，应当顺应市场规律进行“微调”和“适应性调整”，政府在市场失灵领域担任“服务者”“协调者”的角色。如强化科技型中小企业财政担保机制、完善科技成果转化政策和技术人才培育体系、加强知识产权保护、加大普惠性税收制度支持、减少创新产品市场的交易成本、完善科技创新的软硬件基础设施等。

二、中央和地方的关系

本书第二章的分析认为中国的地方官员晋升机制和央地财政关系是地方创新转型的制度性障碍。当前的创新追赶情境下，应重新审视中央和地方关系。

首先，应在地方官员的考核体系中强化创新导向。根据前文的分析，中国与美国的政治体制、财政体制有着较大的差异，中国的科技计划与科技预算体系呈现显著的“上→下”垂直领导特征。地方“向上负责”的约束机制决定了中央意志在地方产业发展和科技创新问题上的“意志投射”，地方政府在一定程度上充当了中央政策的贯彻者和代理人。随着“科教兴国”“建设创新型国家”以及“创新驱动发展”战略的实施，中央对地方政府的转方式、调结构与产业转型升级等方面均提出了刚性要求，创新能力被作为硬性指标纳入了地方政绩考核体系和地方官员晋升体系，使得地方政府及其官员在创新层面展开竞争。如图 5－1 所示，在考核体系中强化创新导向可以激励地方官员关注创新要素供给、在区域间开展“创新锦标赛”。财源的稳定性、持续性是地方政府的重要关注点，过去资源消耗型的经济驱动模式难以为继，从可持续发展的视角来看，地方政府也有动力关注科技创新和生产要素的效率提升。中国各地政府从 20 世纪 90 年代开始纷纷建设各种高新区、经开区、保税区等，并推行“简政放权”，纷纷对企业

① 冒佩华，王朝科．“使市场在资源配置中起决定性作用和更好发挥政府作用”的内在逻辑［J］．毛泽东邓小平理论研究，2014（2）：17－23.

的创新创业开辟“绿色通道”，放松对生产要素的价格管制，所有这些措施都有利于建立促进技术进步的制度环境。在长三角、珠三角、环渤海地区，很多地方政府已经形成了“加大创新型企业财政支持力度→战略性新兴产业聚集→财政收入增加→产业布局趋于合理、要素效率不断提升→科技创新能力不断提高”的良性循环机制。未来应进一步调整地方官员的考核体系，在考核体系中加入“科技创新”的相关因素。

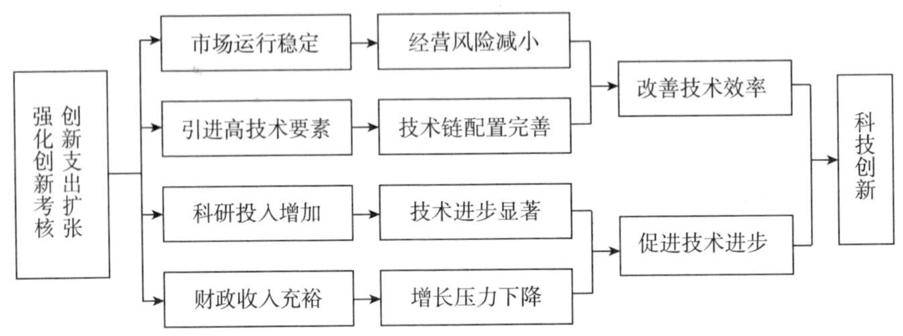

图5－1　建立地方财政支持科技创新的良性机制

其次，调整科技创新的央地财政分工。中国与西方国家的财政体系存在明显差别，总体上中国的财政体制是中央集权制，中央政府拥有税收立法权，而地方政府税收立法权有限，同时中国的官员选拔和任命制度决定了地方官员的政绩观念。应充分考虑支持科技创新的财政层级及支持力度，明确中央和地方财政介入创新活动的政策边界，进而有的放矢、协同合作地推动科技创新，这在中国特殊的财政分权体制下有重要意义。

（1）由中央财政主导支持的科技创新范围

首先是基础研究和战略性产业的共性技术攻关。如前所述，基础研究属于纯粹的公共产品，投入巨大财力支持从0到1的颠覆性知识研究是世界各国的普遍做法。从2016年开始中央财政共安排专项资金451.67亿元支持国务院批准的46个国家基础科学重点研发计划，例如，2018年中央财政重点支持了食品安全关键技术研发、中医药现代化、重大自然灾害监测预警与防范、智能机器人和现代服务业共性关键技术研发及应用等重点研发计划。由中央财政支持变革性技术的关键科学研发，有利于从全局上把握科技创新的前沿、占领科技创新的制高点。

其次是国防与军工核心领域的关键技术研发。也就是说，中央财政统筹安排国防安全领域和核心军用环节的研发支持，非核心壁垒的军转民、民参军、军民两用的融合性技术的开发应交给相关领域的企业（尤其是国企和军工转制企业）或市场化的社会资本。

最后是全国性公益产品的研发。例如，应由中央财政主导支持杂交水稻、天气预报、北斗卫星导航等具有全国性正外部性的研究成果。

（2）由央地财政共同支持的科技创新范围

首先是知识密集、潜力巨大、效益突出的战略性新兴产业。2012 年 5 月 30 日国务院通过了《“十二五”国家战略性新兴产业发展规划》，要求中央和地方共同出台配套支持政策，重点支持“节能环保、新兴信息产业、生物产业、新能源、新能源汽车、高端装备制造业和新材料”7 个产业领域的 23 个重点方向。

其次是落地在地方但是具备重大影响力的科技基础设施。近年来，在中央财政和地方财政的共同支持下，FSAT 射电望远镜、40 万高斯稳态强磁场、郭守敬巡天望远镜、EAST 装置、神光 II 装置、种质资源库、上海光源、子午工程等一大批科技基础设施在全国各地落地。这些支持对象的科技意义大、影响深远、国际化程度高，是中国科技进步的重要风向标之一，为大量科学实验和研究开发创新活动提供了不可或缺的基础条件。这些科技基础设施在国际上的知名度和影响力日益扩大，吸引了大量国际专家来中国开展合作，目前已经取得非常丰硕的研究成果。总体来看，复杂度高的科技基础设施同时具有“工程”和“研制”双重属性，依靠中央和地方财政共同支持，一方面减少了地方财政的支持压力，另一方面对当地的形象提升、科学普及、知识旅游都产生了积极的影响。

（3）由地方财政支持的科技创新范围

首先是准公共产品属性的区域性科技创新。地方性公共产品的创新与本地居民息息相关并且本地居民就是直接受益人，所以地方政府应当对这方面进行投入。

其次是在地方落地的科技型中小企业。地方的高新技术企业主要由地方财政支持，支持方式应从财政的收入和支出两个方向做综合性的支持。

最后是在地方从事科技孵化的各种创新载体（如各种科技企业孵化器、加速器、众创空间等）也需要地方政府予以税收政策和财政补贴支持。

三、短期和长期的关系

本书第四章的分析指出，科技创新是一个需要持续投入人力、物力、财力的高风险、长周期活动，这是市场失灵发生的主要原因之一和政府介入创新活动的重要起点。创新离不开持续的 R&D 投入。R&D 是创新主体技术进步的内在动力，然而，企业出于盈利的需求往往体现出短视的倾向，R&D 投入的回报周期长甚至面临无法收回投资的可能，创新主体须在短期收益和长远发展之间进行决策。从政府部门来看，也期望在最短时间内产生最大的创新效益。短期和长期的关系是财政支持科技创新应考量的重要问题。

事实上，强大的基础研究能力是一国科技创新水平的重要参考标准之一，而基础研究尤其需要长时间、高强度的财政科技支持，前文已经分析了中国当前阶段财政支持科技创新的制度性缺陷。未来，在创新支持政策的制度设计层面应兼顾短期效益和长远发展，具体来说，财税政策既要立足现实，解决当前亟待解决的科技创新燃眉之急，也需要放眼长远，提前做好前瞻布局和政策顶层设计。

四、模仿和原创的关系

本书提出的后发国家从模仿到原创的 IRCO 追赶模型阐述了后发国家技术赶超的一般规律，从日本、韩国等国的追赶历程来看，从模仿到原创是后发国家提升工业化水平、逐步逼近创新前沿的必由之路。从整体上看，经过改革开放 40 多年来的追赶，中国已经取得了一些创新成果，技术水平和科技研发能力获得了极大提升，当前，中国正在大力打造自主品牌、提高原始创新能力，力图实现从跟随者到领先者的转变。但是，中国国情复杂，当前中国的多数产业仍属于“跟跑”型产业，以模仿创新为主，如表 5 – 1 所示，经过多年的技术引进和消化吸收再创新，部分产业已经实现了从模仿到原创的跨越，与发达国家相比处于“并跑”甚至“领跑”状态，但是也有部分产业始终面临“卡脖子”问题，在核心技术问题上无法取得创新突破。

表 5 – 1　中国与发达国家并跑、领跑以及被“卡脖子”的产业领域

中国与发达国家相比处于“并跑”甚至“领跑”地位的主要产业领域	高铁	复兴号、高速磁悬浮
	深海探测	“海翼”号、“海斗”号
	第三代核电技术	华龙一号
	互联网产业	百度、腾讯、阿里巴巴
	5G 通信	华为 5G 电信设备
	人工智能、大数据、云计算	自动驾驶、人脸识别

续表

中国面临“卡脖子”问题的主要产业领域	半导体	半导体加工设备
		半导体材料
		半导体设计和制造
	航空发动机	相关的机械设计、冶金等技术
	超高精度机床	超高精度机床母机
		复杂数控系统软件包
	精密仪器	各类高端精密测量仪器
	材料科学	大口径反射望远镜用反射镜
		高端碳纤维及其检测设备

资料来源：笔者根据网络资料分析总结。

总的来说，从产业创新阶段上看，中国目前处于“跟跑”“并跑”“领跑”并存的状态。立足中国当前的创新基础条件和区域发展格局，过分强调在高精尖领域“全域创新”、过早介入与美国等先发国家的竞赛并非最优策略，而模仿创新对于部分产业门类和部分欠发达区域来说更合时宜。当然，模仿创新绝非放弃“技术自立”，模仿创新是手段而不是目标，模仿创新要经历“引进消化吸收再创新”，在引进先发国家的尖端技术和领先产品的基础上进行学习、分析、集成，最终掌握具有自主知识产权的创新技术。

在模仿创新阶段，主要针对先进适用技术进行研究，财政的作用主要体现在政府风险投资扶持、通过财政担保等手段解决企业融资问题、通过所得税和流转税优惠鼓励企业翻新后实现自主创新、针对创新人才的个人所得税优惠来吸引高端人才；在原始创新阶段，主要是针对新兴前沿技术进行突破，财政的作用主要体现在通过财政拨款加大基础研究、设立科技计划专项基金、对重大的原创性创新产出进行财政奖补、科技成果转化后实行“政府首购”政策等。

第二节　完善财税支持创新追赶的顶层设计

一、财税介入创新应坚持的原则

借鉴日本、韩国等国技术赶超的经验，同时立足中国“不平衡发展”的现实格局，后发追赶阶段的创新取向型财税政策应坚持如下原则：

1. 原则一：立足国家战略

政府引导和激励企业创新首先要立足于国家战略，使相关政策更好地与国家战略协同。放眼全球，国与国之间的纽带已从生产网络向创新网络转型，而科技创新已“从支持经济复苏的某种政策选项上升为新一轮全球经济格局重塑中的重大战略选项”（张茉楠，2016）[①]。以“政”领“财”，因“财”施“政”，财政是践行国家战略的重要支柱，应为国家战略的实施提供服务和保障。例如，以色列的财政税收政策在很大程度上服务于“创新立国”的国家科技战略。当前，中国正全力建设创新型国家，这是中国后发追赶的攻坚阶段，财税政策的制度制定和执行、监督过程中都要立足国家战略，向国家优先发展的产业门类和紧缺的技术领域倾斜。

2. 原则二：发挥杠杆效应

当前阶段，支持科技创新的科技政策、产业政策、金融政策最终都会反映在政府的财政支出上。发挥财政资金杠杆效应就是要放大财政资金的撬动效果，同时“让财政资金循环往复持续发挥作用，并在一定程度上承担可能的风险”（袁世明等，2016）[②]。后发国家要想实现创新赶超就必须拥有比先发国家更快的技术进步速度，因此，提升后发追赶的财政资金配置效率就显得尤为关键，应充分发挥财政资金“四两拨千斤”的示范效应，引导和激励其他社会资本介入科技创新。

3. 原则三：有所为、有所不为

在以下五个方面，财税政策应当有所作为：第一，涉及国家经济和信息安全的产业，如航空航天、军工、核产业等。第二，可能引致新一次科技革命的产业，如新一代信息技术、集成电路、生物医药、量子技术等产业方向。第三，与发达国家相比处于并行或者领跑地位的优势产业，如高铁、大数据、人工智能、物联网、安防监控、5G等产业，在这些产业领域，中国有着巨大的市场需求、广阔的应用场景，经过持续的科技投入和几代技术迭代，目前已经处于全球产业竞争的第一梯队，对于这些产业门类财政应该主要强化前沿基础研究。第四，与民众福祉息息相关的自然垄断领域，如广电、通信、水、电、气、热等，尤其要支持这些领域结合“智能+”“互联网+”的技术创新应用。第五，企业经过较长期的模仿创新仍

---

① 张茉楠．实施“创新立国”战略重构国家竞争优势［J］．求知，2016（1）：30－32.

② 袁世明，马宁，刘启林．发挥财政杠杆效应　推动产业转型升级［J］．预算管理与会计，2016（5）：45－47.

无法突破的产业共性技术难题，如被国外长期“卡脖子”的半导体、发动机、超高精度机床、精密仪器等领域。

财税政策在创新活动中应当有所不为：第一，中国作为 WTO 成员，WTO 出台的《补贴与反补贴协议》明确将出口财政补贴和进口替代财政补贴列为禁令。第二，政府介入对企业 R&D 投入有明显“挤出效应”的充分竞争产业门类以及政府采购造成价格扭曲风险的领域应该都是财政投入应受到约束的方向。

二、财税政策的作用阶段应当后移

从美国、德国等国的经验来看，尽管财政补贴、税收等手段介入科技创新市场可以纠正市场失灵、改变企业的创新投入决策，但政府不能替企业选择研发课题和方向，而应根据产业发展的需要调整政策，政府应以创新环境的营造为主，以“看不见的手”为主导，让“看得见的手”始终处于适宜的治理边界。中国正处于从模仿到原创的关键爬坡期，当前财政面临“天花板”困境，体现在两个方面：一方面，财税政策面临优化资源配置、促进经济增长、维持物价稳定、提升公共服务水平的多维目标，当前财政的作用已经发挥到上限；另一方面，财政的收入和支出规模也面临“天花板”。当前，中国财政的收入端面临“减税降费”的客观约束①，支出端面临“赤字率”的约束②。这也决定了不能再以“撒胡椒面”的形式支持创新追赶，而是要调整财政在创新过程中的作用阶段，并优化财政科技投入结构。事实上，由于较大的不确定性，政府很难制订出精准有效的计划、很难准确判断应该优先支持的高新技术门类，也难以在技术快速迭代的新兴领域里对创新资源进行有效配置，一旦政策失误会直接浪费财政和金融资源，并造成错误的社会导向。而财税政策对特定对象的支持，在很大程度上反映了政府的政策倾向，进而引导社会资源流向相关主体，因此，政策制定方面的失误造成的影响有着“乘数效应”（Multiplier Effect）。过去的事实已经证明，针对科技创新全面撒网的财政支持带来的结果可能是全面平庸，不断完善、优化创新政策制定的程序，使之真正反映市场趋向是很有必要的。

首先，财政不应该在科技创新中扮演“最后埋单者”的角色，未来财

① 见 2019 年《政府工作报告》，计划全年减轻企业税收和社保缴费负担近 2 万亿元。

② 见 2019 年《政府工作报告》，全国财政赤字拟定为 2.76 万亿元，赤字率 2.8%。

税政策的作用阶段应该适当后移（在初期阶段需要投入大量财政资源的领域尤其要谨慎评估和决策）。财税政策应主要介入创新主体研发成果被市场初步验证后的阶段，前期的“创新试错”过程主要交给市场，这样才能提高财政投入的精准度。进入21世纪以来，高新技术日新月异，技术路线繁杂多元，人工智能、量子通信、物联网等新兴技术快速迭代，这些细分领域的技术试错和前期探索过程应交给市场一线中直接面对用户的企业，这种“分散试错”过程一旦被市场验证并取得初步成功，财政就可以通过税收、采购、投资等手段加大支持；这一过程就算研发失败，“分散试错”的损失也较小。

其次，应通过财税政策推动“联合创新”。后发追赶背景下，从模仿到原创的关键节点上，创新活动往往具有一定的保密性，这种信息不对称容易导致核心技术难关无人问津而次优技术重复投入的问题。对于重大的、共性的创新难题，可以由财政科技资金来进行统一安排课题攻关，组织公立科研院所、高校、企业、行业学会等中介组织等来进行“联合研发”，各个创新主体各自发挥优势、资源集成，完善科技创新产学研链条，把原始创新、引进和消化吸收再创新以及集成创新有效地衔接起来，以最快速度实现技术突破和产业化，从而有效提高抵御风险的能力。

三、财税政策应因地制宜支持分层追赶

中国的区域差异巨大，在科技创新方面有着巨大的数字鸿沟，本书基于各省的创新基础条件以及财政投入的创新产出绩效将中国划分成了“创新追赶引领区”“创新追赶潜力区”“创新追赶起步区”，不同区域应制定不同的创新战略，实施不同的财税支持政策。根据本章提出的科技创新方面的“分层追赶”战略，可在创新基础较好、创新效率较高的地区，培育多层次的创新高地，发挥科技创新的空间正向溢出效应。创新要素的集聚度越来越成为衡量创新能力的重要变量，创新要素往往呈现出向中心城市集聚的特性，创新要素集聚对于创新效率提升的空间外溢效应在距离区域中心城市800公里以内均非常显著（余泳泽，2013）[①]，可在“创新追赶引领区”“创新追赶潜力区”“创新追赶起步区”的区域中心城市打造创新型城市群，逐步形成阶梯式、多层次的区域创新中心，在这个过程中除了财政

① 余泳泽．创新要素集聚与科技创新的空间外溢效应［J］．科研管理，2013，34（1）：46-54.

性物质投入外，还要兼顾财政性人力投入，聚集更多的科技创新人力资源，2018 年以来，深圳、武汉、天津、西安、成都等地均出台了财政出资补贴本地高端人才的政策。

“分层追赶”客观上要求财税政策也应因地施策。“创新追赶引领区”财税政策的实施原则应是针对从创造性模仿到自主性原始创新阶段（IRCO 追赶模型中的 C→O 过程）的研究开发活动，通过财政手段集聚更多的教育资源、研发资源，并带动社会资本，共同支持基础前沿领域和面向国家战略需求。“创新追赶潜力区”也具备一定的创新基础和较高的创新效率，财政扶持应兼顾 R→C 和 C→O 两个阶段的创新活动，提高产业共性技术攻关和小试、中试阶段的支持力度，出台有针对性的政府技术采购政策，强化创新型产品的政府采购支持，鼓励产学研合作。而针对“创新追赶起步区”，中央财政应加大对其的财政转移支付力度，该区域应加强与东部和中部地区的协同创新合作，加大重点科技创新项目的贷款财政贴息，在财政科技拨款、财政补贴等方面应适当向该区域倾斜，逐步增强该区域的内生增长动力。

第三节　完善从模仿到原创阶段的财税政策工具体系

本书分析了中国后发追赶背景下财政支持创新的现状和不足，又比较和总结了典型创新型国家的财政经验，并结合中国后发追赶的特殊情境进行了分析。总体来说，完善从模仿到原创阶段的财税政策工具体系尤为重要，下文将提出财税政策工具层面的政策建议。

一、完善财政科技投入政策

根据前文分析的现状和问题，结合各国的共性经验，提出以下完善财政科技投入和补贴政策的意见。

第一，配套更加科学、合理、操作性强的科技投入办法。财政科技投入是国际通行的高效扶持政策，针对基础研究、产业共性技术等领域的财政科技投入，是助力企业技术创新和转型升级的重要工具和提升国家科技创新水平的重要手段。中国目前还处于经济转型和产业升级的爬坡阶段，要建立有效的法律支撑体系，将财政科技投入、财政科技预算及经费监管纳入法制化轨道，通过立法来保证对科技创新的持续投入，在保证政府正常运行的基础上开源节流，使更多的资金运用到支持科技创新当中，从而让科技创新投入增长率大于 GDP 增长率的政策目标得以实现。政府应配套更加科学、合理、操作性强的实施办法，建立切实有效的考核与监督制度，促进政府科技投入与国家的综合创新水平协同发展，形成政府投入与企业创新的良性闭环（如图 5－2 所示）。

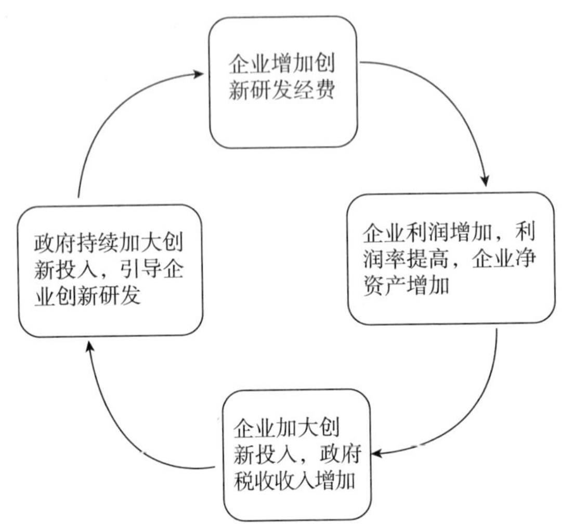

图 5－2　政府与企业联动的创新闭环

第二，探索稳步提高财政科技投入的长效机制。财政科技支出的长效机制是科技强国的基石，根据美国、德国、日本、以色列的共性经验，以财政科技支出优先的立法原则制定财政科技投入的相关法律法规并不断优化，使其与本国国情相适应，驱动企业创新，优化产业结构。中国已经在《科技进步法》中提出政府科研经费投入的增加须大于经常性财政收入的增加，遗憾的是并未制定出与之相配的法规和实施细则，使得法律执行不到位，所以中国还需要加快制度体系的建设，制定出一系列权责明确、奖惩适当、操作性强的关于科技投入的法律法规和实施细则，确保政府科技投入政策法规正确执行落到实处。

第三，统筹央地财政科技投入重点支持基础研究。根据前文的比较研究，中国同美国、日本等国相比基础研究支出强度不足。政府支持创新与企业创新的目的不同，这也决定了政府和企业资金投向的重点不同，政府偏向于基础学科的研究，企业则更热衷于科技创新成果的转化。国际实践中，日韩等国在追赶老牌资本主义国家的前期忽视了对基础学科的投入导致发展遇到了瓶颈，后期逐步重视对基础研究的支持。未来，中央财政应持续加大对基础研究的投入，并将财政科技投入增长率大于经常性财政支出增长率作为考核目标之一；地方各层级政府协调配合，统筹安排基础研究支持的领域、规模，避免因交叉和重复投入而浪费宝贵的财政资源。

第四，建立可持续的官产学联合科技投入政策。根据前文的现状和问题分析可知，目前中国财政投入大多流向大学与科研院所，科研成果与市场脱节，科技成果转化率不高，财政资金的使用效率较低。中国亟待建立一套更加灵活、衔接市场、高效利用的财政科技投入管理机制，其重点是促进产学研协调发展，将基础研究、应用研究、试验发展和生产制造紧密衔接起来，建立大学、科研院所与企业的长效合作机制，对形成完整清晰创新链条的项目进行大力支持。

第五，优化财政科技支出的领域。一是要投向体系化程度高、源头性强的基础研究。纵观全球发展史，在基础研究方面起步早、积累多的国家往往拥有持续的国际竞争力。基础前沿和关键核心技术的争夺战有赖于财政科技支出的精准投放。科技研发的体系化程度越高、源头性越强，风险越大，但一旦取得关键成果对一个国家获得核心技术的意义就越大。这些充满风险的基础研究，是财政科技投入应该支持的重点。二是投向从事科学研究与开发需要的科技基础设施。科技基础设施是建设科技强国的重要支撑，是为基础研究和应用研究提供高端研发环境和设施的物质保障，是需要政府财政科技投入不可或缺的重要一环。三是投向关乎全产业的共性技术应用研究。OECD 主要国家都非常重视产业共性技术的研究与开发。产业共性技术的前期投资巨大，并且具有很高的正外部性，私人资本参与的意愿不高，共性技术研究应由财政支持，形成的成果能惠及该行业对技术渴求但又无力做早期技术储备的科技型中小企业。四是要投向“官、产、学、研、用、资、介”协同创新的科技合作项目。财政科技支出的介入有利于使创新要素聚集起来并发挥各自的长处，完善技术研发链条，以最快的速度完成产业技术突围。

第六，优化政府补贴的范围与标准。界定财政补贴的实施范围，政府需要使有限的财政资金高效利用起来，划定需要重点支持的范围和对象。政府需要制定一个高效透明的均衡政府、企业和市场用户三方权益的制度，根据市场变化调整补贴对象，根据产业结构和发展阶段来确定补贴对象和补贴结构。此外，要优化补贴标准、提高补贴资金的投入效果。财政支出的规模和政府承载的职能密切相关，职能越多，规模越大。我国财政涉及的职能包括提供公共服务、宏观经济管理、环保等诸多功能，涉及的财政补贴规模也很大，健全优化财政支出相关法规是当务之急，要让财政补贴机制在阳光下运行就必须健全优化财政补贴相关制度。目前我国财政补贴还存在不规范的情况，某些企业将日常经营性亏损、政策性亏损混同，夸大亏损程度，以获取更多财政补贴，所以必须建立一套合理且行之有效的管理办法。

二、强化政府采购的创新支持功能

财政部于2007年出台了《自主创新产品政府采购预算管理办法》以后，政府采购对于创新的支持力度逐步加大。结合前文的现状分析和典型创新型国家的政府采购经验，提出强化政府采购创新支持功能的若干建议。

第一，完善政府采购支持科技创新的法律体系。不同于市场化采购主要注重资金效率，政府采购同时还有公益属性，对创新更是起着引导和激励作用，不能用单一的效率指标来衡量。所以，必须建立一套高效的监督机制来保证政策目标得以实现。中国已经制定了《政府采购法》并出台了与之配套的规章制度，但是关于政府采购支持科技创新的法律法规体系仍然不够完善，主要体现在现有法规侧重于提升财政资金的利用效率。另外，虽然各级政府相继出台了支持创新的政策机制，但《政府采购法》并没有直接提及科技创新的内容。反观美国、日本、韩国等国家，它们均将政府采购支持本国创新在立法中加以明确，这有利于强化政府采购支持创新产品的政策导向。此外，需要建立全方位、多角度的针对政府采购全流程的监控和绩效考核制度规范，完善《政府采购法》配套的部门规章、行政法规以及地方法规，形成立体化的法律体系，确保支持科技创新的政府采购政策落实到位。在完善的政府采购法律框架下，中国应尽快加入GPA，并按照要求建立起全方位的政府采购监督制度。该项机制必须要坚持职权分离、全程监督、立体监督的原则。首先，政府采购相关的不相容职务相互隔离，采购审批权、资金结算权、项目验收权等要分散到不同的职能主体中去，在制度设计层面形成相互约束、相互监督的机制。其次，要将事前管理、事中把控、事后跟踪有机结合起来。事前的政府采购的审批必须遵照采购计划和预算来进行，事中的招投标必须符合相关政策法规，坚持公开、公正、公平的原则，事后需要跟踪采购和处理使用者、供应商的申请投诉。最后，要建立内部监督与外部监督相结合、专业监督为主社会监督为辅的立体监督体系。

第二，完善政府采购支持创新的实施细则。梳理中国的政府采购规章制度发现，许多地方政府并没有将创新技术产品纳入政府采购清单。建议将支持科技创新作为政府采购实施细则的制定原则之一。首先，政府预算编制时应当制订针对创新技术产品的采购计划，在预算的全流程中体现和落实对高新科技产品的支持，制定优先采购高新科技产品的政策。其次，应明确科技创新类产品优先参与竞标的原则，创新型产品的价格可以高于同类产品。政府采购实施细则中还应当体现对科技型中小企业的支持，保证对中小企业的创新产品的采购比例，以激励中小企业研发新技术。

第三，借鉴欧美“正面清单”采购制，加大对本国创新产品的采购力度。如前所述，欧美各国政府普遍实行“购买国货”的政策，《购买美国产品法》中联邦政府对本国的技术产品开辟绿色通道，对于采购国外产品则采用排斥性原则，并且在其法律中将购买国外商品视为“例外情况”。欧洲主要发达国家的政府采购体系中都规定了政府采购的“正面清单”，规定特殊行业只能采购本国产品，比如英国把军事、邮政与电信运营商等视为特殊行业，法国把航空、航天、计算机等视为特殊行业。中国应借鉴西方发达国家的政府采购机制，建立政府采购的“正面清单”，继续加大对本国创新产品的采购力度，在同等条件下践行本国商品的优先购买权。为了更好地发挥政府采购对创新的驱动效应，中国须持续扩大政府采购资金的总规模，扩大政府采购在财政总支出中的占比，让本国创新产品成为占比绝对多数的支持对象，为本国知识密集型产业保驾护航。

第四，全面实施完善创新产品的“政府首购制”。根据前文的案例分析可知，美国的 Apple、Google、Dell、Tesla 等高科技产品在面世起初都得到了政府首购资金的支持。创新产品的政府首购制直接创造了一种创新需求，对于企业的创新有着直接的激励作用。2007 年财政部出台了《自主创新产品政府首购和订购管理办法》（财库〔2007〕120 号）。对先进技术方向、首次投向市场、暂不具备市场竞争力但有较大市场潜力和产业带动力的首台/套产品实行首购制度。但是，各地的政府首购财政预算规模都很小，支持总量也严重不足，不利于发挥政府首购制的拉动作用。建议各级政府尽快完善政府首购项目的预算编制、实施计划、信息发布、首购供应商资格认定、首购合同执行、首购内控机制、首购统计体系等机制的设计。

三、建立创新引导型政府风险投资体系

由于数据的完备性问题，本书在定量分析时没有对政府风险投资展开详细论证，通过近年来尤其是财政部《政府投资基金暂行管理办法》出台以来的实践经验判断，并结合美国、德国、日本、以色列等国的经验，政府风险投资应在支持科技创新方面发挥了重要作用，针对当前政府风险投资存在的问题，提出以下建议。

第一，完善政府风险投资基金的考核评估机制。风险投资能够在很大程度上促进创新成果产业化，虽然国际实践证明政府资金不应成为风险投资的主要资金来源，但是在创新型产业的发展初期，政府资金的参与可以激发市场化基金的投资热情，具有很好的引导、示范效应。根据全球风险投资行业的发展规律，在行业发展早期政府应当直接作为风险投资基金的认购方，到了中后期政府应对风险投资管理机构进行税收减免并完善资本市场退出机制。当前，中国的政府风险投资基金已经具备较大规模，亟须完善政府风险投资的退出机制安排，并且针对目前处于存续期内的基金开展绩效考核，重点跟踪政府产业基金已投资的标的企业的经营情况，强化政府风险投资基金的“创新”“公益”属性，盘活存量基金，培育新的“瞪羚”企业、“隐形冠军”企业、“独角兽”企业。

第二，完善政府风险投资的多元化投资方式。借鉴 Minola 等（2016）[①] 以及 Colombo 等（2016）[②] 的分析，政府风险投资是针对创新创业活动的补充性权益投资形式，应不断创新政府风险投资的投资方式，坚持多元化投资模式，例如，可以采用直投、引投、委托等多种方式进行基金投资[③]。其中，直接投资基金是政府“主导”型投资模式，可以由地方财政部门牵头组建地方国有独资公司来从事基金管理工作，这种模式下政府风险投资直接投资于创新创业项目；第二种模式是公私混合政府投资基金，公私混合政府投资基金是政府“引导”型投资模式，这种模式一般是由“财政注资+社会资本”共同出资，将募集的资金全部委托给政府遴选的持牌合格基金

① Minola T , Vismara S , Hahn D . Screening Model for the Support of Governmental Venture Capital ［J］. Journal of Technology Transfer, 2016, 1 (1): 1－19.

② Colombo M G , Cumming D J, Vismara S. Governmental Venture Capital for Innovative Young Firms ［J］. The Journal of Technology Transfer, 2016, 41 (1): 10－24.

③ 苑泽明，贾玉辉，王培林．论政府风险投资及其政策作用机理：一个国际视角［J］．中国科技论坛，2018 (12): 127－141.

管理人（GP）来管理，按照市场化的募集、投资、管理、退出机制来运作，这种基金在中国一般称为“政府风险投资引导基金”；第三种模式是 FOF 模式（基金中的基金，Fund of Fund），FOF 模式的政府风险投资是“政府委托型风险投资”，母基金一般由地方财政和银行、证券、保险、信托等金融机构共同出资，将资金分散投资于若干只子基金，FOF 模式的政府风险投资不直接作用于创新创业企业，而是通过子基金间接投资于科技项目，这种架构下母基金不直接参与项目运作，而是将专业的投资决策委托给市场化机构管理的子基金，在这个过程中，引导社会资本投向高新技术产业。当前，国家新兴产业创业投资引导基金、武汉长江经济带母基金、中国科学院母基金、北京亦庄国投母基金、天津海河基金等母基金已经探索出了可复制、可推广的政府产业基金管理模式。这种模式有利于分散风险，发挥政府财政资金的杠杆效应。

四、加大激励创新的税收优惠扶持力度

前文分析指出，当前的税收优惠体系对于科技创新的激励效用尚未完全发挥。结合国内外的案例对比分析，建议如下。

第一，出台创新导向的税收优惠细则，探索清晰、完善的税式支出制度。应发挥财税部门对税收优惠的监督机制，并借鉴发达国家的做法，将当前分散在各种税法、规章、条例中的税收优惠条款予以集中整理，出台较为系统的税收优惠细则，对国家和地方税收优惠权限、范围和方式进行明确规定，为税收优惠提供制度性保障。

第二，完善促进创新的优惠税制结构。目前针对科技创新仍旧以所得税层面的支持为主，鉴于科技创新的系统性、周期性，应增强对科技创新的事前激励，建立所得税与流转税优惠并重的政策机制，完善间接税收优惠制度（投资抵免、加速折旧等），加大非营利研发机构税收优惠，进一步完善研发费用加计扣除政策，鼓励企业增加 R&D 投入。

第三，完善创新型人才的个人所得税优惠机制。当前，中国针对创新技术人才的技术奖励免税门槛较高，并且针对科技人才的发明创造和知识产权转让过程中的个人所得税优惠力度很小，总体上不利于形成鼓励科技成果转化的创新氛围。例如，财税〔2018〕58 号文明确了科技人员取得职务科技成果转化现金奖励可减按 50% 计入科技人员当月“工资、薪金所得”

缴纳个人所得税[①]。未来应进一步通过降低工资薪金最高边际税率、降低长期资本利得税率，明确资本损失抵扣资本利得等个人所得税政策激励科研机构和技术人才从事科技成果转化活动和科技项目天使投资的积极性。

第四，扩大税收优惠的覆盖面。目前，中国创新导向的税收优惠政策在行业属性上优先支持软件、集成电路、医药产品、科研设备等门类的企业以及科技企业孵化器、众创空间等创新孵化载体，对于商业模式创新的企业以及物流、教育培训、健康服务等生产型、生活型服务业的税收优惠力度明显不够，而这些现代服务业正朝着“智能+”的方向发展，具有明显的高科技属性。国发〔2015〕32号文提出要完善普惠性税收优惠政策，但目前尚无细则和可落实的政策。

五、加强财税政策工具的制度创新助力后发追赶

财税政策自身的“制度创新”也有利于科技创新的发展。“都柏林宣言”发布后欧盟各国都在探索满足符合创新3.0范式的新型政策工具。近年来，中国东部一些城市也在“先行先试”一些促进创新的财税政策工具。例如，北京、上海、广东深圳、江苏南通等地近两年陆续推出的“创新券”就是为了激励科技型企业增加R&D投入，由财政安排实施的事前发放、事后兑现的“有价证券”。“创新券”本身是一种财政制度创新，专门为科技型中小企业量身定制，让初创型科技企业迈出创新的第一步，体现了政府支持创新的普惠性，有利于激励科技型企业与科研机构开展合作，研发、促进技术密集型企业的科技创新。例如小微企业申购技术成果、购置先进研发设备，都可以凭借“创新券”兑换财政补助。目前，北京已经上线了“首都科技创新券申报系统”（史诗、王飞，2016）[②]，是面向科技型企业发放的、鼓励和支持企业开展科技创新活动的普惠性创新财税政策工具。

另外，要进一步创新财政工具的联动机制，为创新主体的投融资、知识产权环境、创新资源配套等方面提供全方位的保障。例如，广东省发布的《关于进一步促进科技创新的若干政策措施》（粤府〔2019〕1号）要求建立财政工具与金融工具联动机制，推出财政科研资金委托地市、高校、

① 财政部，国家税务总局，科技部．关于科技人员取得职务科技成果转化现金奖励有关个人所得税政策的通知（财税〔2018〕58号）[S]．2018-06-14.

② 史诗，王飞．北京科技创新券成小微企业发展新帮手[J]．中国科技财富，2016（10）：19-21.

科研机构自主立项、自主管理的先行先试机制，针对粤东西北地区的高水平新型研发机构，广东省财政推出启动经费支持和差异化区域奖补机制，并且大幅改革广东省财政引导基金的出资方式和管理模式，允许基金归属财政出资部分的收益全部让渡给社会资本出资方，而且对于投资初创科技型企业的省内创业投资企业，广东省财政按其累计投资额的一定比例给予奖补①，广东省出台的这些财税政策试点具有很好的示范作用。

第四节　财税政策与其他创新政策的协调配合建议

一、明确联合治理部门的责任边界

根据前文的分析，当前创新追赶阶段中国的创新政策体系具有跨部门政策并用的特征，支持创新的政策文本签发机构涵盖了中共中央、全国人大、国务院及下属各个部委。但是，某一具体的创新政策往往由多个部委联合颁布，但对于各部委之间的协调配合却没有明确的安排，政策执行层面常常遭遇政出多门、无所适从的困境。在这样的情况下，应建立跨部门联席会议制度，明确部门责任边界和科技创新职能，形成有序衔接、协调配合的科技事权分工体系，通过立法减少创新政策的跨部门协调阻力，防止越位、缺位、错位等现象的产生。

中国当前情境下“自上而下”的政策协调能力很强，但是“从左至右”的横向协调能力不足，且由于没有实现创新政策的全流程管理，大量财政资源被重复、分散消耗。在明晰各部委创新驱动职能的基础上，可以设立相对独立的、直接由国务院领导的创新政策常设机构，统筹不同部委、不同层级间的创新政策协调工作，保障创新政策的及时、有效执行。

二、优化跨部门政策的制定流程

当前阶段中国创新政策的制定模式使各部委既是政策的制定者也是政策的执行者、评估者，“运动员”和“裁判员”的角色集于一身。同时，出台创新政策的部委往往呈现出“有限理性”以及权力和利益导向，往往倾

① 李岱素，潘慧．粤将创建珠三角国家科技成果转移转化示范区：《广东省人民政府关于强化实施创新驱动发展战略进一步推进大众创业万众创新深入发展的实施意见》发布［J］．广东科技，2019，28（2）：19 21．

向于尽可能扩张本部门权力、争取尽可能多的财政支持、承担尽可能小的责任，导致各部门出台的政策常常脱离创新追赶的需要。于是，当政策具有跨部门属性时，讨论政策分工的过程常常异化为各部门争夺管控权力、争抢财政支持的讨价还价过程。

创新政策体系中涉及的财税政策、科技政策、产业政策、金融政策的制定过程没有统一的目标，因此各政策针对的阶段、介入创新的时机缺乏统一规制和协调，其结果是“各自为战”“撒胡椒面”以及“眉毛胡子一把抓”。例如，财政补贴是后发国家保护幼稚产业发展的常用政策工具，财政部、国家发展改革委、工业和信息化部等部委共同出台了多项产业补贴政策，然而，实践中，由于缺乏对创新主体的甄别以及补贴标准的模糊化处理，“骗补”“倒卖补贴”等不合规行为大量存在，而且多个地方、大量企业一哄而上，导致了光伏产业、新能源汽车产业等领域的“补贴乱象”，形成了“新兴产业财政补贴→以获取补贴为主要目标的大量企业一哄而上→行业短时间出现较为严重的产能过剩→产业政策出面解决过剩问题”的恶性循环。

总之，为了将有限的财政资源合理分配到各个部门和各个政策工具中，未来创新政策应以功能性政策为主，以促进科技成果的市场化开发为导向，优化政策制定程序，制定互相配合、互相协调、共同促进的创新政策。

三、加强对跨部门创新政策的监督和绩效评估

2015 年《中共中央　国务院关于深化体制机制改革　加快实施创新驱动发展战略的若干意见》中明确提出“要加强政策统筹协调，加强创新政策评估督查与绩效评价，形成职责明晰、积极作为、协调有力、长效管用的创新治理体系”。创新政策中涉及资金支持、人力资源、政府采购、税收优惠、科技金融等方面的政策均属于跨部门政策，需要多个部门协同配合，实践中存在多头管理、职能重叠和目标模糊的问题。因此，要着力解决“多头管理”问题，每一项政策均应明确牵头的部门，并引进第三方权力约束机制保障政策有效贯彻并达到预期目标。针对跨部门创新政策应建立协调、审查和清理制度，废止不利于创新追赶、阻碍创新型产业发展的政策内容。同时，对跨部门政策的执行应当进行跟踪分析、持续监督和绩效评估，通过信息化平台建立创新主体与创新政策执行部门之间的交流机制，对创新政策体系中的财税政策、科技政策、产业政策、金融政策等实施全流程的过程动态协调、管控和优化。

参考文献

[1] 保罗·萨缪尔森，威廉·诺德豪斯．微观经济学（第十六版）[M]．萧琛，译．北京：中国人民大学出版社，1999：187.

[2] 财政部．中华人民共和国政府采购法 [M]．北京：中国方正出版社，2003.

[3] 常春凤．政府干预经济的调控边界 [J]．经济论坛，2006（9）：6－7.

[4] 车文．改革开放以来我国科技事业发展之回顾——纪念十一届三中全会和科学大会召开20周年 [J]．当代社科视野，1998（10）：1－11.

[5] 陈德智．技术跨越概念与标志界定研究 [J]．科学学研究，2006，24（3）：364－367.

[6] 陈锋．战后日本技术进步的要因与八十年代“技术立国”战略的制定 [J]．社会科学战线，1984（2）：98－104.

[7] 陈劲．国家创新系统：对实施科技发展道路的新探索 [J]．自然辩证法通讯，1994（6）：22－29.

[8] 陈强，霍丹．德国创新驱动发展的举措及对中国的启示 [J]．科技创新导报，2014（20）.

[9] 陈少晖．科技投入的财政定位：理论阐释与实证分析 [J]．当代经济研究，2010（7）：62－67.

[10] 陈松，周阳．BIRD 基金运作模式及其借鉴意义 [J]．科技管理研究，2013（24）：34－39.

[11] 陈仲旭．96 国产交换机市场回顾与前瞻 [J]．当代通信，1997（5）：12－13.

[12] 程涛，邓一星．后发国家技术进步的陷阱：从后发优势到自主创新 [J]．南方经济，2007（10）：51－57.

[13] 池海燕．日本政府扶持中小企业技术创新的做法及其对我国的启示 [D]．延吉：延边大学，2002.

[14] 池田信夫，胡文静．失去的二十年：日本经济长期停滞的真正原

因［M］. 北京：机械工业出版社，2012.

［15］道格拉斯·C. 诺斯. 制度、制度变迁与经济绩效［M］. 上海：上海人民出版社，2014：195.

［16］邓乐元，成良斌. 技术创新取向的政府采购［J］. 中国科技论坛，2003（3）：43－46.

［17］刁吉海，彭成. "中华第一速"从这里起步——访中国北车集团公司总经理崔殿国、党委书记王立刚［J］. 企业文明，2009（9）：30－32.

［18］东进技术公司. 2011 年：应用突破将推动 3G 井喷［J］. 中国电信业，2011（4）：52－53.

［19］董艳春，徐治立，霍宇同. 从奥巴马到特朗普：美国科技创新政策特点和趋势分析［J］. 中国科技论坛，2017（8）：168－174.

［20］段进军，吴胜男. 苏州创新生态系统成熟度研究——基于上海、杭州、深圳等 16 城市的比较分析［J］. 苏州大学学报（哲学社会科学版），2017，38（6）：96－107.

［21］多西. 技术进步与经济理论［M］. 北京：经济科学出版社，1992：273－274.

［22］范柏乃，蓝志勇. 国家中长期科技发展规划解析与思考［J］. 浙江大学学报（人文社会科学版），2007，37（2）：25.

［23］范方志，张耿庆. 中国技术创新政府干预的理论依据［J］. 统计研究，2004，21（11）：60－61.

［24］范文仲，周特立. 以色列科技创新支持政策［J］. 中国金融，2015（16）：66－68.

［25］范亚洵. 促进国际技术转移的国家创新系统分析［D］. 武汉：武汉理工大学，2004.

［26］房汉廷，张缨. 中国支持科技创新财税政策述评（1978—2006 年）［J］. 中国科技论坛，2007（9）：10－16.

［27］菲利普·夏皮拉，库尔曼. 科技政策评估：来自美国与欧洲的经验［M］. 北京：科学技术文献出版社，2015：16.

［28］福建社科院课题组，全毅. 福建外向型经济转型升级的路径研究［J］. 亚太经济，2012（2）：120－128.

［29］付玉秀，张洪石. 突破性创新：概念界定与比较［J］. 数量经济技术经济研究，2004，21（3）：73－83.

［30］傅家骥．技术创新学［M］．北京：清华大学出版社，1998：5－13.

［31］高振立．从瑞典福利制度看北欧福利国家模式［J］．中国人口科学，2002（3）：58－64.

［32］高子洋．论国家创新系统的构建与调整［D］．上海：华东师范大学，2018.

［33］葛晓姣．高速铁路财政投入问题研究［D］．南昌：华东交通大学，2013.

［34］工业和信息化部电信研究院．2012 年 ICT 深度观察［M］．北京：人民邮电出版社，2012：18.

［35］古松，杨海玉，舒文琼，乐宁，胡晓女，宿建光，孙慧，鲁义轩，杨海峰，郑宏，李鹏，董玉楠，刘兵，刘启诚，阴志华，王倩倩，杜娟．北邮人——中国通信业五十年见证［J］．通信世界，2005（37）：17－39.

［36］光耀中华编委会．光耀中华：改革开放 30 年科技成就撷英［M］．北京：科学普及出版社，2008：68－76.

［37］桂立．苏联的争霸扩张政策与国家解体关系析［J］．宁夏社会科学，2000（2）：79－83.

［38］郭炬，叶阿忠，陈泓．是财政补贴还是税收优惠？——政府政策对技术创新的影响［J］．科技管理研究，2015（17）：25－31.

［39］国家发展和改革委员会交通运输司．国家《中长期铁路网规划》内容简介［J］．铁道知识，2005，5（4）：18－21.

［40］国务院．国家中长期科学和技术发展规划纲要（2006—2020 年）［J］．中华人民共和国国务院公报，2006（9）：1－5.

［41］国务院．国务院关于全面加强基础科学研究的若干意见（摘登）［J］．前沿科学，2018，12（1）：8－12.

［42］郝均．新兴产业的产生与演化：一个理论分析框架［A］．中国地理学会经济地理学专业委员会．2016 第六届海峡两岸经济地理学研讨会摘要集［C］．北京：中国地理学会，2016：1－13.

［43］何宝峰．论邓小平非均衡发展思想［J］．邓小平研究，2015（2）：32－44.

［44］和瑞亚，张玉喜．中国科技财政对科技创新贡献的动态估计研究——基于结构向量自回归模型的实证分析［J］．研究与发展管理，2013，25（5）.

［45］洪荧．从 R&D 资金投入看财政对科技创新的支持［J］．北京工业大学学报（社会科学版），2007，7（6）：14－19.

［46］胡恩华，刘洪，张龙．我国科技投入经济效果的实证研究［J］．科研管理，2006，27（4）：71－75.

［47］胡锦涛．坚定不移沿着中国特色社会主义道路前进　为全面建成小康社会而奋斗——在中国共产党第十八次全国代表大会上的报告［N］．人民日报，2012－11－18（1）.

［48］胡石其．新加坡出口导向战略及其影响［J］．湖南工程学院学报（社会科学版），2001，11（2）：54－56.

［49］胡永宏，贺思辉．综合评价方法［M］．北京：科学出版社，2000：103.

［50］胡志坚，刘育新．从 OECD 国家的经验看政府在刺激小企业创新方面的角色［J］．中国软科学，1999（4）：96－98.

［51］黄爱玲．发达国家促进中小企业发展的财税政策及借鉴［J］．税务与经济，2004（5）.

［52］黄海霞．发达国家创新体系比较［J］．科学与管理，2014（4）：9－17.

［53］黄群．德国 2020 高科技战略：创意·创新·增长［J］．科技导报，2011，29（11－08）：15－21.

［54］黄文川．怎样理解使市场在资源配置中起决定性作用和更好发挥政府作用——访国务院研究室副主任韩文秀［J］．求是，2013（24）：31－33.

［55］黄智淋，俞培果．近年技术创新对我国经济增长的影响研究——基于面板数据模型分析［J］．科技管理研究，2007，27（5）：74－77.

［56］纪慰华．德国政府推动科技创新的举措及其对上海建设全球科创中心的启示［J］．上海城市管理，2018，27（4）：38－45.

［57］江健生，吴洋．新一代网络协议 IPv6 的发展［J］．信息与电脑（理论版），2019（10）：169－170.

［58］蒋宜．日本的引进技术国产化［J］．决策与信息，1992（4）：42－43.

［59］解艳华．大国重器如何靓起来·中国高铁驶向“复兴”［N］．人民政协报，2019－03－04.

［60］金林素，舒建军．工业化进程中技术学习的动力［J］．国际社会科学杂志（中文版），2002（2）：121－131.

［61］金麟洙，刘小梅，刘鸿基．从模仿到创新：韩国技术学习的动力［M］．北京：新华出版社，1998：89－93.

［62］金森久雄，彭晋璋．论日本的经济增长［J］．国际经济评论，1980（8）.

［63］金太军．市场失灵、政府失灵与政府干预［J］．中共福建省委党校学报，2002（5）：54－57.

［64］靳东升．中国税制改革 40 年：回顾、总结与思考［J］．地方财政研究，2018（11）：22－28＋35.

［65］经济合作与发展组织．弗拉斯卡蒂手册［M］．北京：科学技术文献出版社，2010：36－38.

［66］卡萝塔·佩蕾丝．技术革命与金融资本［M］．北京：中国人民大学出版社，2007：3－5.

［67］克劳斯·施瓦布．第四次工业革命转型的力量［M］．北京：中信出版社，2016：1－2.

［68］孔祥敏．从出口导向到内需主导——中国外向型经济发展战略的反思及转变［J］．山东大学学报（哲学社会科学版），2007（3）：50－56.

［69］库恩，北林．科学革命的结构［J］．世界哲学，1978（1）：37－41.

［70］匡小平，赵松涛．企业 R&D 投入的税收激励效应研究［J］．江西社会科学，2007（11）：128－132.

［71］李大明，尹磊．支持自主创新：税收政策之比较——以韩国、印度、新加坡和台湾为例［J］．国际税收，2006（10）：36－40.

［72］李岱素，潘慧．粤将创建珠三角国家科技成果转移转化示范区：《广东省人民政府关于强化实施创新驱动发展战略进一步推进大众创业万众创新深入发展的实施意见》发布［J］．广东科技，2019，28（2）：19－21.

［73］李俊江，孟勐．论后发追赶进程中的供给侧增长动力转换［J］．求是学刊，2017（3）：50－57.

［74］李俊江，彭越．日本中小企业技术创新模式的演变分析［J］．现代日本经济，2015（1）：86－94.

［75］李平，李蕾蕾．基础研究对后发国家技术进步的影响——基于技术创新和技术引进的视角［J］．科学学研究，2014，32（5）：677－686.

[76] 李清光，李晓钟．技术创新和知识创新对中日茶叶贸易的影响——基于专利和学术文献角度的实证分析 [J]．科技进步与对策，2011，28 (12)：64-69.

[77] 李万，常静，王敏杰，朱学彦，金爱民．创新 3.0 与创新生态系统 [J]．科学学研究，2014，32 (12)：1761-1770.

[78] 李晓轩．德国科研机构的评价实践与启示 [J]．中国科学院院刊，2004 (4)：274-277+303.

[79] 李学龙．人工智能理论及其在人脸识别中的应用 [J]．科技视界，2014 (3)：53.

[80] 李雨蒙．改革开放 30 年辉煌的科技成就 [J]．中国民商，2017 (12)：87.

[81] 李玉虹，马勇．技术创新与制度创新互动关系的理论探源——马克思主义经济学与新制度经济学的比较 [J]．经济科学，2001 (1)：87-93.

[82] 李振国．秩序变迁视角下的区域创新系统演化研究 [D]．北京：中国科学院大学；中国科学院研究生院，2009.

[83] 李正风，曾国屏．中国创新系统研究——技术、制度与知识 [M]．济南：山东教育出版社，1999：87.

[84] 廖晓东．广东实施创新驱动发展战略的财政政策与机制研究 [J]．财会研究，2015 (11)：7-11.

[85] 林坤，浩然，朱敏．“和谐号”诞生记 [J]．新经济导刊，2011 (3)：37-41.

[86] 林毅夫，潘士远，刘明兴．技术选择、制度与经济发展 [J]．经济学 (季刊)，2006 (2)：695-714.

[87] 刘凤朝，孙玉涛．我国科技政策向创新政策演变的过程、趋势与建议——基于我国 289 项创新政策的实证分析 [J]．中国软科学，2007 (5)：34-42.

[88] 刘辉锋．自主创新与我国战略性新兴产业发展的“机会窗口” [J]．中国科技论坛，2011 (9).

[89] 刘会武，王胜光．创新政策系统分析：钻石模型的提出及应用 [J]．科学管理研究，2009，27 (4)：6-9.

[90] 刘建兴．在扶持中小企业中发展高科技产业——中小企业发展政策国际比较之以色列经验 [J]．经济研究参考，2011 (37)：75-78.

［91］刘则渊，孙延臣．技术跨越概念辨析［J］．科技进步与对策，2004，21（4）：7－9.

［92］刘志彪．从后发到先发：关于实施创新驱动战略的理论思考［J］．产业经济研究，2011（4）：1－7.

［93］刘志红．我国中西部地区人才回流的可行性及对策研究［D］．太原：山西财经大学，2006.

［94］刘佐．中国税制改革40年的简要回顾（1978—2018年）［J］．经济研究参考，2018（38）：3－12.

［95］柳御林．技术创新经济学［M］．北京：中国经济出版社，1993：1－2.

［96］卢剑灵．论制约我国企业自主创新财税政策的表现及其完善的建议［J］．科学与管理，2007，27（1x）：11－13.

［97］路风，封凯栋．为什么自主开发是学习外国技术的最佳途径？——以日韩两国汽车工业发展经验为例［J］．中国软科学，2004（4）：6－11.

［98］路风．走向自主创新［M］．南宁：广西师范大学出版社，2006：1－2.

［99］马驰，贾蔚文．工业企业技术创新活动比较［J］．科学学研究，1992（4）：54－63.

［100］马国旺，刘思源．技术—经济范式赶超机遇与中国创新政策转型［J］．科技进步与对策，2018，35（23）：130－136.

［101］马顺．促进战略性新兴产业发展的财政政策研究［D］．青岛：中国海洋大学，2012.

［102］马玉琪，扈瑞鹏，赵彦云．税收优惠、财政补贴与中关村企业创新投入——基于倾向得分匹配法的实证研究［J］．科技管理研究，2016，36（19）：1－6.

［103］迈克尔·波特．竞争战略：分析产业和竞争者的技巧［M］．北京：华夏出版社，1997：1－3.

［104］年志远．中小企业技术创新的模式选择——模仿创新［J］．科学管理研究，2004，22（6）.

［105］诺斯．经济史上的结构变迁［M］．北京：商务印书馆，1998：161.

[106] 欧文汉．瑞典、德国支持自主创新的财政政策及对我国的启示 [J]．中国财政，2012 (18)：73－76.

[107] 欧阳倩．政府采购中寻租行为及治理对策研究 [D]．湘潭：湘潭大学，2017.

[108] 潘承烈．自成一家　走向世界 [J]．现代企业，2003 (3)：1.

[109] 彭敏．当代中国的基本建设 [M]．北京：当代中国出版社，2009：35－38.

[110] 乔翠霞．提高技术引进效率　实现我国技术跨越式发展——后起国家技术发展的经验及启示 [J]．科学经济社会，2008，26 (2)：45－49.

[111] 乔健．美国创新型企业税收支持政策研究 [J]．全球科技经济瞭望，2016，31 (9)：44－47.

[112] 邱菀华．管理决策与应用熵学 [M]．北京：机械工业出版社，2002：87－89.

[113] 商建初，范方志，张耿庆．技术创新、经济增长与政府干预——基于中国的实证研究 [J]．统计与决策，2005 (2)：37－39.

[114] 邵传林．制度环境、财政补贴与企业创新绩效——基于中国工业企业微观数据的实证研究 [J]．软科学，2015 (9)：34－37.

[115] 史诗，王飞．北京科技创新券成小微企业发展新帮手 [J]．中国科技财富，2016 (10)：19－21.

[116] 宋涛，张邦辉．市场失灵和国家干预 [J]．经济学家，1993 (4)：28－34.

[117] 宋羽．中小企业融资：现实与思考 [M]．北京：经济科学出版社，2012：125.

[118] 孙波．中美科技决策机制对比分析与借鉴 [J]．生产力研究，2010 (5)：193－195.

[119] 孙佳．中韩通信产业技术赶超模式与路径研究 [D]．天津：天津大学，2018.

[120] 孙敬水．"数字鸿沟"：中美差距知多少 [J]．中国国情国力，2002 (6)：36－37.

[121] 孙喜．技术自立：一个探索性讨论 [J]．科学学与科学技术管理，2014 (1)：48－56.

[122] 孙英兰．三任科技部长纵论科技体制改革释放第一生产力 [J].

瞭望，2005（26）：22－25.

［123］唐恒，张垒，李军．基于面板数据的专利与科技进步关联性研究［J］．科研管理，2011，32（1）：147－152.

［124］童菲美．初探李斯特幼稚产业保护论对我国的借鉴意义［J］．时代经贸旬刊，2008，6（S9）：66.

［125］万君康．创新经济学［M］．北京：知识产权出版社，2013：16－18.

［126］汪前元．跨国公司的技术战略与发展中国家技术模式的选择［J］．社会科学辑刊，2003（2）：60－63.

［127］王弟海，龚六堂．幼稚产业的发展路径及其政府政策的分析［J］．数量经济技术经济研究，2006，23（3）：24－36.

［128］王海燕，赵立新．政府在国家创新系统中的定位［J］．经济论坛，2000（19）：19.

［129］王宏广，由雷，尹志欣，朱姝．40 个指标全面透析中美差距［J］．科技中国，2018（9）：5－9.

［130］王骏．鼓励软件和集成电路产业发展所得税新政解读［J］．财务与会计（理财版），2012（10）：16－18.

［131］王立宏．企业技术创新路径依赖的演化分析［J］．山东社会科学，2013（3）：154－157.

［132］王强．“中华之星”缘何成了流星？［J］．商务周刊，2006（5）：30－35.

［133］王全喜，李贞，陈梅．创造性模仿——比亚迪的竞争模式［J］．经营与管理，2010（5）：90－92.

［134］王胜光．创新政策的概念与范围［J］．科学学研究，1993（3）：18－25.

［135］王伟光．中国工业行业技术创新实证研究［M］．北京：中国社会科学出版社，2003.

［136］王文龙，唐德善．后发劣势：对后发国家发展战略的深层思考［J］．经济问题，2007，332（4）：33－37.

［137］王小进，何奇频．WTO 背景下我国幼稚产业保护政策选择［J］．华商，2008（15）：32＋37.

［138］王学雷．《中共中央　国务院关于深化体制机制改革加快实施创

新驱动发展战略的若干意见》解读［J］. 安徽科技，2015（5）：5－9.

［139］王亚晨. 美国鼓励研发的税收优惠政策及对我国的启示［J］. 商，2016（33）：174－175.

［140］王志刚. 科技创新是提高社会生产力和综合国力的战略支撑［J］. 政策瞭望，2013（6）：50－52.

［141］王志强. 美国科学技术政策顶层设计与美国国家科学基金会的决策机制［J］. 中国科学基金，2003，17（1）.

［142］魏建国，贺富强. 日本风险投资业的发展分析［J］. 华中农业大学学报（社会科学版），2001（4）：39－42＋49.

［143］吴晖. 株洲市科技创新问题及策略研究［D］. 长沙：国防科学技术大学，2006.

［144］吴建国. 德国国立科研机构经费配置管理模式研究［J］. 科研管理，2009，30（5）：117－123.

［145］吴晓波，马如飞，毛茜敏. 基于二次创新动态过程的组织学习模式演进——杭氧1996—2008纵向案例研究［J］. 管理世界，2009（2）：152－164.

［146］吴旭东. 我国税制改革的经验教训［J］. 财经问题研究，1994（7）：19－22.

［147］西奥多·利维持，肖军. 创造性模仿——企业成功之路［J］. 湖南经济，1998（7）：49－52.

［148］习近平. 决胜全面建成小康社会　夺取新时代中国特色社会主义伟大胜利——在中国共产党第十九次全国代表大会上的报告［N］. 人民日报，2017－10－28（1）.

［149］夏承禹. 论"稳住一头，放开一片"［J］. 科学学与科学技术管理，1995（4）：9－12.

［150］夏林. 后发国家新兴产业赶超的机遇识别与政策协同——基于演化经济视角的分析［J］. 求是学刊，2016，43（1）.

［151］肖朝晖，俞芳. 高速电动列车向我们驶来——中国工程院院士刘友梅答本刊记者问［J］. 大众用电，2001（5）：4－5.

［152］肖鹏，国建业. 我国财政科技投入现状分析与调整策略［J］. 中央财经大学学报，2004（2）：60－64.

［153］谢燮正. 科技进步、自主创新与经济增长［J］. 软件工程，

1995（5）：6-9.

［154］谢泽锋，杨旭然．中国芯片业深度调查［J］．英才，2018，245（6）：38-39.

［155］新一代高速动车组 CRH380A 率先亮相［J］．高速铁路技术，2010（4）：29.

［156］熊彼特．经济发展理论［M］．南昌：江西教育出版社，2014：1-3.

［157］熊卫民．忆 1956 年钱学森首次访苏——吴鸿庆教授访谈录［J］．科学文化评论，2017，14（1）：74-81.

［158］徐全勇．外商直接投资对我国自主创新作用的实证分析——基于区域层面的面板数据分析［J］．世界经济研究，2007（6）：14-18.

［159］徐韦佳，施琴，田俊杰，李延标．集成电路现状及其发展趋势分析［J］．中国电子教育，2018（1）：17-21.

［160］徐晓雯．政府科技投入对企业科技投入的政策效果研究——基于国家创新体系视角［J］．财政研究，2010（10）：23-26.

［161］薛春志．日本技术创新研究［D］．长春：吉林大学，2011.

［162］亚历山大·格申克龙．经济落后的历史透视［M］．北京：商务印书馆，2009：56.

［163］颜鹏飞，王兵．技术效率、技术进步与生产率增长：基于 DEA 的实证分析［J］．经济研究，2004（12）：55-65.

［164］杨虎涛，田雨．演化经济学的技术追赶理论：特质、脉络、关键概念及其拓展［J］．学习与探索，2015（7）：95-99.

［165］杨华．科技创新与财政政策选择［J］．科学管理研究，2007，25（3）：109-112.

［166］杨健．日本税收减免政策［J］．税收与社会，1994（12）：39.

［167］杨玲莉．国家科技计划项目经费预算管理的问题与分析［J］．中国基础科学，2009，11（3）：55-57.

［168］杨汝岱，姚洋．有限赶超与经济增长［J］．经济研究，2008（8）：29-41.

［169］杨曦宇．西部资源开发型城市科技创新运行机制建设探讨——以攀枝花市为例［J］．中小企业管理与科技（下旬刊），2011（9）：57-58.

［170］杨哲，张慧妍，徐慧．韩国高校科技成果转化研究——以“产

学研合作基金会”为例［J］．中国高校科技，2012（11）：11－14.

［171］杨中楷．知识内生型的技术创新过程模型研究［A］．中国科学学与科技政策研究会．第二届中国科技政策与管理学术研讨会暨科学学与科学计量学国际学术论坛2006年论文集［C］．北京：中国科学学与科技政策研究会，2006：4－19.

［172］杨忠泰．改革开放40年科技创新演进脉络和战略进路［J］．中国科技论坛，2019（4）：8－16.

［173］叶红雨，邱红．技术选择、技术替代与技术创新战略选择［J］．中南财经政法大学学报，2004（2）.

［174］于咏全，王计昕，王振泉．知识型时代与国家创新体系建立［A］．中国软科学研究会．第二届中国软科学学术年会论文集［C］．北京：中国软科学研究会，1998：8－20.

［175］余斌，吴振宇．中国经济新常态与宏观调控政策取向［J］．改革，2014（11）：17－25.

［176］余官胜．对外直接投资、地区吸收能力与国内技术创新［J］．当代财经，2013（9）：100－108.

［177］余佳，柴亮．外商直接投资对中国各地区区域创新能力的影响研究［J］．黑龙江金融，2010（9）：60－63.

［178］余泳泽．创新要素集聚与科技创新的空间外溢效应［J］．科研管理，2013，34（1）：46－54.

［179］袁庆明．技术创新与制度创新的关系理论评析［J］．中州学刊，2002（1）：51－53.

［180］苑泽明，贾玉辉，王培林．论政府风险投资及其政策作用机理：一个国际视角［J］．中国科技论坛，2018（12）：127－141.

［181］约翰逊．通产省与日本奇迹［M］．北京：中共中央党校出版社，1992.

［182］约翰·伊特韦尔，皮特·纽曼，默里·米尔盖特．新帕尔格雷夫经济学大辞典［M］．北京：经济科学出版社，1996：351.

［183］詹正茂，舒志彪．2006—2008年我国政府创新政策评述［J］．宏观经济研究，2010（3）：88－95.

［184］张海燕．我国政府干预自主创新的职能定位研究［D］．长春：东北师范大学，2009.

［185］张景安．实现由技术引进为主向自主创新为主转变的战略思考［J］．中国软科学，2003（11）：1－5.

［186］张久春．20世纪50年代工业建设“156项工程”研究［J］．工程研究——跨学科视野中的工程，2009，1（3）：213－222.

［187］张俊容，郭耀煌．评价指标与DEA有效的关系［J］．系统工程理论方法应用，2004，13（6）：520－523.

［188］张茉楠．实施“创新立国”战略重构国家竞争优势［J］．求知，2016（1）：30－32.

［189］张攀，吴建南．政府干预、资源诅咒与区域创新——基于中国大陆省级面板数据的实证研究［J］．科研管理，2017（1）.

［190］张倩红，刘洪洁．国家创新体系：以色列经验及其对中国的启示［J］．西亚非洲，2017（3）：30－51.

［191］张生．联防联控，切断权力插手公共资源交易的链条［J］．中国政府采购，2018（6）：43－46.

［192］张小蒂，李风华．技术创新、政府干预与竞争优势［J］．世界经济，2001（7）：44－49.

［193］张旭明．财税政策与通信制造业发展［J］．中国信息界，2004（2S）：20－21.

［194］张艳菊．贸易政策对中国幼稚产业国际竞争力影响实证分析［D］．南京：南京农业大学，2008.

［195］张燕．资源匮乏下的创新路径研究——以以色列为例［J］．科学决策，2013（4）：67－77.

［196］赵昌文，朱鸿鸣．如何建立一个创新导向型的经济结构？［J］．财经问题研究，2017（3）：5－12.

［197］赵德馨．毛泽东的经济思想［M］．武汉：湖北人民出版社，1993：299.

［198］赵惠莉，朱建钢．长城站——中国第一座南极考察站的建设与发展［J］．兰台世界月刊，2007（7S）：70－71.

［199］赵明剑，司春林．基于突破性技术创新的技术跨越机会窗口研究［J］．科学学与科学技术管理，2004，25（5）：54－59.

［200］赵树璠，杨东升．美国联邦政府促进企业技术创新的税收政策及启示［J］．徐州工程学院学报（社会科学版），2012，27（6）：34－37.

[201] 赵志耘. 促进自主创新的税收政策 [J]. 中国税务, 2006 (5): 22 - 24.

[202] 郑雨, 沈春林. 技术范式的结构与意义 [J]. 南京航空航天大学学报 (社会科学版), 1999 (1): 66 - 70.

[203] 智强, 杨英. 中美国家科技决策体系: 国家、部委和项目层面的比较研究 [J]. 科技进步与对策, 2016, 33 (15): 83 - 89.

[204] 中共中央文献研究室. 习近平关于科技创新论述摘编 [M]. 北京: 中共中央文献出版社, 2016: 46.

[205] 中国电子报社, TD - SCDMA 产业联盟组. TD - SCDMA 产业十年发展历程 [M]. 北京: 电子工业出版社, 2008.

[206] 周代数, 李小芬, 王胜光. 国际定价权视角下的中国稀土产业发展研究 [J]. 工业技术经济, 2011, 30 (2): 73 - 77.

[207] 周代数, 朱明亮. R&D 投入强度、R&D 人员规模对创新绩效的影响 [J]. 技术经济与管理研究, 2017 (5): 19 - 23.

[208] 周代数. 新时代政府城投平台转型: 困境、范式与建议 [J]. 现代管理科学, 2019 (4): 115 - 117.

[209] 周代数. 中国财政支出结构对全要素生产率影响的实证分析 [J]. 技术经济与管理研究, 2018 (8): 101 - 106.

[210] 周歌军. 以企业为主体的产学合作科技创新机制研究 [D]. 武汉: 武汉理工大学, 2009.

[211] 周江华, 李纪珍, 刘子諝, 李子彪. 政府创新政策对企业创新绩效的影响机制 [J]. 技术经济, 2017, 36 (1): 57 - 65.

[212] 朱冬梅. 后发优势、劣势与发展中国家经济的快速发展 [D]. 长春: 吉林大学, 2004.

[213] 朱启超, 王姝. 日本"超智能社会"建设构想: 内涵、挑战与影响 [J]. 日本学刊, 2018 (2).

[214] 朱云欢, 张明喜. 我国财政补贴对企业研发影响的经验分析 [J]. 经济经纬, 2010 (5): 77 - 81.

[215] 朱正奎. 新中国科技创新政策的文本与实施效果分析 [J]. 科技管理研究, 2013 (9): 18 - 22.

[216] 邹薇, 代谦. 技术模仿、人力资本积累与经济赶超 [J]. 中国社会科学, 2003 (5): 26 - 38.

[217] 左玲. 邓小平的西方文化观与当代价值 [J]. 重庆社会科学, 2013 (10): 87-92.

[218] Abernathy W J, Chakravarthy B S. Government Intervention and Innovation in Industry: A Policy Framework [J]. Sloan Manage Rev, 1979, 20 (3): 3-18.

[219] Acemoglu D, Aghion P, Zilibotti F. Distance to Frontier, Selection, and Economic Growth [J]. Journal of the European Economic Association, 2006 (4).

[220] Alesina, A. and R. Perotti. Income Distribution, Political Instability, and Investment [J]. European Economic Review, 1996, 40 (6): 1203-1228.

[221] Alhola K, Nissinen A. Integrating Cleantech into Innovative Public Procurement Process-evidence and Success Factors [J]. Journal of Public Procurement, 2018, 18 (4): 336-354.

[222] Archibugi D. Patenting as an Indicator of Technological Innovation: A Review [J]. Science & Public Policy, 1992, 19 (6): 670-692.

[223] Arrow K J. The Economic Implications of Learning by Doing [J]. Review of Economic Studies, 1971, 29 (3): 155-173.

[224] Banker R D, Charnes A, Cooper W W. Some Models for Estimating Technical and Scale Inefficiencies in Data Envelopment Analysis [J]. Management Science, 1984, 30 (9): 1078-1092.

[225] Barro R J, Sala-I-Martin X. Technology Diffusion, Convergence and Growth [J]. Journal of Economic Growth, 1997, 2 (1): 1-26.

[226] Bergek A, Jacobsson S, Carlsson B, et al. Analyzing the Functional Dynamics of Technological Innovation Systems: A Scheme of Analysis [J]. Research Policy, 2008, 37 (3): 407-429.

[227] Bhagwati J, Ramaswami V K. Domestic Distortions, Tariffs and the Theory of Optimum Subsidy [J]. Journal of Political Economy, 1963, 71 (1): 44-50.

[228] Brezis E S, Krugman P R, Tsiddon D. Leapfrogging in International Competition: A Theory of Cycles in National Technological Leadership [J]. American Economic Review, 1993, 83 (5): 1211-1219.

[229] Broekel T, Rogge N, Brenner T. The Innovation Efficiency of Ger-

man Regions—A Shared - input DEA Approach [J]. Working Papers on Innovation & Space, 2013 (219): 1 -33.

[230] Bruche G, Ldchen D . Racing to the Top? Catch - up Strategies of Chinese and Indian Independent Car Manufacturers [J]. International Journal of Automotive Technology and Management, 2013, 13 (1): 36.

[231] Buchanan J M. An Economic Theory of Clubs [J]. Economica, 1965, 32 (125): 1 -14.

[232] Bush V. Science—The Endless Frontier [M]. Washington: ACLS History E - Book Project, 1945.

[233] C. Freeman, L. Soete. The Economics of Industrial Innovation [M]. London: F. Printer, 1982.

[234] Carlsen F, Langset B, Ratts J . The Relationship between Firm Mobility and Tax Level: Empirical Evidence of Fiscal Competition between Local Governments [J]. Journal of Urban Economics, 2005, 58 (2): 0 -288.

[235] Chiang J T. Institutional Frameworks and Technological Paradigms in Japan: Targeting Computers, Semiconductors, and Software [J]. Technology in Society, 2000, 22 (2): 151 -174.

[236] Claire N, Rene W. Innovation Policy in Europe: Measurement and Strategy [M]. London: Edward Elgar Publishing, 2008.

[237] Colombo M G, Cumming D J , Vismara S . Governmental Venture Capital for Innovative Young Firms [J]. The Journal of Technology Transfer, 2016, 41 (1): 10 -24.

[238] Cooke P. Regional Innovation Systems: Institutional and Organizational Dimensions [J]. Research Policy, 1997, 26 (4 - 5): 475 -491.

[239] Delong, J. Bradford, and LawrenceH. Summers. Equipment Investment and Economic Growth [J]. Quarterly Journal of Economics, 1991, 106 (2): 445 -502.

[240] Dolfsma W. Government Failure - Four Types [J]. Journal of Economic Issues, 2011, 45 (3): 593 -604.

[241] Donadelli M, Grüning, Patrick. Innovation Dynamics and Fiscal Policy: Implications for Growth, Asset Prices, and Welfare [R]. SAFE Working Paper Series, 2017.

[242] Dosi G, Nelson R R. Technological Paradigms and Technological Trajectories [J]. Research Policy, 1982, 11 (3): 147-162.

[243] Douglass C. North, Robert Paul Thomas. The Rise and Fall of the Manorial System: A Theoretical Model [J]. Journal of Economic History, 1971, 31 (4): 777-803.

[244] Drysdale P, Huang Y. Technological Catch-up and Economic Growth in East Asia and the Pacific [J]. Economic Record, 2010, 73 (222): 201-211.

[245] E. M. Mansfield. The Economics of Technological Change [M]. New York: W. W. Norton and Company, 1971.

[246] Edquist C, Susana Borrás. The Choice of Innovation Policy Instruments [J]. Technological Forecasting and Social Change, 2013, 80 (8): 1513-1522.

[247] Everaert G, Heylen F, Schoonackers R . Fiscal Policy and TFP in the OECD: Measuring Direct and Indirect Effects [J]. Empirical Economics, 2015, 49 (2): 605-640.

[248] Feenberg D R, Rosen H S. Recent Developments in the Marriage Tax [J]. National Tax Journal, 1995, 48 (1): 91-101.

[249] Feldman M P, Kelley M R. The Ex Ante Assessment of Knowledge Spillovers: Government R&D Policy, Economic Incentives and Private Firm Behavior [J]. Research Policy, 2006, 35 (10): 1509-1521.

[250] Figueiredo, Paulo N. Beyond Technological Catch-up: An Empirical Investigation of Further Innovative Capability Accumulation Outcomes in Latecomer Firms with Evidence from Brazil [J]. Journal of Engineering and Technology Management, 2014 (31): 73-102.

[251] Freeman C. The 'National System of Innovation' in Historical Perspective [J]. Cambridge Journal of Economics, 1995, 19 (1): 5-24.

[252] Fritsch, M. Measuring the Quality of Regional Innovation Systems: A Knowledge Production Function Approach [J]. International Regional Science Review, 2002, 25 (1): 86-101.

[253] Gerschenkron, A. Economic Backwardness in Historical Perspective [M]. Cambridge, MA: Harvard University Press, 1962.

[254] Gort M, Klepper S. Time Paths in the Diffusion of Product Innovations [J]. Economic Journal, 1982, 92 (367): 630 –653.

[255] Graham D J. Productivity and Efficiency in Urban Railways: Parametric and Non-parametric Estimates [J]. Transportation Research Part E: Logistics and Transportation Review, 2008, 44 (1): 0 –99.

[256] Gramkow C, Anger – Kraavi A . Could Fiscal Policies Induce Green Innovation in Developing Countries? The Case of Brazilian Manufacturing Sectors [J]. Climate Policy, 2017: 1 –12.

[257] Gulbrandsen M, Etzkowitz H. Convergence between Europe and America: The Transition from Industrial to Innovation Policy [J]. Journal of Technology Transfer, 1999, 24 (2 –3): 223 –233.

[258] Hall B, Reenen J V. How Effective are Fiscal Incentives for R&D? A Review of the Evidence [J]. Research Policy, 2000, 29 (4): 449 –469.

[259] Hanusch H, Chakraborty L S , Khurana S . Fiscal Policy, Economic Growth and Innovation: An Empirical Analysis of G20 Countries [J]. Economics Working Paper Archive, 2017.

[260] Hirschman. The Strategy of Economic Development [M]. NewHaven: Yale University Press, 1958: 125.

[261] Hobday M. Innovation in East Asia: Diversity and Development [J]. Technovation, 1995, 15 (2): 0 –63.

[262] Hwang V, Mabogunje A. The New Economics of Innovation Ecosystems [J]. Stanford Social Innovation Review. 2013, 8 (6) : 123 –125.

[263] Hyytinen A, Toivanen O. Asymmetric Information and the Market Structure of the Venture Capital Industry [J]. Journal of Financial Services Research, 2003, 23 (3): 241 –249.

[264] Jones L E, Manuelli R E. Neoclassical Models of Endogenous Growth: The Effects of Fiscal Policy, Innovation and Fluctuations [J]. Handbook of Economic Growth, 2005 (1).

[265] Jurecka, Walter. Responsibility in Science and Technology [J]. Journal of Terramechanics, 1982, 19 (1): 1 –7.

[266] Karl Gunnar Myrdal. Beyond the Welfare State. Economic Planning and Its International Implications [J]. Administrative Science Quarterly, 1967,

6 (1).

[267] K. J. Arrow. Economic Welfare and the Allocation of Resources for Invention [M]. New Jersey: Princeton University Press, 1962.

[268] Kemp, Murray C. The Mill-bastable Infant-Industry Dogma [J]. Journal of Political Economy, 1960, 68 (1): 65 -67.

[269] Kim L. Stages of Development of Industrial Technology in a Developing Country: A Model [J]. Research Policy, 1980, 9 (3): 0 -277.

[270] Kline S J. Innovation is not a Linear Process [J]. Research Management, 1985, 28 (4): 36 -45.

[271] Landini F, Lee K , Malerba F . A History-friendly Model of the Successive Changes in Industrial Leadership and the Catch - up by Latecomers [J]. Research Policy, 2016: S0048733316301391.

[272] Lee K, Lim C. Technological Regimes, Catching-up and Leapfrogging: Findings from the Korean Industries [J]. Research Policy, 1999, 30 (3): 459 -483.

[273] Lee Keun. Making a Technological Catch-up: Barriers and Opportunities [J]. Asian Journal of Technology Innovation, 2005, 13 (2): 97 -131.

[274] Leightner J E. Institutions, Industrial Upgrading, and Economic Performance in Japan: The "Flying Geese" Paradigm of Catch - up Growth [J]. Journal of Economic Issues, 2006, 40 (4): 461 -463.

[275] Leyden D P, Link A N. Why are Governmental R&D and Private R&D Complements? [J]. Applied Economics, 1991, 23 (10): 1673 -1681.

[276] Lichtenberg J D, Galler F B. The Fundamental Rule: A Study of Current Usage [J]. Journal of the American Psychoanalytic Association, 1987, 35 (1): 47.

[277] Londregan J. Entry and Exit over the Industry Life Cycle [J]. Rand Journal of Economics, 1990, 21 (3): 446 -458.

[278] Malerba F, Orsenigo L. Schumpeterian Patterns of Innovation are Technology - specific [J]. Research Policy, 1996, 25 (3): 451 -478.

[279] Mansfield E, Romeo A, Switzer L. R&D Price Indexes and Real R&D Expenditures in the United States [J]. Research Policy, 1982, 12 (2): 105 -112.

[280] Massachusetts Institute of Technology. Center for Policy Alterna-

tives. Government Involvement in the Innovation Process: A Contractor's Report to the Office of Technology Assessment [J]. Office of Technology Assessment, 1978.

[281] Minola T, Vismara S , Hahn D . Screening Model for the Support of Governmental Venture Capital [J]. Journal of Technology Transfer, 2016, 1 (1): 1 – 19.

[282] Montmartin B, Herrera M. Internal and External Effects of R&D Subsidies and Fiscal Incentives: Empirical Evidence Using Spatial Dynamic Panel Models [J]. Research Policy, 2015, 44 (5): 1065 – 1079.

[283] Moses A. Catching Up, Forging Ahead, and Falling Behind [J]. Journal of Economic History, 1986, 46 (2).

[284] Nadiri M I, Mamuneas T P. The Effects of Public Infrastructure and R&D Capital on the Cost Structure and Performance of U. S. Manufacturing Industries [J]. Review of Economics & Statistics, 1994, 76 (1): 22 – 37.

[285] Nasierowski W , Arcelus F J . On the Efficiency of National Innovation Systems [J]. Socio – Economic Planning Sciences, 2003, 37 (3): 215 – 234.

[286] Nelson, R. and Phelps, E. Investment in Humans, Technological Diffusion, and Economic Growth [J]. American Economic Review, 1966, 56 (2): 69 – 76.

[287] OECD. The Knowledge Based Economy & The National Innovation System [R]. Paris: OECD, 1996.

[288] Perroux F, Dalal K. The Practice of Economic Planning and The Optimum Allocation of Resources: Discussion [J]. Econometrica, 1949, 17 (12): 172 – 178.

[289] Rank A D, Williams D . Best Practices for Assessing S&T Impacts [J]. Policy Research Initiative, 2009.

[290] Renda A. Next Generation Innovation Policy: The future of EU Innovation Policy to Support Market Growth [R]. London: Ernst&Young, 2011.

[291] Revelli F. Testing the Taxmimicking Versus Expenditure Spill-over Hypotheses using English Data [J]. Applied Economics, 2002, 34 (14): 1723 – 1731.

[292] Rolfstam M. Public Procurement as an Innovation Policy Tool: The Role of Institutions [J]. Science & Public Policy, 2009, 36 (5): 349 – 360.

[293] Rostow WW. The Five Stages of Growth—A Summary [M]. Cambridge: Cambridge University Press, 1960.

[294] Russell RR, Kumar S. Technological Change, Technological Catch-up, and Capital Deepening: Relative Contributions to Growth and Convergence [J]. American Economic Review, 2002, 92 (3): 527-548.

[295] Shan J, Jolly D R. Patterns of Technological Learning and Catch-up Strategies in Latecomer Firms [J]. Journal of Morphology, 2013, 223 (1): 109-118.

[296] Solow R M. Technical Change and the Aggregate Production Function [J]. Review of Economics & Statistics, 1957, 39 (3): 554-562.

[297] Suzuki N. Japanese Catch-up Effort of Market Research Skills with U. S.: But For Whom? [J]. 1984.

[298] The European Commission. EU Directorate-general for Communications Networks, Content and Technology [R]. Brussels: Open Innovation Center, 2013.

[299] US Council on Competitiveness. National Innovation Initiative [R]. Washington: JohnSlunder, 2013.

[300] Uyarra E, Edler J, Gee S, et al. Public Procurement, Innovation and Policy [J]. 2014.

[301] Uyarra E. Fostering Innovation and Knowledge Transfer in Regions [M]. Frankfurt: Peter Lang Scientific Publishers, 2008.

[302] Vernon R. International Investment and International Trade in the Product Cycle [J]. International Executive, 1966, 80 (2): 190-207.

[303] Vernon W. Ruttan. Is War Necessary for Economic Growth? Military Procurement and Technology Development [J]. Economic Development & Cultural Change, 2007.

[304] Winter S G. Schumpeterian Competition in Alternative Technological Regimes [J]. Journal of Economic Behavior & Organization, 1984, 5 (3): 287-320.

[305] Zschau E V W. Advancing Technological Innovation through Tax Policy [J]. Technology in Society, 1981, 3 (1): 281-289.